KB267946

시작한 날 　　　년 　　월 　　일
마지막 날 　　　년 　　월 　　일

하루 공부를 마치고
포도알을 색칠해 보자!

1일 1주제 9분 만에 끝내는
119 환경과 생태

초판 1쇄 발행 2025년 12월 30일

지은이 윤서영

펴낸이 윤주용
편집 도은주, 류정화 | 마케팅 조명구 | 홍보 박미나
외주편집 장기영, 박미선

펴낸곳 초록비책공방
출판등록 2013년 4월 25일 제2013-000130
주소 서울시 마포구 동교로27길 53 308호
전화 0505-566-5522 | 팩스 02-6008-1777

메일 greenrainbooks@naver.com
인스타 @greenrainbooks @greenrain_1318
블로그 http://blog.naver.com/greenrainbooks

ISBN 979-11-24126-13-4 (44080)
     979-11-24126-02-8 (세트)

* 정가는 책 뒤표지에 있습니다.
* 파손된 책은 구입처에서 교환하실 수 있습니다.
* 저작권을 준수하여 이 책의 전부 또는 일부를 어떤 형태로든 허락 없이
  복제, 스캔, 배포하지 않는 여러분께 감사드립니다.

어려운 것은 쉽게 쉬운 것은 깊게 깊은 것은 유쾌하게

초록비책공방은 여러분의 소중한 의견을 기다리고 있습니다.
원고 투고, 오탈자 제보, 제휴 제안은 greenrainbooks@naver.com으로 보내주세요.

1일 1주제 9분 만에 끝내는 환경과 생태

1일 1주제 9분 만에 끝내는

환경과 생태

50일 완성

윤서영 지음

초록비책공방

119 시리즈는 하루 9분, 하나의 주제로 공부 습관을 만드는 책이야. 교실에서 아이들과 함께해 온 현장 선생님들이 직접 쓴 책이라서 너희가 꼭 알아야 할 개념과 생각하는 방법을 쉽고 정확하게 알려줄 거야. 이 책을 더 잘 활용할 수 있는 방법을 소개할게.

1. 하루 한 꼭지, 9분만 집중해 볼까?

119 시리즈는 '읽기 → 생각하기 → 정리하기' 순서로 이어져 있어. 먼저 질문으로 호기심을 열어주고 이어지는 짧은 이야기와 설명을 통해 자연스럽게 개념을 익힐 수 있지. 하루 2~4페이지 분량이라 부담 없고 꾸준히 하기에 딱 좋아.

2. 교과와 연계된 학습 키워드로 중심 잡기

각 꼭지는 학교에서 배우는 교과 단원과 연결되어 있고, 교과 개념과 연결된 학습 키워드를 중심으로 내용이 이루어져 있어. '왜 이걸 배우는지', '교과에서 어디와 연결되는지'를 자연스럽게 이해할 수 있지. 학교 수업과 함께 보면 훨씬 더 깊게 이해되고 복습 효과도 좋아.

3. 배운 내용을 '나만의 말'로 정리해 보기

이 책은 단순히 외우는 공부보다 생각 흐름을 따라 개념을 이해하도록 되어 있어. 본문 중간에 나오는 질문에 스스로 답해 보면 "아, 나는 이렇게 이해했구나!" 하고 정리가 돼. 이런 과정은 바로 논술형 평가에서 필요한 사고력으로 이어져.

4. <실력 쑥쑥 119>로 바로 복습하기

각 꼭지 바로 뒤에는 <실력 쑥쑥 119> 문제가 있어. 오늘 배운 내용을 잘 이해했는지 스스로 확인할 수 있고 중요한 개념만 다시 한 번 떠올릴 수 있어서 공부 효과가 훨씬 커져.

5. <더 알아보기 119>로 배움을 확장하기

선생님이 직접 고른 책·영상·사이트가 매 꼭지마다 소개되어 있어. 궁금한 내용을 조금 더 깊게 알고 싶거나 호기심이 생긴 부분이 있다면 여기 있는 자료들을 통해 탐구를 이어가 봐. 스스로 공부를 확장하는 힘을 자연스럽게 기를 수 있어.

6. <진로 119> 코너로 배움과 미래를 연결해 보기

각 챕터 끝에는 <진로 119> 코너가 있어. 오늘 배운 내용이 어떤 직업과 연결되는지 알려 주고 내가 좋아할 만한 분야가 무엇인지 생각해 볼 수 있어. 공부와 진로를 따로 떼어 놓지 않고 자연스럽게 이어주는 구성이야.

7. 매일 9분, 꾸준함이 진짜 실력이야

하루 9분은 짧아 보이지만 매일 쌓이면 사고력·문해력·기초 개념·교과 이해도가 놀랍게 자라게 돼. 119 시리즈와 함께 익숙한 교과 내용을 새로운 이야기와 질문으로 만나다 보면 자기만의 공부 루틴이 단단하게 자리 잡을 거야.

　아침에 눈 뜨면 제일 먼저 뭐 해? 물 한 잔 마시고, 배고프면 밥 챙겨 먹지? 근데 잠깐만, 그 물은 어디서 온 걸까? 밥은 누가, 어떻게 만든 걸까? 그냥 당연한 일상 같지만, 조금만 생각해 보면 우리가 얼마나 많은 존재랑 연결돼 있는지 알 수 있어.

　내가 마시는 물은 산에 쌓인 눈이 녹아서 강이 되고, 그 물이 정수장을 거쳐 수도관을 타고 집까지 오는 거야. 그 과정에서 미생물들이 물을 깨끗하게 만들고, 숲의 나무들이 산소도 내뿜어 주지. 결국 내가 마시는 한 모금의 물 안에 산, 강, 나무, 미생물까지 다 들어 있는 셈이야.

　밥 한 숟가락도 마찬가지야. 농부가 땀 흘려 키운 벼에는 햇살, 빗물, 땅속 지렁이들의 수고가 담겨 있어. 벌은 꽃가루를 옮기고, 새는 해충을 잡아주면서 우리 식탁을 도와주지. 그래서 밥 한 그릇에도 자연의 이야기가 한가득 들어 있는 거야.

　이게 바로 '연결'이야. 아마존에서 나무 한 그루가 사라지면 지구 반대편 공기도 달라지고, 북극의 빙하가 녹으면 우리나라 날씨도 바뀌어. 바다에서 고래 한 마리가 사라지면 물속 생태계가 흔들리고, 결국 우리가 먹는 생선까지 달라질 수 있지.

　당연히 나도 이 연결 고리에서 빠질 수 없어. 내가 쓰레기를 분리수거하는 작은 행동 하나가 바다 거북 한 마리를 살 릴 수 있고, 불 끄는 순간이 북극곰 집을 지키는 일이 될 수도 있어. 나무 한 그루를 심으면, 그 나무는 내가 할아버지, 할머니가 될 때까지도 공기를 선물할 거야.

그런데 연결이 꼭 좋은 일만 뜻하는 건 아니야. 내가 무심코 버린 플라스틱 컵이 바다로 흘러가서 물고기 뱃속에서 발견되기도 하고, 내가 에어컨을 너무 많이 틀면 다른 나라 사람들은 더 더운 여름을 겪을 수도 있어. 그렇다고 겁낼 필요는 없어. 오히려 이건 우리가 가진 '힘'을 보여주는 거거든. 나 하나의 행동이 지구 전체에 영향을 줄 수 있다는 뜻이니까.

세상이 이렇게 복잡하게 얽혀 있다는 건, 내 작은 행동 하나가 생각보다 훨씬 큰 의미를 가진다는 거야. 양치할 때 물 받아 쓰고, 음식 남기지 않고 먹고, 가까운 거리는 걸어 다니는 것만으로도 지구를 건강하게 만들 수 있지.

이 책은 이런 연결의 이야기를 더 들려줄 거야. 벌 한 마리가 사라지면 어떻게 되는지, 숲이 우리에게 어떤 선물을 주는지, 바다랑 육지가 어떻게 서로 돕고 있는지도 말이야.

환경을 지키고 생태계를 보호하는 건 거창한 일이 아니야. 그냥 우리가 연결돼 있다는 걸 기억하고, 조금 더 신중하게, 따뜻한 마음으로 행동하는 거지.

책을 다 읽고 나면 알게 될 거야. 지구 위 모든 생명체가 얼마나 소중한지, 그리고 나 자신도 그 거대한 연결 속에 있는 존재라는 걸 말이야. 우리는 다 연결돼 있어. 그걸 알면 더 나은 선택을 할 수 있지 않을까?

모두의 연결을 바라며, 저자 윤서영

차 례

1부. 환경과 나, 얼마나 연결돼 있을까?

환경과 인간

4부. 기후위기, 지구가 아프다는 신호야

기후위기와 기후 행동

5부. 지구를 오래 쓰는 법, 우리 손에 달렸어

지속가능성과 시민 참여

1부
환경과 나,
얼마나 연결돼
있을까?
환경과 인간
119

환경과 나는 보이지 않게 연결되어 있어

일상 속 작은 선택이 만드는 미래의 변화

'우리가 꿈꾸는 미래는 우리가 오늘 하는 선택에 달려 있다.'
우리가 하는 일상적인 선택들이 모여 미래를 만들어 간다는 건 놀랍고도 두려운 일이야.
특히 환경 관련된 우리의 작은 행동들이 어떻게 큰 변화를 만들어 가는지 알아볼까?

학습 키워드　#환경과나의연결고리　#일상의선택　#미래변화　#지속가능성　#생태계균형
교과 연계　중 > 환경 > 환경과 인간
　　　　　　　중 > 과학1 > 과학과 인류의 지속가능한 삶

　우리가 매일 사용하는 물건들, 먹는 음식들, 그리고 우리의 일상적인 행동들은 모두 환경과 깊게 연결되어 있어. 예를 들어 어른들이 마시는 커피 한 잔을 생각해 볼까? 그 한 잔의 커피가 지나온 여정을 상상해 보자. 커피 원두가 자란 곳의 환경, 수확 과정, 가공 절차, 그리고 운송 과정에서 발생하는 탄소 배출까지. 심지어 커피를 마신 후에 버리는 일회용 컵이 환경에 미치는 영향까지 고려하면 하나의 커피가 환경에 미치는 영향은 생각보다 훨씬 복잡하고 깊어.

　이렇게 우리의 일상 속 많은 것들이 환경과 연결되어 있어. 우리가 입는 옷, 사용하는 전자기기, 타는 교통수단 등 모든 것이 자연에서 온 재료로 만들어지고, 그 과정에서 환경에 영향을 미치지만 이런 연결고리는 대부분 우리 눈에 보이지 않아. 바로 이 '보이지 않는 연결'을 인식하

는 것이 환경을 이해하는 첫걸음이야.

이제 우리의 작은 행동이 어떻게 큰 변화를 만들어 낼 수 있는지 살펴볼까? 플라스틱 빨대 대신 스테인리스 빨대를 사용하기로 결심했다고 하면, 언뜻 보기에는 별것 아니어도 이 작은 선택이 미치는 영향은 생각보다 훨씬 클 수 있어. 한 사람이 일 년 동안 플라스틱 빨대 사용을 줄이면 수백 개의 빨대가 쓰레기로 버려지지 않게 돼. 이것이 친구들, 가족들로 확산된다면 어떨까? 그리고 이 운동이 학교 전체, 나아가 지역 사회로 퍼진다면 그 영향력은 기하급수적으로 커질 거야.

이건 빨대 하나의 문제가 아니야. 우리가 무심코 하는 많은 선택들이 이런 영향을 미칠 수 있어. 일회용품 사용을 줄이는 것, 대중교통을 이용하는 것, 로컬 푸드를 선택하는 것 같은 우리의 결정들이 환경에 영향을 미치고 그 영향은 눈덩이처럼 불어나 큰 변화를 만들어 낼 수 있어!

인간은 생태계의 한 부분이지만 우리는 종종 이 사실을 잊어버리곤 해. 우리의 행동은 다른 생물들에게 영향을 미치고 그건 다시 우리에게 돌아와. 예를 들어 무분별한 개발로 많은 동물이 서식지를 잃고 있어. 숲이 사라지면 그곳에 살던 동물들은 살 곳을 잃고, 먹이사슬이 무너져 생태계 전체가 위험해질 수 있어. 이건 단순히 동물들의 문제로 끝나지 않아. 생태계가 무너지면 우리 인간의 삶도 위협받게 되거든.

반대로 우리가 자연을 보호하고 생태계의 균형을 지키려 노력하면 어떻게 될까? 도시에 녹지 공간을 만들면 도시 생태계가 살아나고, 그 덕분에 우리의 삶의 질도 높아져. 나무들이 공기를 정화하고 도시의 온도를 낮춰주며 다양한 생물들이 어우러져 살아가는 모습은 우리에게 심리적 안정과 즐거움을 줘.

우리가 지금 하는 행동은 미래 환경을 직접적으로 바꿀 수 있어. 매일 우리가 내리는 작은 결정들이 모여 큰 변화를 만들어 내는 거야. 에너지 절약을 실천하면 기후변화 속도를 늦출 수 있어. 불필요한 전등을 끄고, 냉난방 온도를 적정하게 하는 작은 노력들이 모여 온실가스 배출량을 줄일 수 있어. 또 분리수거를 철저히 하는 것도 무척 중요해. 재활용률을 높이면 새로운 자원 사용을 줄일 수 있고 자원 고갈 문제를 해결하는데 큰 도움이 되니까. 플라스틱 병 하나를 재활용하면 그만큼 새로운 플라스틱을 만들 필요가 없고, 결과적으로 석유 사용량과 매립되는 쓰레기의 양도 줄어서 토양과 수질 오염을 예방할 수 있어.

우리가 먹는 음식을 선택할 때도 지역에서 생산된 제철 식재료를 선택하면 운송 과정에서 발생하는 온실가스를 줄일 수 있어. 축산업은 많은 물과 땅이 필요하니까 고기 소비를 줄이고 채식을 늘리면 온실가스 배출은 줄어들겠지. 이동할 때도 가까운 거리는 걸어가거나 자전거를 타고, 먼 거리는 대중교통을 이용하면 자동차에서 나오는 온실가스를 크게 줄일 수 있어.

이런 작은 실천들이 모여 우리가 살아갈 미래 환경이 결정되는 거야. 지금 우리가 어떤 선택을 하느냐에 따라 50년 후, 100년 후의 지구 모습이 달라질 거야. 우리가 지금 당장 편리함을 위해 환경을 해치는 선택을 하면 미래 세대는 더 어려운 환경에서 살아가야 할 거야. 반대로 지금 조금 불편하더라도 환경을 생각하는 선택을 한다면 우리의 후손들은 더 깨끗하고 안전한 환경에서 살아갈 수 있겠지.

환경과 우리는 떼려야 뗄 수 없는 관계야. 우리가 환경을 생각하는 작은 실천들은 결국 우리의 미래를 위한 투자라고 할 수 있지. 이제 우리는 이런 선택을 할 때마다 '이 선택이 환경에 어떤 영향을 미칠까?'라고 스스로에게 물어볼 필요가 있어.

1. 커피 한 잔이 환경에 미치는 영향으로 옳지 않은 것은?

① 커피 원두 재배지의 환경과 연관된다.

② 운송 과정에서 탄소가 배출된다.

③ 커피가 동물 서식지 파괴의 주 원인이다.

④ 일회용 컵은 쓰레기를 만든다.

⑤ 소비자의 선택이 환경과 연결되어 있다.

2. 나의 일상에서 가장 많은 환경적 영향을 미치는 행동은 무엇일까? 그 행동을 조금 더 환경 친화적으로 바꾸는 방법을 구체적으로 생각해 보고 적어 보자.

더 알고 싶어 119

📖 도서　▷ 영상　🔍 사이트

📖 『**세상은 보이지 않는 끈으로 연결되어 있다**』 (최원형, 샘터, 2016)

우리의 작은 행동 하나하나가 자연과 연결되어 있다는 걸 쉽게 알려 주는 책이야. 일상에서 환경을 생각하는 마음과 실천이 얼마나 중요한지 재미있는 예시들로 설명해 줘. 읽다 보면 조용히 실천해 보고 싶어질 거야.

▷ **다큐멘터리 〈내일 (Demain)〉 (시릴 디옹)**

암울한 미래가 아니라 농업, 에너지, 교육 등 다양한 분야에서 세상을 바꾸기 위해 사람들이 실제로 실천하고 있는 유쾌하고 희망 가득한 해결책들을 찾아 전 세계를 누비는 슬기로운 지구시민들의 이야기야.

지구를 바라보는 나의 생각은?

인간중심주의 VS 생태중심주의

〈아바타〉라는 영화를 본 적 있니? 아바타는 푸른 피부의 나비족과 지구에서 온 인간들 사이의 갈등을 그린 영화야. 이 영화는 우리에게 자연은 우리를 위해 존재하는지 아니면 우리가 자연의 일부인지 묻고 있어. 이 질문은 우리가 탐구할 두 가지 환경관, 인간중심주의와 생태중심주의의 핵심을 담고 있지.

학습 키워드	#환경관대결 #인간중심주의 #생태중심주의 #자연VS인간 #지구를위한선택 #생태계균형
교과 연계	중 〉 환경 〉 환경과 인간 중 〉 도덕2 〉 4.자연과의 관계 중 〉 과학1 〉 과학과 인류의 지속가능한 삶

혹시 공원에서 놀다가 "이 나무들을 베어서 놀이 공간으로 만들면 좋겠다" 하고 생각해 본 적 있어? 아니면 반대로 "이 나무들이 없어지면 새와 곤충들은 어디서 살지?" 하고 걱정해 본 적은? 이렇게 자연을 바라보는 서로 다른 시선이 바로 환경관의 차이야. 환경관이란 우리가 자연과 지구를 어떤 관점으로 바라보는지에 대한 생각이거든. 오늘은 두 가지 다른 환경관, 인간중심주의와 생태중심주의에 대해 함께 알아보자.

인간중심주의: '지구는 우리 것이야!'

인간중심주의자들의 주장을 들어볼까? "자연은 우리를 위해 존재해. 인간은 지구의 주인이고, 자연은 우리의 자원이야." 꽤나 당당하지? 인간중심주의자들의 눈에는 울창한 숲이 가구를 만들 목재로 맑은 강물이 공장 가동을 위한 자원으로 보여. "더 많은 식량과 경제적 이익을 위해 숲을 개발하는 건 당연해!" 하며 '세계의 허파'인 아마존 열대우림을 농장과 목장으로 바꾸고 있는 게 대표적인 인간중심주의적 시각이야.

↑ 농장과 목장으로 바꾸기 위해 아마존 열대우림이 파괴된 모습

우리나라에서는 새만금 간척사업을 들 수 있어. 간척사업은 바다를 메워 땅을 만드는 거대한 프로젝트야. 인간중심주의자들은 '땅이 부족한 우리나라에 새로운 발전 기회를 제공하는 훌륭한 사업'이라고 평가해. 하지만 그 과정에서 사라진 갯벌 생태계에 대해서도 생각해 봐야겠지? 이렇게 '자연을 마구 사용하다 보면 언젠가는 고갈되지 않을까?' 이런 의문에서 등장한 게 바로 생태중심주의야.

생태중심주의: '우리는 자연의 일부일 뿐이야'

생태중심주의자들은 "인간은 이 거대한 생태계의 일부일 뿐이야. 자연을 함부로 대하면 결국 우리에게 해가 돌아올 거야." 이들의 눈에는 모든 생명체가 평등하고 소중해 보여. 숲은 단순한 나무 덩어리가 아니라 수많은 생명체의 보금자리이자, 지구의 허파로 보이는 거야.

생태중심주의의 예로는 바로 코스타리카의 국립공원 정책을 들 수 있어. 코스타리카는 "자연을 있는 그대로 보존하는 것이 우리나라의 미래를 위해 중요해"라며 국토의 25%를 자연 보호 구역으로 지정했어. 덕분에 코스타리카는 놀라운 생물다양성을 자랑하고, 생태관광으로 경제적 이익도 얻고 있어. 우리나라에는 순천만 생태공원이 있지. 개발

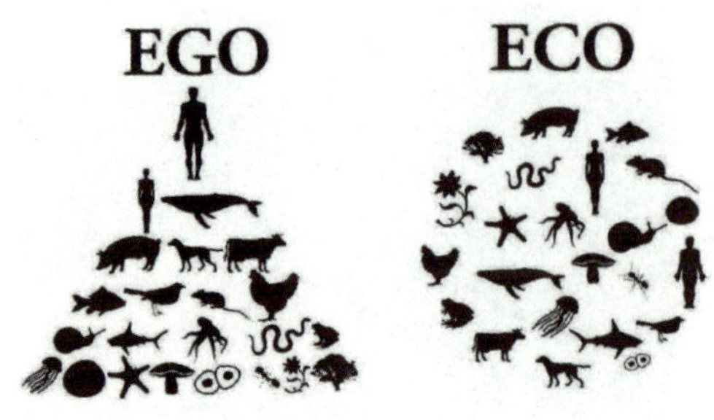

↑ 인간중심주의 VS 생태중심주의

압력에도 불구하고 갯벌을 보존하기로 한 결정이 순천을 생태도시로 바꾼 거야. 이제 순천만은 철새들의 낙원이자 많은 관광객이 찾는 명소가 되었어.

자, 이제 두 관점을 모두 살펴봤는데 어느 쪽이 더 설득력 있게 들려? 사실 현실에서는 이 두 관점이 팽팽하게 맞서고 있어. 제주도 제2공항 건설을 둘러싼 논쟁을 볼까? 인간중심주의자들은 "관광객 수용을 위해 새 공항이 필요해"라고 주장해. 반면 생태중심주의자들은 "공항 건설로 제주의 아름다운 자연이 파괴될 거야"라고 반대해. 플라스틱 빨대 사용 금지 정책도 생태중심주의적 시각에서는 '해양 생물을 위해 필요한 조치'라고 보지만, 인간중심주의적 시각에서는 '인간의 편의성을 무시하는 과도한 규제'라고 볼 수 있거든.

그렇다면 우리는 어떤 선택을 해야 할까? 사실 정답은 없어. 다만 우리가 살아갈 미래를 위해 신중히 고민해 봐야 해. 인간의 편의만을 쫓다가는 결국 우리가 살 터전을 잃을 수도 있고, 너무 극단적인 생태중심주의는 인간의 삶을 힘들게 만들 수도 있으니까.

이제 어떤 생각이 들어? 당장의 편리함을 택할 거야, 아니면 먼 미래를 바라보며 자연과의 공존을 택할 거야? 이건 단순한 질문이 아니야. 우리가 어떤 선택을 하느냐에 따라 50년 후, 100년 후의 지구 모습이 달라질 수 있어. 여기서 가장 중요한 건 인간의 필요와 자연의 권리 사이에서 적절한 균형을 찾는 거야. 그게 바로 우리 세대의 과제가 아닐까?

1. 다음 문장의 빈 칸에 알맞은 말을 써 보자.

> ___________(은)는 자연이 인간을 위해 존재한다고 보고, 자연을 인간의 자원으로 여기는 환경관이다.

2. 다음 중 인간중심주의 환경관에 해당하는 사례는?

   ① 순천만 갯벌을 보호하기 위한 생태공원 조성
   ② 플라스틱 빨대 사용 금지
   ③ 숲을 벌목해 가구를 제작하는 사업 추진
   ④ 국립공원 생물다양성 보존
   ⑤ 자연을 보존하기 위한 시민 캠페인 참여

3. 다음 중 생태중심주의 관점에서 가장 적절한 주장은?

   ① 자연은 인간의 필요에 따라 얼마든지 사용할 수 있다.
   ② 개발을 통해 경제적 이익을 얻는 것이 최우선이다.
   ③ 인간은 자연과 분리된 독립적인 존재이다.
   ④ 인간은 자연의 일부이며, 자연과 조화를 이루어야 한다.
   ⑤ 인간이 자연을 통제하는 것이 문명의 발전이다.

4. 다음 중 생태중심주의 사례로 보기 어려운 것은?

   ① 코스타리카가 국토의 25%를 보호구역으로 지정한 것
   ② 순천만 갯벌을 생태공원으로 보존한 것
   ③ 아마존 열대우림을 농장과 목장으로 개발한 것
   ④ 제2공항 건설 반대를 주장하는 시민들의 의견
   ⑤ 철새들의 서식지를 보호하기 위한 정책 시행

더 알고 싶어 119

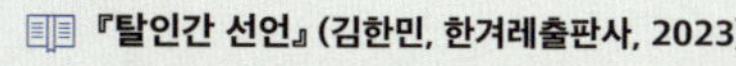

📖 『탈인간 선언』 (김한민, 한겨레출판사, 2023)
인간만이 최고라고 생각했던 시각에서 벗어나서, 자연과 모두가 연결되어 함께 살아가는 길을 고민하게 만드는 책이야. 나만 생각하는 마음이 아니라 우리 모두가 더 나은 미래를 만들 수 있겠다는 용기를 불어 넣어 주는 책이야.

▷ MAN (Steve Cutts) 우리가 자연과 동물을 얼마나 무심하게 대했는지를 풍자적으로 보여주는 강렬한 애니메이션이야. 짧지만 우리의 무분별한 행동이 지구를 어떻게 파괴하는지 생각하게 하고, 환경 보호의 중요성을 깨닫게 해 줄 거야.

자연과 인간이
함께 살아갈 방법이 있을까?

환경과 인간의 공존(1)

혹시 지구가 우리에게 말할 수 있다면 "조금 더 신경 써 주세요!"라고 하지 않을까?
우리가 매일 숨 쉬고 살아가는 이 지구는 우리가 어떻게 행동하느냐에 따라 건강해지기도
하고 아파하기도 해. 환경과 인간이 조화를 이루지 못하면 어떤 일이 벌어질까?

학습 키워드　#환경 문제 #공존사례 #지속가능성 #환경보호 #생태계 #재생에너지 #도시농업
교과 연계　중 > 환경 > 환경과 인간

환경과 인간이 공존하지 못해 발생하는 문제들은 매우 심각해. 먼저, 기후변화는 우리에게 큰 영향을 미치고 있어. 인간이 화석연료를 많이 사용하면서 대기 중에 이산화탄소가 늘어나 지구가 점점 더워지고 있는 중이야. 그 결과 폭염, 가뭄, 홍수 같은 자연 재해가 자주 일어나고 있어서 사람들의 삶을 어렵게 만들고 생태계도 위험해.

플라스틱 오염도 심각한 문제야. 우리가 일상에서 사용하는 일회용 플라스틱 제품들이 바다로 흘러들어가 해양 생물들에게 큰 피해를 주고 있어. 플라스틱 쓰레기를 먹이로 착각한 바다 동물들이 죽어가고, 미세 플라스틱은 해양 생물의 몸속에 쌓여 결국 인간의 식탁까지 오르게 되었어.

개발로 인해 서식지 파괴로 도시화가 되어서 생물다양성이 감소한

것도 큰 문제야. 나무를 베어내고, 강을 막고, 도로를 건설하면서 많은 생명체들이 살 곳을 잃게 되었어. 생물다양성 감소는 생태계의 균형을 무너뜨리고, 이건 결국 인간에게도 큰 영향을 미치게 돼.

하지만 희망은 있어. 세계 곳곳에서 환경과 인간이 함께 살기 위한 노력들을 시작하고 있어. 덴마크는 재생 가능 에너지를 성공적으로 활용하고 있는데, 특히 풍력 발전이 발달해서 전체 전력의 40% 이상을 풍력으로 생산하고 있어. 기후변화에 대응하는 덴마크, 멋지지?

↑ 덴마크 코펜하겐 해상 풍력 발전

뉴욕에서는 도시 한복판에서 농작물을 재배하는 도시농업이 활발해. 빌딩 옥상이나 공터에 작은 농장을 만들어 신선한 채소와 과일을 키워. 도시농업은 도심 속에서도 식량을 자급자족할 수 있게 해 주고 녹지를 늘려서 도시의 열섬 현상을 완화하는 데 도움이 돼.

싱가포르의 '마리나 베이 샌즈'는 녹색 건축의 좋은 사례야. 이 건물은 에너지 효율을 높이기 위해 태양광 패널을 설치하고 빗물을 모아 재활용하는 시스템을 갖추고 있어. 또 건물 곳곳에 나무와 식물을 심어 자연과의 조화도 이루었어.

앞에서 코스타리카가 국토의 약 25%를 자연 보호 구역으로 지정했다고 했지? 그 덕에 다양한 동식물들이 서식지를 보호받으며 살아가고 있어. 생물다양성이 보존되고 있다는 뜻이지. 코스타리카는 자연 보호를 통해 생태계를 유지하고, 이 생태계를 관광 자원으로 활용해 경제적으로도 성공을 거두고 있어.

환경과 인간이 공존하지 못해 발생하는 문제는 심각하지만 그 해결책도 분명히 있어. 덴마크의 풍력 발전, 뉴욕의 도시 농업, 싱가포르의 녹색 건축, 코스타리카의 자연 보호 구역처럼 우리가 환경과 조화를 이루며 살아가는 방법을 찾아 실천한다면 더 나은 미래를 만들어 갈 수 있어.

1. 다음 중 인간과 환경이 공존하지 못해 발생한 문제가 아닌 것은?

① 기후변화로 인한 폭염과 홍수　　　② 해양 생물의 미세 플라스틱 섭취
③ 생물다양성의 감소　　　　　　　④ 풍력 발전을 이용한 에너지 생산
⑤ 도시화로 인한 서식지 파괴

2. 다음 중 환경과 인간의 공존을 위해 실천한 사례로 알맞은 것은?

① 열대우림을 개간해 농장 건설　　　② 플라스틱 컵 사용 권장
③ 풍력 발전으로 전력을 생산하는 덴마크　　④ 갯벌을 매립해 땅을 늘리는 간척 사업
⑤ 자동차를 더 많이 만들기 위한 도로 확장

3. 다음 설명에 해당하는 나라로 알맞은 것은?

> 국토의 약 25%를 자연 보호 구역으로 지정하여 생물다양성을 보존하고 생태 관광 산업으로 경제적 이익을 얻고 있다.

① 덴마크　　　② 일본　　　③ 코스타리카　　　④ 미국　　　⑤ 싱가포르

4. 우리가 사는 지역에서 환경과 사람이 충돌해서 생긴 문제를 하나 골라보자. 문제의 시작과 심각성, 그리고 해결을 위한 지역 사회의 노력을 조사해 보자.

 더 알고 싶어 119

📖 도서　▷ 영상　🔍 사이트

📖 『**위기의 지구, 물러설 곳 없는 인간**』 (남성현, 21세기북스, 2020)
인간중심주의에서 벗어나 환경과 모든 존재가 함께 살아가는 방법을 모색하며, 작은 실천과 연대로 기후 위기에 맞서자고 용기와 희망을 전하는 책이야.

▷ **자연과 인간의 새로운 관계 정립이 필요한 순간** (최재천, 유퀴즈온더블럭)
이 영상은 우리 인간과 자연이 지금까지 '주인-피주인' 관계로 살아왔지만, 앞으로는 서로 존중하며 새롭게 관계를 맺어야 한다는 생태학자 최재천 교수님의 메시지를 담고 있어.

환경과 인간이 함께 살아가는 새로운 방법은 무엇일까?

환경과 인간의 공존(2)

역사적으로 인간은 종종 자연을 정복의 대상으로 여겼어. 숲을 베어 도시를 세우고 강을 막아 댐을 만들었지. 이런 행동들이 우리에게 편리함을 가져다주긴 했지만 동시에 심각한 환경 문제도 가져왔어. 하지만 최근에는 인간과 자연의 함께 살아가는 방법을 고민하고 있어.

학습 키워드 #자연과인간 #조화로운공존 #지속가능성 #그린인프라 #농업생태학 #재생에너지
#바이오미미크리

교과 연계 중 > 환경 > 환경과 인간　　　　　중 > 도덕2 > 4.자연과의 관계
중 > 과학1 > 과학과 인류의 지속가능한 삶

　자연과 인간의 공존은 이제 환경을 보호하자는 소극적인 태도를 넘어 서로 이롭게 공존할 방법을 찾는 적극적인 노력으로 나타나고 있어. 이런 변화는 도시 계획, 농업, 에너지 분야 같은 다양한 영역에서 볼 수 있어.

　도시와 자연의 공존을 위해 도시 내에 공원, 녹지, 수로 등 자연적 요소를 적극적으로 도입하는 '그린 인프라' 개념이 중요해지고 있어. 싱가포르의 '가든스 바이 더 베이'는 도시 한가운데 거대한 식물원을 만들어 시민들에게 휴식 공간을 제공하면서도 도시의 생물다양성을 높이는 역

↑ 싱가포르 가든스 바이 더 베이

할을 해. 이탈리아 밀라노의 보스코 베르티칼레와 같은 '수직 숲' 개념의 건물들도 등장했어. 이 건물은 외벽에 900그루의 나무를 심어 도시의 공기를 정화하고 생물다양성을 높이는 역할을 해.

이번에는 농업 분야에서의 변화를 살펴볼까? '농업생태학'이라는 새로운 접근법은 자연 생태계를 모방한 농업 방식인데 화학 비료와 농약 대신 자연적인 방법으로 해충을 제어하고 토양을 비옥하게 만드는 거야. 농업생태학은 건강한 식품 생산에도 도움이 되고 생물다양성 보존에도 도움이 돼. 그리고 도시농업도 주목받고 있지. 도시에서도 옥상 정원, 수직 농장에서 식량을 생산할 수 있게 되어서 식량 안보를 높이면서도 도시의 녹지 면적을 늘리는 일석이조의 효과를 가져왔어.

에너지 분야는 어떨까? 재생에너지의 사용이 늘어나면서 태양광, 풍력, 지열 등 자연의 힘을 이용한 에너지 생산도 증가 추세야. 재생 에너지는 화석연료 사용을 줄여 기후변화를 완화하는 데 도움을 주지. '바이오미미크리'라는 개념 들어본 적 있어? 자연의 디자인과 프로세스를 모방해 인간의 문제를 해결하는 요즘 주목받는

↑ 바이오미미크리의 대표적인 건축 사례인 짐바브웨 하라레, 이스트게이트 센터

접근법이야. 예를 들면 연잎의 자정 능력을 모방한 자가 세정 페인트, 벌집 구조를 응용한 가벼운 건축 자재 같은 것들이 있어.

다양한 분야에서의 이런 변화들은 우리가 자연과 조화롭게 살아갈 수 있다는 희망을 보여줘. 자연을 존중하고 그 지혜를 배우는 과정에서 우리는 더 지속가능하고 풍요로운 미래를 만들어 갈 수 있을 거야.

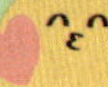

1. 자연 생태계를 모방하여 화학 비료 없이 건강한 농사를 짓는 방식은?
   힌트 초성 ㄴㅇㅅㅌㅎ

2. 자연의 구조나 원리를 모방해 인간 문제를 해결하려는 접근 방식은?
   힌트 초성 ㅂㅇㅇㅁㅁㅋㄹ

3. 바이오미미크리의 사례로 보기 어려운 것은?

   ① 연잎을 모방한 자가 세정 페인트　　　② 벌집 구조를 본뜬 건축 자재

   ③ 공장 매연을 빠르게 내보내는 배출구　　④ 짐바브웨 건물의 단열 시스템

   ⑤ 사막 곤충의 수분 모으기 기술을 모방한 물 저장 시스템

4. 다음 문장의 빈 칸에 알맞은 말을 써 보자.

   > _____________(은)는 도시 공간을 활용해 채소와 과일을 재배하는 것으로, 식량 자급과 녹지 확대에 기여한다.

5. 여러분이 살고 있는 지역에서 '그린 인프라'의 구체적인 사례를 찾아 보자. 이 사례가 환경과 지역 주민들에게 어떤 긍정적인 영향을 주고 있는지 분석하여 정리해 보자.

👍 더 알고 싶어 119

📖 도서　　▷ 영상　　🔍 사이트

📖 **『리질리언스 사고』** (브라이언 워커, 지오북, 2015)
이 책은 허리케인이나 쓰나미 같은 대재앙이 닥쳤을 때 원래 상태로 돌아오려는 힘, 즉 '리질리언스(회복 탄력성)'의 개념을 흥미로운 실제 사례들을 통해 쉽고 재미있게 알려 주면서 환경과 인간의 공존 방법을 제시해 주는 책이야.

▷ **자연과 인간의 공존: 미래를 위한 우리의 사명 (세바시)**
국립백두대간수목원에서 일하는 숲해설가 우회란 씨는 경북 봉화에서 사과나무가 기후변화로 줄어들고 있어, 미래에는 우리 아이들이 강아지풀 같은 야생식물로 식량을 대체할 수도 있다고 말하면서, 전 세계에서 오는 고산식물과 멸종위기 식물의 씨앗을 보존하는 '글로벌 종자 저장고'의 중요성을 강조해.

내 하루가
지구를 바꿀 수도 있다고?

지구의 미래를 바꾸는 선택

아침에 하는 샤워, 학교 갈 때 타는 교통수단, 점심 시간에 먹는 음식까지 우리가 매일 하는
작은 선택들이 지구 전체 환경에 긍정적인 영향을 줄 수도 부정적인 영향을 줄 수도 있어.
우리의 일상적인 행동들이 어떻게 지구 환경을 변화시키고 있는지,
어떻게 더 나은 선택을 할 수 있는지 함께 알아보자.

학습 키워드   #일상속환경영향 #지속가능한선택 #기후변화대응 #제로웨이스트 #순환경제

교과 연계   중 〉 환경 〉 환경과 인간
중 〉 사회2 〉 지속가능한 세계와 글로벌 시민

매일 아침 우리는 전기불을 켜고 온수를 틀고 때로는 자동차를 타고 학교에 가. 이런 작지만 일상적인 행동들이 모여 심각한 기후변화를 초래하고 있어. 화석연료를 사용하면서 발생하는 이산화탄소는 지구온난화를 강화해서 극단적인 기상 현상과 생태계를 파괴해. 에어컨을 1시간 사용하면 약 1kg의 이산화탄소가 발생하는데 이 정도의 양은 소나무 한 그루가 하루 동안 흡수하는 양과 맞먹는대.

하지만 우리에겐 파괴하는 힘만 있는 건 아니야. 개선할 수 있는 힘도 있어. 에너지 효율이 높은 가전제품을 고르거나 대중교통을 이용해도 큰 변화를 만들 수 있어. 조금 더 나아가 재생 가능 에너지를 사용하면 온실가스 배출을 크게 줄일 수 있어. 실제로 많은 가정에서 태양광 패널을 설치해서 사용하는데 태양광 패널은 환경 보호도 되고 길게는 에너

지 비용도 절약할 수 있어.

우리의 일상에서 플라스틱은 없어서는 안 될 존재가 되었지만 이 편리함의 대가는 너무나 무서워. 특히 요즘 코로나19 이후 폭발적으로 늘어난 배달문화는 플라스틱 쓰레기 문제를 더욱 심각하게 만들고 있어. 배달 한 번 시킬 때마다 플라스틱 용기, 비닐봉지, 포장재들이 쏟아져 나오거든. 플라스틱은 분해되는 데 수백 년이 걸리고 많은 양이 바다로 흘러들어가 해양 생태계를 위협하고 있어. 매년 800만 톤의 플라스틱이 바다로 들어가 거대한 '플라스틱 섬'을 만들고 있다는 사실은 우리가 감당해야 하는 심각한 문제야.

다행히 이 문제에 대한 인식이 높아지면서 혁신적인 해결책들이 나타나고 있어. '용기내' 챌린지처럼 개인이 용기를 가져가서 음식을 포장해 오는 문화가 확산되고 있고 생분해성 플라스틱 개발, 재활용 기술의 발전, 그리고 일회용품 사용을 줄이는 사회적 움직임 같은 것들 말이야.

우리도 텀블러와 장바구니 사용, 과대 포장 상품 거부 같은 작은 실천으로 큰 변화를 만들어 낼 수 있어. 조금 불편해도 우리의 작은 용기가 지구에게 큰 힘이 되는 걸 기억하자.

우리가 사용하는 모든 제품은 자연에서 얻은 자원으로 만들어져. 과도한 자원을 소비하면 산림 파괴, 광산 개발 등으로 이어져 생태계를 파괴해. 스마트폰 한 대를 만들기 위해 약 30종의 광물이 필요하다는데 그러면 많은 지역의 생태계가 훼손되겠지? 그럼 우리는 이런 문제를 어떻게 해결해야 할까? 스마트폰만 안 쓰면 되는 걸까? 아니, 그렇지 않아. 자원을 사용하되 절약하고 재활용하는 것, 물건을 오래 사용하고 수리하는 문화를 만드는 것, 그리고 공유 경제를 활성화해서 자원을 순환시킨다면 달라지지 않을까? 실제로 많은 기업들이 '순환 경제' 모델을 도입해 자원 사용을 최소화하고 재활용을 극대화하고 있어.

우리가 먹는 음식도 환경에 큰 영향이 있어. 특히 육류 생산은 많은 양의 온실가스를 만들어 내서 지구를 데우고 많은 물과 농장용 땅이 필요해. 소 한 마리를 키우는 데 필요한 물이 사람 1,800명이 하루 동안 사용하는 양과 맞먹는다는 사실은 너무나 충격적이야.

하지만 우리는 또 할 수 있을 거야. 우리가 식습관을 바꾸면 강력한 환경 보호 도구가 될 수 있어. 채식을 늘리거나 육류 소비를 줄이는 것, 지역에서 생산된 제철 식재료를 선택하는 것, 그리고 음식물 쓰레기를 줄이는 것은 환경에 긍정적인 영향을 미쳐. 또 개인의 건강에도 도움이 되니까 일석이조의 효과겠지?

우리의 일상 속 많은 선택들이 환경에 영향을 미치고 있지만 너무 걱정하지 마. 그건 우리가 매일 환경을 위해 좋은 일을 할 수 있는 기회가 많다는 뜻이기도 하니까.

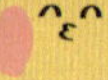

1. 개인 용기를 가지고 가서 음식을 포장해오는 친환경 챌린지는? _ _ _ _ _ _ _ _ _ _ _ _ _ _ _

2. 다음 중 에어컨을 1시간 사용했을 때 발생하는 이산화탄소 양과 같은 양을 하루 동안 흡수할 수 있는 것은?

　① 고래 한 마리　　② 소 한 마리　　③ 소나무 한 그루　　④ 스마트폰 한 대
　⑤ 텀블러 10개

3. 배달 문화가 환경에 주는 영향으로 올바르지 않은 것은?

　① 플라스틱 용기와 포장재가 증가한다.　　② 바다에 떠다니는 쓰레기 섬이 커진다.
　③ 해양 생물이 플라스틱을 먹고 죽는다.　　④ 온실가스 배출량이 줄어든다.
　⑤ 일회용 쓰레기가 급증한다.

4. 다음 중 식습관 변화로 실천할 수 있는 환경 보호 방법이 아닌 것은?

　① 육류 소비를 줄인다.　　　　　② 지역 제철 식재료를 선택한다.
　③ 음식물 쓰레기를 줄인다.　　　④ 채식을 늘린다.
　⑤ 하루 세 끼 모두 고기를 먹는다.

5. 여러분 자신이 환경 보호를 위해 꾸준히 실천하고 있는 일들을 구체적으로 적어 보자.

더 알고 싶어 119　　　　　📖 도서　▶ 영상　🔍 사이트

📖 **『이것이 모든 것을 바꾼다: 자본주의 대 기후』 (나오미 클라인, 열린책들, 2014)**
우리 환경 문제의 근본 원인은 자본주의이고, 특히 재난을 이용해 부를 축적하는 '재난 자본주의'가 기후 변화를 막지 못하게 가로막는다며, 근본적인 해결은 자본주의 체제를 바꾸고 공공 부문을 강화하며, 기후정의와 경제 불평등 해소를 함께 해야 한다고 강력히 주장하는 책이야.

▶ **환경을 위해 삶 속 '작은 변화'를 이뤄 나가는 우리의 이웃들 (EBS 다큐)**
이 다큐에서는 제주 바다에서 플라스틱 쓰레기로 다친 돌고래를 관찰하고, 서울의 부부가 겨울 바다에서 조깅하며 쓰레기를 줍는 '플로깅'을 하는 등 일상에서 작은 실천으로 환경을 지키는 평범한 이웃들의 이야기를 보여줘.

자연의 마음, 나도 느낄 수 있을까?

생태감수성 키우기

아침에 일어나 창밖을 보며 "오늘은 날씨가 참 좋구나!"라고 생각해 본 적 있니?
공원을 걸으며 나뭇잎 사이로 비치는 햇살을 보고 기분이 좋았던 적은? 이런 순간들이 우리가
자연과 교감하는 순간이야. 우리는 자연과 살아가고 있지만, 종종 그 소중함을 잊고 지내지.
오늘은 자연과 우리의 관계, 그리고 자연을 느끼는 '생태감수성'에 대해 알아보자.

학습 키워드 #생태감수성 #환경의식 #자연보호 #지속가능성 #생태계 #환경교육 #공감 #자연체험
교과 연계 중 〉 환경 〉 환경과 인간   중 〉 도덕2 〉 자연과의 관계
          중 〉 과학1 〉 생물의 구성과 다양성

생태감수성이란 자연과 교감할 수 있는 능력이야. 나무의 잎사귀가 흔들리는 소리를 듣고, 꽃들이 피어나는 아름다움을 느끼며, 강물이 흐르는 소리를 이해하는 거지. 자연과 친구가 되는 방법이라고 생각하면 돼! 단순히 "와, 예쁘다!"라고 생각하는 것을 넘어서 자연과 깊은 유대감을 느끼고, 지구의 아픔을 나의 아픔으로 느끼는 거야. 이런 느낌은 우리를 자연을 지키는 사람이 되게 해 줄 거야.

안타깝게도 요즘 친구들은 자연을 느끼는 이 멋진 능력을 잃어가고 있어. 왜 그런지 아니? 스마트폰과 게임 같은 디지털 세상에 너무 빠져 있어서 실제 자연을 만날 시간이 줄어들고 있기 때문이야. 스마트폰 속 숲에서는 진짜 나뭇잎의 향기를 맡을 수 없거든. 그리고 주변이 대체로 도시여서 자연을 접할 기회가 줄어들기도 했어. 아스팔트 위에서는 풀냄

새를 맡기 어렵고, 빌딩 사이에서는 밤에도 너무 밝아서 별을 보기 힘들어. 바쁜 일상도 자연을 느낄 여유를 없애 버렸어. 학교 마치고 학원으로 바쁘게 움직이다 보면 하늘에서 움직이는 구름을 볼 시간도 없고 숙제랑 시험 준비를 하다 보면 계절이 바뀌는 것도 잘 모르겠더라. 그렇다고 생태감수성을 놓칠 수는 없어.

생태감수성을 키우면 정말 많은 장점이 있거든. 생태감수성은 우리를 더 공감 능력이 뛰어난 사람이 되게 해 줘. 자연의 아픔을 느낄 수 있으면 다른 사람의 아픔도 더 잘 이해할 수 있게 되고, 사회를 더 따뜻하고 포용적으로 만드는 데 도움이 될 거야.

생태감수성은 창의력을 높이는 데도 큰 도움이 돼. 자연은 끝없는 영감의 샘이야. 위대한 많은 예술가들과 과학자들이 자연에서 영감을 받았대. 레오나르도 다빈치는 새 날개를 관찰해서 비행기 설계에 대한 아이디어를 얻었어. 우리도 자연을 관찰하면서 새로운 아이디어를 얻을 수 있을 거야.

그럼 어떻게 하면 생태감수성을 키울 수 있을까? 주말에 가족과 가까운 공원이나 숲으로 나들이를 떠나자. 나뭇잎을 만져보고, 새가 어떤 소리를 내는지 들어 봐. 돋보기로 작은 곤충들을 관찰하는 것도 좋아. 자연의 신기하고 재미있는 모습을 발견할 수 있을 거야. 생태 일기를 쓰는 것도 추천해. 창밖에 핀 꽃, 하늘의 구름 모양 등 무엇이든 자연에서 발견한 작은 기적들을 기록하는 거야. 글로 써도 되고, 그림을 그리거나 사진을 찍어서 기록해도 괜찮아.

작은 화분에 식물을 키워보는 것도 좋아. 물을 주고 햇볕을 쬐게 식물을 돌보면 책임감도 느낄 수 있고 생명이 자라는 신기함도 알게 될거야. 가족이나 친구들과 자연 다큐멘터리를 봐도 생태감수성을 키울 수 있어. 자연의 아름다움과 지구의 위기를 동시에 느낄 수 있을지 몰라. 다큐멘터리를 본 후에 서로의 생각을 이야기해 보는 것도 도움이 되겠지?

환경 보호 캠페인에 참여하는 것도 추천해. 지역에서 열리는 환경 보호 활동은 해변 청소, 나무 심기 등이 있어. '플러깅'은 조깅을 하면서 쓰레기를 줍는 건데 직접 참여해 보면 환경 문제의 심각성을 체감할 수 있을 거야. 자연에서 얻은 재료들로 예술 작품을 만들거나 우리 동네의 생태 지도를 만들어보는 것도 재미있는 활동이야.

생태감수성을 키우는 활동이 처음에는 어색하고 힘들 수 있지만 꾸준히 하다 보면 나무 한 그루, 꽃 한 송이에서도 생명의 아름다움을 발견하게 돼. 자연스럽게 자연과 소통하는 능력이 생기는 거지. 자연과 함께하는 시간이 늘고 이런 경험이 쌓이면 우리는 자연을 더 소중히 여기고, 아주 자연스럽게 환경보호 행동을 하고 있는 나를 발견하게 될 거야.

1. 자연과 교감하며, 나무, 꽃, 강물 등을 느끼고 이해하는 능력은?

힌트 초성: ㅅㅌㄱㅅㅅ

2. 다음 빈칸에 알맞은 말을 써 보자.

> 생태감수성은 공감 능력과 ___________(을)를 키우는 데 도움이 되며 환경 보호 실천으로 이어질 수 있어.

3. 다음 중 생태감수성을 키우는 활동으로 적절하지 않은 것은?

① 주말마다 숲에 가서 나뭇잎을 만져보기 ② 스마트폰 게임을 오래 하기

③ 생태 일기 쓰기 ④ 식물을 키우며 관찰하기

⑤ 자연 다큐멘터리 시청 후 토론하기

4. 다음 중 생태감수성을 기르면 얻을 수 있는 효과로 옳지 않은 것은?

① 공감 능력이 향상된다. ② 창의력이 올라간다.

③ 자연과의 유대감이 생긴다. ④ 시험 성적이 자동으로 오른다.

⑤ 지구를 위한 행동을 실천하게 된다.

5. 우리 학교를 생태감수성을 키울 수 있는 공간으로 만들기 위해, 학교의 어떤 공간(교실, 복도, 운동장, 옥상 등)을 어떻게 변화시키면 좋을지 구체적인 아이디어를 제시해 보자.

더 알고 싶어 119　　　📖 도서　▷ 영상　🔍 사이트

📖 **『질문으로 시작하는 생태감수성 수업』 (최원형, 블랙피쉬, 2024)**
이 책은 1년 12달 동안 자연에서 벌어지는 다양한 생태 현상을 질문으로 풀어가며, 예를 들어 매미가 땅속에서 몇 년간 살다 힘겹게 허물을 벗는 과정이나 말벌과의 평화로운 공존 방법 등을 통해 생태감수성을 키워줘.

▷ **생태감수성, 심장이 뛰는 생명을 만날 때 비로소 깨닫는 마음 (EBS 지식채널e)**
이 영상은 초등학교에서 개와 돼지 등 동물과 직접 교감하며 생명의 소중함을 체험하고, 그 과정에서 학생들의 감정 조절과 자연에 대한 사랑이 커지는 생태감수성 교육 사례를 보여줘.

학교 안에 숨어 있는 생태계를 찾아볼까?

학교 환경

매일 다니는 학교가 사실은 흥미진진한 생태계라는 걸 아니? 오늘은 무심코 지나쳤던
학교 구석구석을 탐험하며 자연의 보물들을 찾아 보는 시간을 가져볼까?
호기심 가득한 눈으로 우리 학교를 새롭게 탐험해 보자.

학습 키워드 #학교생태계 #환경탐험 #생태관찰 #교내자연 #학교숲 #생물다양성 #환경교육
교과 연계 중 〉 환경 〉 환경과 인간
중 〉 과학2 〉 식물과 에너지

우리 학교 정원은 꽃과 나무, 잔디 사이에는 다양한 곤충들이 살고 있는 작은 생태계야. 봄에는 꽃이 피고, 여름에는 나무가 시원한 그늘을 만들고 가을에는 알록달록 단풍이 들어. 정원 한켠에 있는 작은 연못에서는 개구리도 볼 수 있지. 계절마다 변하는 학교 정원을 관찰하면 자연의 순환을 배울 수 있어. 다양한 식물들이 어우러져 사는 모습에서 생태계의 균형과 생물다양성의 중요성도 배우게 돼.

운동장은 우리가 뛰어노는 공간이면서 많은 생물들의 터전이야. 운동장 가장자리 잔디에서는 개미들이 열심히 일하고 있고 높은 나무에는 새들이 둥지를 틀지. 때때로 나비나 벌이 꽃을 찾아오기도 하는데, 벌이 꽃가루를 옮기는 모습을 보면 식물이 번식할 때 곤충의 역할을 이해할 수 있을 거야. 생물들을 자세히 관찰하면 생태계의 다양성과 연결성

↑ 학교 식물을 관찰하는 학생들

을 이해하게 돼. 개미가 땅속으로 들어가는 걸 보면 토양 생태계도 관심이 생기겠지?

교실 창가의 화분이나 복도에 놓인 식물들도 공기를 맑게 해 주고 안정감을 느끼게 해주는 우리 학교의 소중한 자연이야. 창밖의 하늘과 구름, 새들의 움직임도 자연을 관찰하기에 좋은 대상이야. 이런 작은 것들에 관심을 기울이면 일상에서도 자연을 느낄 수 있다는 걸 알게 될 거야. 교실에서 식물에게 물을 주고, 햇빛을 조절하고, 때로는 분갈이를 하며 생명을 돌보는 법을 익히면 생명의 소중함과 책임감도 배울 수 있어.

급식실은 환경에 대해 생각해 보기 좋은 장소야. 음식물 쓰레기를 줄이기와 일회용품 사용 줄이기를 실천할 수 있지. 또 제철 식재료나 지역 농산물로 만든 급식 메뉴로 환경과 먹거리의 관계도 배울 수 있어. 여름에 나오는 수박을 먹으면서 계절과 식물에 대해 생각해 볼 수 있고, 급식실에서 사용하는 물과 에너지를 줄이는 방법을 고민해 보는 것도 좋은 환경 공부가 될 수 있어.

만약 우리 학교에 옥상 정원이 있다면 그곳은 특별한 생태 공간이야. 다양한 식물이 자라는 모습을 관찰할 수 있고 빗물을 모아서 식물에 물을 주는 환경 보호 활동도 할 수 있지. 옥상 정원은 도시 열섬 현상을 줄이는 데도 도움이 돼. 콘크리트로 뒤덮인 도시에서 녹색 공간은 온도를 낮추고 생물다양성을 높이는 중요한 역할을 해.

학교 담장 주변도 작은 생태 공간이 될 수 있어. 담쟁이 덩굴이 자라는 모습을 관찰하거나 벽돌 틈새에서 자라는 작은 식물들을 찾아 보면서 생명의 강인함과 적응력을 배울 수 있어. 또 학교 주변을 산책하면서 우리 동네의 생태 환경은 어떤지 생각해 볼까?

이렇게 학교 곳곳에는 자연이 숨 쉬고 있어. 평소에 무심코 지나쳤던 곳들을 자세히 보면 놀라운 생명의 세계를 발견할 수 있지. 학교 안의 다양한 식물들의 이름을 찾아 보고, 그 식물들이 우리 생활에 어떤 도움을 주는지 알아보는 것도 흥미로울 거야. 학교 생태계 관찰과 체험을 통해 자연의 소중함과 환경을 보호하는 마음을 기를 수 있으면 좋겠어. 학교에서의 생태 학습은 단순히 지식을 얻는 것뿐만 아니라, 우리가 자연의 한 부분인 것을 느끼고 환경 보호의 중요성을 깨닫는 소중한 경험이 될 거야. 학교는 공부만 하는 곳이 아니야. 살아있는 자연을 체험하는 학교 생태계를 통해 자연의 소중함을 배워 보자.

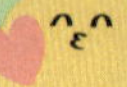

1. 학교 안의 다양한 식물과 곤충, 새들이 어울려 살아가는 작은 자연의 모습을 뭐라고 하는지 써 보자.

   힌트 초성 ㅎ ㄱ ㅅ ㅌ ㄱ

2. 다양한 식물이 자라는 모습을 관찰할 수 있고, 빗물을 모아서 식물에 물을 주는 환경 보호 활동도 할 수 있으며 도시 열섬 현상을 줄이는 데도 도움이 되는 학교 공간은 어디인지 찾아 써 보자.

   힌트 초성 ㅇ ㅅ ㅈ ㅇ

3. 학교 생태계 탐험 미션. 아래 중 한 가지를 골라 오늘 해 보자.

   > - 학교 주변에서 자라는 식물 하나를 사진 찍고 이름 조사해 보기
   > - 운동장 주변에서 곤충이나 새를 관찰하고 기록해 보기
   > - 교실 화분에 물을 주고 식물의 변화 관찰하기
   > - 급식에서 나온 음식물 쓰레기 줄이기 실천하기

4. 학교에서 평소에 그냥 지나쳤던 공간을 하나 골라 보자. 그리고 그곳에 살고 있는 생물들을 자세히 관찰하고 그 생물들이 서로 어떻게 관계를 맺고 살아가는지 살펴보자. 그 관계를 간단한 생태계 그림으로 표현해 보자.

 **더 알고 싶어 119**　　　　　📖 도서　▷ 영상　🔍 사이트

📖 **『학교 숲 정원이야기』** (보민출판사, 이학송, 2011) 전국에 있는 학교 숲과 정원들을 소개하면서 학교 숲이 학생들이랑 지역 사람들이 자연을 더 잘 느끼고 사랑할 수 있는 소중한 공간이 되어 가고 있다는 걸 알려 주는 책이야.

▷ **하나뿐인 지구: 학교 숲이 교육을 바꾼다 (EBS 다큐프라임)**
이 영상은 도심 속 학교 옥상이나 운동장 한쪽의 습지를 활용한 학교 숲이 케일 식물에 난 애벌레 구멍이나 습지의 수생식물을 직접 오감으로 관찰하게 하여, 머리가 아닌 가슴으로 생태계의 소중함과 보전의 필요성을 배우는 최고의 생태 교육 현장임을 보여주고 있어.

🔍 **생명의숲 학교숲 이야기** 아이들이 가장 많은 시간을 보내는 학교에 숲을 조성하고 가꾸는 '학교 숲 운동'의 활동 기록, 조성 사례, 연구 보고서 등을 제공하며 학교 숲을 기후위기 시대의 생태 교육 공간으로 활용하는 방안을 제시하고 있어.

도시의 나무는
왜 그렇게 중요한 걸까?

가로수와 공원 나무, 우리 일상의 생태 주역들

매일 지나다니는 길가에 있는 나무들, 한번쯤 관심을 가져본 적 있어?
우리 주변에는 조용히 중요한 일을 하고 있는 나무들이 참 많아. 오늘은 동네 나무들의
특별한 모습과 역할을 알아볼 거야. 자, 이제 주변을 눈 크게 뜨고 살펴볼 준비됐지?

학습 키워드 #나무 #도시숲 #환경보호 #생물다양성 #자연사랑 #동네나무 #도시녹화

교과 연계 중 > 환경 > 환경과 인간
중 > 과학2 > 식물과 에너지

동네 길가에 줄지어 서 있는 가로수는 우리에게 그늘을 만들어 주고 공기를 정화하는 중요한 역할을 해. 은행나무, 플라타너스, 벚나무 등이 주로 심어져 있어서 계절에 따라 변하는 모습은 자연의 순환을 느끼게 해 줘. 은행나무는 가을이 되면 노란 옷을 입고 거리를 아름답게 장식하지만 열매 냄새로 불편을 주기도 해. 플라타너스는 넓은 잎으로 뜨거운 여름 햇볕을 막아주고 벚나무는 봄에 꽃으로 거리를 화사하게 만들어. 가로수는 미관뿐만 아니라 도로에서 발생하는 미세 먼지와 자동차에서 나오는 이산화탄소를 줄이고 소음을 완화하는 중요한 일을 하지.

동네 공원에서는 소나무, 단풍나무, 느티나무 같은 다양한 나무를 만날 수 있어. 소나무는 사계절 푸른 잎으로 안정감을 주고 솔방울은 다람쥐의 먹이가 돼. 단풍나무는 가을에 붉게 물들어 공원이 멋지게 보여.

↑ 가로수가 늘어선 도로 (한국교육방송공사)

느티나무는 수백 년씩 살아서 넓은 그늘로 사람들에게 쉼터를 만들어 줘. 공원의 나무들은 새와 작은 동물들의 서식지가 되고 도시의 생태계를 지탱하는 허파 역할을 하고 있어. 도시 온도를 낮추고 습도도 조절하고 생물다양성에 도움을 주는 도시 생태계의 중요한 구성원이야.

열매를 맺는 나무들도 많아. 감나무, 대추나무, 밤나무는 가을이 되면 열매를 맺어 계절의 변화를 알려 줘. 대추나무의 열매는 한방에서 중요한 약재로 쓰이고, 밤나무는 가시 열매 안에 단단한 밤을 품어. 열매들은 우리에게 식량도 주고 새와 작은 동물들의 먹이가 되어서 생태계의 순환을 만들어 내.

봄이 되면 동네 곳곳이 꽃으로 가득 차서 벗나무, 개나리, 진달래 같은 나무들이 활짝 핀 꽃으로 우리 눈을 사로잡지. 봄의 상징 벗나무는 봄에 잠깐 피었다 져서 삶의 덧없음을 생각하게 하고, 개나리는 노란 꽃으로 봄의 시작을 알려 줘. 분홍빛 진달래는 화사하게 산과 들을 뒤덮어. 이런 꽃 피는 나무들은 도시를 아름답게 만드는 것과 동시에 벌과 나비가 꽃가루를 옮기고, 그 과정에서 새와 다른 생물들에게 먹이를 제공해.

결국 생태계의 순환이 이루어지게 돕고 균형을 유지하는 데 중요한 일을 하는 거야.

우리 동네에는 특별한 의미를 지닌 나무들도 있어. 오래된 나무들은 보호수로 지정돼 특별히 관리되는데, 이런 나무들은 단순한 나무가 아니라 우리 동네의 역사를 간직한 살아 있는 문화재야. 또 희귀한 종류의 나무들이 심어져 있으면 동네의 생태적 가치를 더 높여줘. 예를 들면 수백 년 된 느티나무나 은행나무는 마을사람들에게 수호신처럼 여겨졌어. 이런 나무들 아래에서 모여 중요한 일을 의논하거나 축제를 열기도 했지. 단순한 식물이 아니라, 마을의 역사와 문화를 간직한 산 증인인 셈이야.

어떤 나무들은 천연기념물로 지정되기도 했어. 학술적 가치가 높거나 특이한 모습 때문인데, 제주도의 비자나무나 강화도의 갑곶리 탱자나무 같은 천연기념물이 대표적이야. 이런 나무들은 그 지역의 자연을 대표하는 소중한 자연유산이야.

↑ 천연기념물 제주 평대리 비자나무 숲 (국가유산포털)

우리 동네의 나무들은 단순히 풍경을 꾸미는 데 그치지 않아. 가로수, 공원의 나무, 열매 맺는 나무, 꽃 피우는 나무, 역사적 가치가 있는 나무 모두가 지속가능한 미래와 우리 삶에 중요한 영향을 미치는 존재들이야. 우리는 이런 나무들을 보호하고 가꾸는 데 관심을 기울이고 그 가치를 알아줘야 해. 나무 한 그루를 심고 가꾸는 일은 단순히 자연을 아름답게 만드는 것이 아니라 우리와 후손의 미래를 위한 투자란 걸 기억하자.

1. 다음 빈칸에 알맞은 말을 써 보자.

> 1) 길가에 줄지어 심겨져 있으며, 그늘을 만들고 공기를 정화해주는 나무를
>   __________(이)라고 한다.
> 2) __________나무는 수백 년을 살며 넓은 그늘을 만들어 주고 마을 사람들에게
>   수호신처럼 여겨졌다.
> 3) 특별히 지정되어 보호되는 오래된 나무를 ____________(이)라고 한다.

2. 다음 중 가로수의 역할과 가장 거리가 먼 것은?

  ① 그늘을 만들어 줌　　　② 이산화탄소 흡수　　　③ 자동차 속도를 높임
  ④ 미세 먼지를 줄임　　　⑤ 소음을 줄임

3. 우리 동네 나무 탐험 미션

> － 학교 앞, 집 앞에 심어진 가로수의 이름을 알아보자.
> － 공원에서 자라는 나무 중 열매를 맺는 나무를 사진으로 찍어 기록해 보자.
> － 벚나무가 피는 시기나 단풍이 드는 계절을 직접 관찰해서 생태 일기에 적어 보자.

더 알고 싶어 119　　　　　📖 도서　▷ 영상　🔍 사이트

📖 **「우리 동네 나무들」** (국립생태원, 국립생태원, 2021)
　길가, 공원, 학교 주변에서 쉽게 만날 수 있는 30종의 나무를 귀여운 만화와 생생한 사진으로 소개하고,
　나무와 친해질 수 있도록 만든 책이야.

▷ **우리 동네 나무 이야기** (전주문화재단)
　이 영상은 전주 지역 주민들이 모여 힘을 합쳐 나무를 심고 마을을 아름답게 만드는 과정을
　다루고 있어.

지구의 생일?
환경을 기념하는 날이 있다고?

우리 지구를 위한 특별한 날들도 있다는 거 알고 있어?
이런 날들은 우리가 지구와 자연의 소중함을 다시 생각해 보게 하고 환경을 지키는 것이
얼마나 중요한지 알려 줘. 오늘은 이런 특별한 날들에 대해 알아보자.

학습 키워드　#환경기념일 #지구의날 #세계환경의날 #생물다양성의날 #환경보호 #지속가능성
교과 연계　중 〉 사회2 〉 지속가능한 세계와 글로벌 시민

지구의 날(4월 22일): 지구의 날Earth Day은 환경을 위한 기념일 중 하나야. 1970년 미국에서 시작되어 지금은 전 세계 사람들이 함께 기념하고 있어. 이 날의 목적은 우리 모두가 환경 문제에 관심을 갖고, 지구를 보호하는 데 모두가 참여하도록 하는 거야. 지구의 날에는 나무 심기, 쓰레기 줍기, 재활용 방법 배우기 같은 활동이 펼쳐져. 학교에서는 환경 관련 특별 수업이 열리고 거리에서는 환경 보호를 위한 행진도 해. 우리도 이날

↑ 지구의 날 홍보 포스터

작은 실천을 해보는 건 어떨까? 하루 동안 전기와 물을 아껴 쓰거나 일회용품 사용하지 않는 거야. 작은 행동 하나가 지구에 큰 힘이 될 수 있어.

세계 환경의 날(6월 5일): 세계 환경의 날World Environment Day은 유엔 **UN**이 정한 날이야. 1972년에 시작되었고, 매년 새로운 주제로 환경 문제를 생각해 보는 날이지. 이 날은 전 세계 사람들이 환경 보호를 위해 해야 할 일을 고민하고 실천하는 날이야. 이 날엔 각 나라에서 다양한 행사가 열려. 환경 전시회나 영화제, 마라톤 같은 행사도 있고, 정부에서는 새로운 환경 정책을 발표하기도 해. 학교에서는 환경 포스터 대회나 글짓기 대회를 열어서 학생들이 환경에 대해 생각할 기회를 주기도 해. 우리도 환경 보호를 위한 아이디어를 떠올려 보자.

⬆ UN에서 정한 세계 환경의 날 공식 로고

세계 생물다양성의 날(5월 22일): 생물다양성이 뭔지 알아? 지구에 사는 다양한 생물들을 모두 포함하는 말이야. 세계 생물다양성의 날 **International Day for Biological Diversity**은 이런 생물들의 소중함을 알리고, 보호하자는 의미로 만들어진 날이야. 이 날에는 주로 동물원이나 식물원에서 특별 프로그램이 열려. 멸종위기 동식물에 대해 배우거나, 생태계를 보호하는 방법을 알아 보는 거야. 학교에서 생물다양성과 관련된 특별 수업을 하면서 우리가 지켜야 할 자연에 대해서 더 많이 배울 수 있어.

세계 물의 날(3월 22일): 우리 생활에 물이 얼마나 중요한지 알고 있지? 세계 물의 날World Water Day은 깨끗한 물의 소중함을 알리고 물 부족 문제에 대해 고민해 보는 날이야. 이 날에는 물 절약 방법이나 물 오염을 줄이는 방법을 배우는 활동들이 많아. 학교에서는 물 절약 포스터를 그리거나 깨끗한 물이 없어 고통받는 나라의 현실에 대해 배우기도 해. 또 실제로 하루 동안 물을 아껴 쓰는 체험을 하면서 물의 가치를 느껴보기도 하지. 우리도 물 절약에 도전해 볼까?

어스 아워(3월 마지막 주 토요일): 어스 아워Earth Hour은 조금 특별한 날이야. 이 날 전 세계 사람들은 같은 시간에 한 시간 동안 불을 끄는 행사를 해. 이 행사를 통해 에너지 절약의 중요성을 깨닫고 기후변화에 대해 생각해 보자는 의미가 담겨 있어. 많은 나라가 그 나라의 유명한 건물의 조명을 끄는 행사를 하기도 해. 가정에서도 한 시간 동안 전등 대신 촛불을 켜고 가족들과 환경에 대해 이야기를 나누는 시간을 가져보면 좋겠지?

↑ 지구를 위한 한 시간을 나타내는 Earth Hour 공식 로고 (earthhour.org)

이런 환경 기념일들은 우리가 지구의 소중함을 다시 깨닫고 환경을 지키기 위해 할 수 있는 일을 생각해 보게 해. 하지만 중요한 건 이런 마음과 행동을 특별한 날에만 하는 건 아니라는 거야. 매일 조금씩이라도 환경을 생각하는 습관을 들인다면 우리 지구는 더 건강해질 수 있어.

1. 다음 빈칸에 알맞은 말을 써 보자.

> 지구의 날은 ______월 ______일로 지구를 보호하고 환경 문제에 관심을 갖자는
> 의미로 만들어졌다.

2. '어스 아워(Earth Hour)'에 사람들이 전 세계적으로 하는 활동은?

① 등산 가기　　　　　② 텔레비전 보기　　　　　③ 쇼핑하기
④ 한 시간 동안 전등 끄기　　　⑤ 집안 청소하기

3. 우리 학교에서 '세계 환경의 날' 또는 '지구의 날'을 기념할 수 있는 구체적인 행사 기획서를 만들어 보자. 기획서에는 행사 목표, 주요 프로그램, 필요한 준비물 등의 내용이 포함되도록 해 보자.

4. 여러 환경 기념일 중에서 가장 관심 있는 날을 하나 선택하여 그 날의 의미와 역사를 자세히 적어 보자.

 **더 알고 싶어 119**　　📖 도서　▶ 영상　🔍 사이트

📖 『**달력으로 배우는 지구환경 수업**』 (최원형, 블랙피쉬, 2021)
'세계 물의 날', '지구의 날', '차 없는 날' 같이 달력에 표시된 환경 기념일을 중심으로 그날이 왜 생겨났는지와 우리가 할 수 있는 실천 방안을 구체적으로 알려 주면서 환경 문제를 달력처럼 매일 접하는 일상적인 것으로 만들어 주는 책이야.

▶ **[어스아워] 지구를 위한 1시간 불끄기 (WWF-korea)**
이 캠페인은 WWF(세계자연기금)가 주도하는 세계 최대 규모의 자연보전 캠페인으로, 매년 3월 마지막 주 토요일 저녁 8시 30분부터 1시간 동안 불을 끄는 상징적인 소등 행사를 통해 전 세계인이 기후위기와 자연 파괴의 심각성을 깨닫고 행동할 것을 촉구하는 운동이야.

🔍 **Earth Day 공식 웹사이트**
이 사이트는 매년 4월 22일 지구의 날을 조직하고 전 세계적으로 10억 명 이상의 사람들을 동원하여 지구 보호 운동을 펼치는 EARTHDAY.ORG의 공식 플랫폼이야. 기후변화 대응, 플라스틱 종식, 기후 교육, 생물다양성 보호 등 다양한 환경 문제 해결을 위한 이니셔티브, 캠페인, 교육 자료(툴킷, 퀴즈, 보고서) 등의 정보를 제공하며, 사람들이 환경 운동에 참여하고 기여할 수 있도록 독려하는 역할을 해.

예술은 환경 문제를 알리는 강력한 도구야

우리는 예술 작품을 통해 현실을 더 선명하게 볼 수 있어. 특히 환경 문제를 다룬 예술 작품들은 지구의 아름다움과 위기를 동시에 보여주면서 깊은 고민과 성찰을 이끌어 내지. 오늘은 다양한 예술 분야에서 환경을 주제로 한 작품들을 살펴보면서 예술가들이 전하고자 하는 메시지에 대해 생각해 보자.

학습 키워드　#환경예술 #생태미학 #지속가능성 #기후변화 #문화적실천 #환경의식
교과 연계　중 〉 환경 〉 환경과 인간

　영화는 강력한 시각적 메시지로 환경 문제를 효과적으로 전달해. 픽사의 애니메이션 〈월·E〉는 쓰레기로 가득 찬 미래 지구를 배경으로 소비주의의 위험성을 경고해. 인류가 떠난 지구에 홀로 남겨진 로봇 월-E를 통해 현재의 소비 패턴이 지속될 경우 우리가 맞이할 미래가 어떨지 생각하게 해.

　제임스 캐머런의 〈아바타〉는 아름다운 외계 행성 판도라를 배경으로 자연 파괴와 인간의 탐욕을 다뤄. 판도라의 나비족이 자연과 조화를 이루며 사는 모습과 자원 채취를 위해 환경을 파괴하는 인간의 모습이 대조되며 경제적 이익과 자연 보호 사이의 갈등, 그리고 토착민들의 권리에 대해 고민하게 해. 봉준호 감독의 〈옥자〉는 유전자 조작 동물을 둘러싼 이야기로 현대 축산업의 문제점과 동물권에 대해 성찰하게 해. 기

업의 이윤 추구와 동물의 윤리적 대우 사이의 갈등을 그리면서 우리의
식생활이 환경과 동물에 미치는 영향을 돌아보게 하지.

다큐멘터리 영화도 중요한 역할을 해. 〈불편한 진실〉은 앨 고어 전
미국 부통령이 기후변화의 과학적 증거를 제시하며 전 세계적 경각심을
일깨웠어. 우리가 할 수 있는 행동들을 상세히 설명하며 많은 사람들의
인식 변화를 이끌어냈지. 〈비포 더 플러드〉는 레오나르도 디카프리오가
북극의 녹아내리는 빙하와 인도네시아의 불타는 열대우림까지 세계 곳
곳을 직접 다니며 기후변화의 현장을 생생히 보여 줬어. 기후변화가 먼
미래가 아닌 현재 진행형의 위기임을 실감하게 해.

↑ 플라스틱 조각을 먹고 죽은 앨버트로스

현대 미술에서도 환경을 주
제로 한 작품이 늘었어. 앤디 골
즈워디는 자연에서 얻은 재료로
만들어지고 다시 자연으로 돌려
보내는 '대지예술'로 자연의 순
환과 인간의 일시성을 보여 줬어.
그의 작품 '얼음 나선'은 강가의
얼음 조각들을 나선 모양으로 배치한 것인데 해가 뜨면 서서히 녹아 사
라져. 자연의 변화와 순환, 그 속에서의 인간 활동의 덧없음을 표현한 거
야. 크리스 조던의 '앨버트로스' 사진전은 플라스틱 오염으로 인해 고통
받고 죽어가는 앨버트로스의 참혹한 모습이 생생하게 담겨 있어. 플라스
틱 오염의 심각성을 알고 사용을 줄여야 한다는 메시지를 전하고 있어.

음악도 감성적으로 환경 메시지를 전해. 마이클 잭슨의 〈Earth
Song〉은 전쟁, 산림 파괴, 동물 학대 등을 고발하며 강렬한 메시지를 던
졌어. 조니 미첼의 〈Big Yellow Taxi〉는 경쾌한 멜로디 속에 자연 파괴에

대한 날카로운 비판을 담았어. 도시화로 인해 사라지는 자연을 상징적으로 표현하는 이 노래는 여전히 많은 사람들에게 사랑받으며 환경 보호가 중요하다고 얘기해. 최근 빌리 아일리시의 〈All the Good Girls Go to Hell〉이 불타는 지구를 배경으로 젊은 세대에게 기후변화의 위험성을 알리며 기후변화 대응 행동에 동참할 것을 호소하고 있어.

문학도 오래전부터 자연과 인간의 관계를 탐구했어. 헨리 데이비드 소로우 작가의 『월든』은 미국 월든 호숫가에서 2년 동안 생활하며 자연 속에서 단순하게 사는 삶을 선택했대. 그 경험을 바탕으로 물질주의를 반성하고 자연과 어울려서 사는 게 얼마나 소중한지 알려 주고 싶었던 거야. 현대에 와서는 한강의 『소년이 온다』가 1980년 광주 민주화 운동을 배경으로 생명의 소중함을 이야기해. 인간의 폭력성과 자연의 순수함을 대비시키며 생명에 대한 깊은 성찰을 담고 있어. 소설 속 자연 묘사는 인간의 잔혹함과 대비되어 더욱 강렬하게 다가오지. 정세랑의 『지구에서 한아뿐』은 SF적 상상력으로 기후변화와 에너지 고갈 같은 미래의 환경 문제를 다루며 현재의 선택이 미래에 미칠 영향을 고민하게 해. 어린이 문학 Dr. Seuss 작가의 『The Lorax(로락스)』라는 책도 환경 이야기를 들려주고 있어. '원슬러'라는 욕심 많은 사람이 숲에 있는 나무들을 모두 베어버려서 생기는 문제들을 그리고 있어. 숲을 지키려는 '로락스'의 이야기를 통해 어린이들에게 환경을 지키는 게 얼마나 중요한지 알려 주고 있어.

이런 예술 작품들은 환경 문제를 다른 시각으로 바라보게 하고 행동 변화를 촉구해. 또 단순히 환경 문제의 심각성과 현실을 반영하는 것을 넘어 우리가 나아가야 할 방향을 제시하고 희망과 변화의 가능성도 함께 보여 줘서 우리의 인식과 행동을 바꾸는 데 강력한 힘을 발휘하고 있어.

1. 플라스틱 오염으로 고통받는 앨버트로스를 사진으로 담아 플라스틱 사용을 줄이자는 메시지를 전한 사진전은 누구의 작품일까?

① 제임스 캐머런　　　② 크리스 조던　　　③ 앤디 골즈워디
④ 마이클 잭슨　　　　⑤ 레오나르도 디카프리오

2. 쓰레기로 가득 찬 미래의 지구에서 홀로 남겨진 로봇을 주인공으로 소비주의의 위험성을 경고한 애니메이션 영화의 제목은? ____________________

3. 환경을 주제로 한 영화나 책 중에서 가장 인상 깊은 작품 하나를 선정해 보자. 그 안에 담긴 핵심 환경 메시지는 무엇인지 분석하고, 그 메시지가 나 자신의 환경 인식과 행동에 어떤 구체적인 영향을 주었는지 적어 보자.

____
____
____
____

4. 사진작가 크리스 조던의 작품 '앨버트로스'가 사람들에게 전달하고자 하는 핵심 환경 메시지는 무엇일까?

____
____
____

더 알고 싶어 119

📑 도서　▷ 영상　🔍 사이트

📑 『지구에서 한아뿐』 (정세랑, 난다, 2019)
이 소설은 친환경 디자이너이자 비건으로 저탄소 생활을 실천하는 지구인 한아와 그녀를 사랑해 우주 여행을 떠난 남자친구와 자리를 바꾼 외계인 경민의 아주 희귀한 종류의 SF 로맨스를 그리면서, 환경과 인간의 공존에 대한 작가의 따뜻하고 독특한 메시지를 담고 있어.

▷ 다큐 〈불편한 진실2〉 (앨 고어)
이 다큐멘터리는 전편인 〈불편한 진실〉 이후 10년 동안 기후변화의 증거인 녹아내리는 빙하나 홍수 등의 재앙이 현실화된 것을 보여주며, 앨 고어가 기후 전사들을 교육하고 파리기후협약의 성사에 영향을 미치는 등의 국제적인 활동을 통해 기후위기 해결의 희망적인 행동을 촉구하고 있어.

지구를 지키는 여행가, 생태관광 기획자

여행 좋아해? 자연도 좋아하니? 그렇다면 이 두 가지를 모두 즐기면서 지구도 지킬 수 있는 직업이 있어. 바로 생태관광 기획자야. 이 직업을 가진 사람은 자연을 보호하면서도 신나고 특별한 여행을 만들어. 대체 어떻게 그런 여행을 만들어 내는지 함께 알아보자.

↑ 창녕 우포늪에서 생태관광을 하는 모습 (창녕누리집)

생태관광은 일반 관광과는 조금 달라. 그냥 유명한 관광지를 가는 게 아니라 그 지역의 자연 환경을 배우고 보호하면서 즐기는 여행을 말해. 생태관광 기획자는 이런 특별한 여행을 디자인하는 전문가야.

생태관광 기획자가 하는 일

생태관광 기획자는 말 그대로 '기획'하는 사람이야. 아름다운 자연 환경을 찾아내고 그곳을 방문객들에게 소개하는 프로그램을 만들어. 하지만 단순히 '예쁜 곳'을 보여주는 게 아니야. 방문객들이 그 지역의 생태계, 문화, 역사에 대해 배울 수 있도록 교육적인 요소를 담은 여행 코스를 설계해. 예를 들어 볼까? 제주도의 '오름'을 탐방하는 프로그램을 만든다면 오름이 어떻게 만들어졌는지, 어떤 식물과 동물이 살고 있는지, 그리고 제주 사람들의 삶과 어떤 관계가 있는지 같은 이야기들을 함께 알려 주는 거야.

↑ 한국생태관광지역 (한국생태관광협회)

생태관광 기획자의 가장 중요한 목표는 자연 환경을 보호하면서도 여행객들에게 멋진 경험을 제공하는 것! 그래서 언제나 '지속가능한 관광'을 고민해. 너무 많은 사람이 오면 자연이 상처 입을 수 있으니 적정한 사람 수를 정하고, 쓰레기를 줄이는 방법을 찾아 보고, 현지 주민들과 협력해서 지역 경제에도 도움이 되는 프로그램을 만들어 내지. 예를 들어 강원도 설악산 지역의 생태관광을 기획한다고 상상해 봐. 생태관광 기획자는 등산로 중에서도 덜 알려졌지만 아름다운 코스를 발굴하고, 그 길에서 볼 수 있는 특별한 식물이나 야생동물에 대한 이야기를 준비해. 또 현지 농가에서 친환경으로 키운 작물로 만든 음식을 체험할 수 있게 하고, 지역 주민들이 운영하는 숙소에서 머물 수 있게 안내하지. 이렇게 하면 여행객은 특별한 경험을 하면서도, 자연은 보호되고, 지역 주민들에게도 도움이 되는 윈-윈-윈의 상황이 만들어지는 거야.

생태관광 기획자에게 필요한 능력은?

그럼 생태관광 기획자가 되려면 어떤 능력이 필요할까?

- **자연을 사랑하는 마음** : 우선 자연에 대한 깊은 이해와 사랑이 필요해. 산, 바다, 숲, 동물, 식물에 관심이 많아야 해. 생태계와 환경 문제에 대해 공부하면 훨씬 더 의미 있는 프로그램을 만들 수 있어.
- **창의력과 스토리텔링 능력** : 단순히 "이 꽃은 애기똥풀입니다"하고 설명하는 것보다, "애기똥풀은 똥하고 무슨 상관이 있을까요?"가 더 재미있잖아. 그 꽃과 관련된 재미있는 이야기나 전설을 들려준다면 훨씬 기억에 남는 여행이 되겠지?
- **사람들과 잘 어울리는 능력** : 소통 능력과 조직력도 빼놓을 수 없어. 여행은 혼자 준비하진 않기 때문에 생태관광 기획자는 다양한 사람들과 협력해. 지역 주민, 여행사, 호텔, 환경 전문가 같은 많은 사람들과 함께 일하면서 모두가 만족할 수 있는 프로그램을 만들어 내야 해.
- **안전도 책임지는 책임감** : 자연 속에서 일어날 수 있는 위험에 대비해야 하고, 응급 처치나 위기 상황에서 대처하는 법도 알고 있어야 해.

생태관광 기획자는 미래에 더욱 중요한 직업이 될 거야. 왜냐하면 사람들이 점점 더 환경에 관심을 갖고, 의미 있는 여행을 찾고 있거든. 사진만 찍고 오는 여행보다는, 배움이 있고 자연을 느끼는 여행을 원하는 사람들이 많아져. 또 지구환경이 점점 더 위태로워지고 있어서 여행도 친환경적으로 바뀌어야 한다는 목소리가 커지고 있지.

우리나라에서도 생태관광지가 점점 많아지고 있어. 순천만 습지, 제주도의 올레길, 강원도의 DMZ 생태평화공원 같은 생태관광지가 인기를 끌고 있어. 이런 곳에서 생태관광 기획자가 만든 프로그램 덕분에 방문객들이 기억에 남을 경험을 하고 그 지역의 자연 환경을 보호하는 데 도움이 되고 있어.

생태관광 기획자가 되려면?

생태관광 기획자가 되고 싶다면 어떤 걸 해보는 게 좋을까?

- 관련 과목 공부하기: 생물학, 생태학, 환경공학, 관광학 같은 과목이 도움이 돼.
- 자연 체험하기: 무엇보다 자연에 대한 열정과 호기심을 가지고, 다양한 자연 환경을 직접 경험해 보는 게 좋아. 근처 산이나 강, 바다를 탐험하면서 그 속에 사는 생물들을 관찰하고, 어떤 이야기가 있을지 상상해 봐.
- 사람들에게 자연을 소개하기: 가족이나 친구에게 "이 개미는 말이야." 하면서 소개해 보자. 이게 바로 여행을 기획하는 첫걸음이 될 수 있어.

자연과 사람을 연결하는 다리가 되어 행복한 여행 경험을 선사하는 생태관광 기획자. 미래의 여러분이 어떤 특별한 생태관광 프로그램을 만들어 낼지 상상해 보면 정말 설렌다.

2부
생태계는
거대한 퍼즐이야
환경 체계

복잡한 환경 문제, 실은 하나로 연결돼 있어

시스템 사고

퍼즐을 한 조각만 보면 전체 그림을 알기 어렵지만 모든 조각을 맞추면 멋진 풍경이 나타나. 시스템 사고는 바로 이런 거야. 복잡한 환경 문제를 퍼즐 조각처럼 하나하나 연결해서 큰 그림을 보는 방법이야. 이 신기한 사고방식에 대해 알아보자.

학습 키워드 #시스템사고 #환경연결성 #생태계균형 #지속가능성 #문제해결능력
교과 연계 중 〉 환경 〉 환경체계

시스템 사고란 뭘까? 시스템 사고는 세상의 모든 것이 거미줄처럼 서로 연결되어 있다고 보는 사고방식이야. 거미줄의 한 부분을 건드리면 전체가 흔들리듯이, 환경도 한 부분이 변하면 전체에 파문이 퍼지게 돼. 예를 들어 볼까?

아마존 열대우림의 나무들이 베어지면 어떤 일이 벌어질까? 단순히 나무가 사라지는 것 이상의 변화가 일어나. 나무가 사라지면 그곳에 살던 동물들의 서식지가 파괴되고, 이들이 멸종하면 생태계 균형이 무너져. 또 한 나무가 흡수하던 이산화탄소가 대기 중에 남게 되고, 이는 지구온난화를 가속화시켜서 이상 기후를 일으켜. 결국 전 세계 농업과 식량 생산에도 영향을 주게 되지. 이렇게 작은 변화가 연쇄적으로 큰 영향을 미치는 것, 그것이 바로 시스템 사고의 특성이야.

시스템 사고는 이런 복잡한 연결을 한눈에 볼 수 있게 도와줘. 우리가 사는 세상은 거대한 시스템이야. 숲, 바다, 도시, 동물, 식물, 그리고 인간까지 모두 이 시스템의 일부로서 서로 영향을 주고받으며 균형을 이루고 있어.

만약 환경 문제를 시스템 사고로 바라보지 못하면 어떤 일이 일어날까? 환경 문제를 단편적으로 보면 때론 뜻밖의 결과를 마주하게 돼. 호주에서는 토끼가 너무 많아지자 이를 잡아먹는 여우를 들여왔어. 그런데 여우는 토끼보다 작고 희귀한 토종 동물들을 더 쉽게 잡아먹었고, 결국 토종 동물의 멸종위기가 더 심각해졌어. 이런 사례는 생태계의 복잡한 상호작용을 이해하지 못했을 때 생기는 문제야.

또 다른 예로 1950~1960년대 미국에서는 모기를 퇴치하기 위해 DDT라는 살충제를 대량으로 뿌렸어. 모기는 줄었지만 DDT가 먹이사슬을 타고 축적되면서 맹금류의 알껍질이 얇아져 새끼가 부화하지 못하는 문제가 생겼지. 결국 독수리와 같은 맹금류가 멸종위기에 처하게 되었어. 레이첼 카슨은 이 문제를 『침묵의 봄』이라는 책으로 알렸고 이것이 현대 환경운동의 시작이 되었어.

시스템 사고는 환경 문제를 더 깊이 이해하고 효과적인 해결책을 찾는 열쇠야. 문제의 표면만 보는 것이 아니라, 그 문제의 근원과 다른 요소들과의 연결성을 종합적으로 살펴볼 수 있거든.

예를 들어 플라스틱 쓰레기 문제를 생각해 본다면 단순히 '플라스틱 사용을 줄이자'는 구호만으로는 부족해. 플라스틱 생산 기업의 이해관계, 소비자 행동 패턴, 재활용 인프라의 현실, 해양 생태계에 미치는 영향까지 총체적으로 봐야 해. 이 모든 연결고리를 이해할 때 진정한 해결책을 찾을 수 있어.

도시의 대기 오염도 마찬가지야. 차량 운행 제한만으로는 문제를 해결할 수 없어. 효율적인 대중교통 네트워크 구축, 자전거 친화적 도시 설계, 재생에너지로의 전환, 에너지 효율이 높은 건축 등 다양한 접근법을 통합적으로 적용해야 효과를 얻을 수 있어.

시스템 사고는 환경 문제에 대한 창의적이고 혁신적인 해결책을 발견하는 데도 큰 도움이 돼. 문제를 다각도로 바라보고 여러 요소들 간의 관계를 이해함으로써 기존에 생각하지 못했던 새로운 개입 지점을 찾아낼 수 있지.

지구 전체는 거대한 하나의 시스템이야. 제임스 러브록은 이를 '가이아 이론'이라고 불렀어. 지구의 대기, 바다, 땅, 그리고 모든 생명체가 하나의 자기 조절 시스템으로 작동한다는 이론이지. 이 관점에서 보면, 인간은 이 거대한 시스템의 한 부분일 뿐이며 시스템의 건강에 큰 영향을 미치고 있어.

우리가 환경을 하나의 통합된 시스템으로 이해하고 접근한다면 더 효과적으로 환경을 보호하고 지속가능한 발전을 이룰 수 있을 거야. 모든 것이 연결되어 있다는 인식을 바탕으로, 우리의 작은 행동 하나하나가 시스템 전체에 어떤 파급 효과를 일으킬지 생각해 보는 것, 그것이 바로 시스템 사고의 시작이야.

1. 세상의 모든 것이 거미줄처럼 서로 연결되어 있다고 보는 사고방식을 무엇이라고 할까?

　① 생태중심주의　　　② 시스템 사고　　　③ 인간중심주의
　④ 가이아 이론　　　　⑤ 환경 윤리

2. 지구는 하나의 생명체처럼 작동한다는 이론은?

　힌트　초성: ㄱㅇㅇ ㅇㄹ

3. DDT 문제를 알린 책 제목은?

　힌트　초성: ㅊㅁㅇ ㅂ

4. 다음 중 시스템 사고로 설명할 수 있는 사례가 아닌 것은?

　① 플라스틱 문제를 기업, 소비자, 해양 생태계와 연결해 생각하는 것
　② DDT가 먹이사슬을 타고 맹금류에게까지 영향을 준 사례
　③ 지구를 하나의 자기조절 시스템으로 보는 가이아 이론
　④ 아마존 열대우림의 나무가 베어지면 어떤 영향을 미치는지 생각하는 것
　⑤ 자동차가 멋져 보여서 타고 다니는 것이 좋다고 생각하는 것

더 알고 싶어 119　　　📖 도서　▷ 영상　🔍 사이트

📖 『**사회 변화를 위한 시스템 사고**』(데이비드 피터 스트로, 힐데와소피, 2022)
이 책은 지구온난화나 사회적 불평등 같은 복잡한 문제들을 서로 연결된 요소들이 상호작용하는 '시스템'의 관점으로 바라보게 하며, 단기적이고 눈에 보이는 해결책 대신 문제가 반복되는 근본적인 고리를 찾아내어 사회 변화를 이끌어 내는 방법을 알려 주는 책이야.

▷ **세계 최고의 기업, 애플 경영의 비밀-시스템 사고, 스티브잡스 (스터디언)**
이 영상은 스티브 잡스가 병으로 투병 중일 때 후임 CEO로 팀 쿡이 선임되며 애플의 공급망 관리(SCM) 혁신과 시스템 사고를 통해 어떻게 세계 최고의 기업으로 성장했는지를 보여줘.

생명의 근간이 되는 생태계의 구성 요소는 무엇일까?

생태계를 이루는 구성요소

우리가 살아가는 지구는 물, 대기, 토양, 그리고 다양한 생물들로 이루어진 멋진 생태계야.
이 모든 요소들은 각각 독특한 특성을 지니고 있고 서로 연결되어 생명의 그물을 만들었어.
생태계 구성 요소들과 인간 사회와의 상호작용에 대해 알아보자.

학습 키워드 #지구생태계 #물 #대기 #토양 #생물다양성 #인간사회 #상호작용 #환경보호 #지속가능성
교과 연계 중 〉 환경 〉 환경체계
중 〉 과학1 〉 생물의 구성과 다양성

물은 생명의 근원이자 지구의 보물이야. 지구 표면의 71%를 차지하는 물은 모든 생명체의 생존에 꼭 필요해. 물은 바다에서 증발해 구름이 되고, 비가 되어 내려와 강을 흐르고 다시 바다로 돌아가는 순환 과정을 통해 지구의 기후를 조절해 주지. 이 순환 과정은 지구의 생명 시스템을 유지하는 핵심이야.

인간에게 물은 자원 이상의 의미가 있어. 농업용수로 식량을 생산하고, 산업용수로 다양한 제품을 만들어. 수력 발전을 통해 친환경 에너지도 생산해. 또 물은 레저와 관광 자원으로 활용돼서 인간의 삶의 질을 향상시키고 있어. 물은 문화·예술의 영감이 되어 왔고, 물이 풍부한 강유역이 문명의 발상지가 되었어. 물의 소중함을 알면 우리는 환경을 더 잘 지킬 수 있어.

대기는 우리가 숨 쉬는 공기이자 지구를 감싸는 보호막이야. 대기는 눈에 보이지 않지만 해로운 우주 방사선을 막아주고, 지구 온도를 적당히 유지하는 생명의 핵심 장치야. 대기가 없다면 지구는 낮과 밤의 온도 차이가 커서 생명체가 살아갈 수 없을 거야.

↑ 대기가 주는 선물 : 맑은 하늘, 아름다운 석양, 별이 빛나는 밤하늘 (AI 그림)

또 대기는 지구의 기후를 조절해. 열대우림부터 극지방의 툰드라까지 다양한 생태계가 존재할 수 있게 도와주지. 대기 덕분에 맑은 하늘, 아름다운 석양, 별이 빛나는 밤하늘도 볼 수 있는 거야. 바람을 이용해 풍력 발전으로 친환경 에너지를 만들어 내고 소리를 전달해서 의사소통도 가능하게 하지. 대기가 이런 많은 일을 한다는 것, 정말 소중하다는 것 알아주면 좋겠어.

토양은 지구의 살아있는 피부야. 한 줌의 흙 속에도 수십억 개의 미생물이 살고 있는데 이 미생물들은 토양의 영양을 순환하고 식물의 생장을 돕고 토양의 구조를 개선해서 식물들이 잘 자라도록 해 줘. 토양은 또 물을 저장하고 정화하는 능력이 있어서 지하수를 깨끗하게 유지하는 데 중요한 역할을 해.

농업도 건강한 토양이 있었기에 식량을 생산할 수 있었어. 또 탄소를 저장해서 기후변화를 늦추는 데도 중요한 역할을 하지. 토양은 다양한 광물 자원도 가지고 있어서 기술 발전에도 이바지했어. 우리가 토양의 가치를 알면 지속가능한 농업도 실천하고 건강한 생태계도 유지할 수 있어.

생물은 지구 생태계의 가장 역동적이고 다양한 구성 요소야. 지구상에는 현재까지 알려진 것만으로도 약 150만 종의 생물이 살고 있고, 아직 발견되지 않은 종까지 합하면 그 수는 훨씬 많을 거야. 미시적인 세균부터 거대한 고래까지, 땅속 지렁이부터 하늘을 나는 독수리까지, 각각의 생물은 생태계에서 고유한 역할을 맡고 있어. 이들은 서로 먹고 먹히는 관계, 공생 관계를 통해 복잡하고 정교한 생태계 네트워크를 만들어 가고 있지.

생물들은 인간에게도 엄청난 가치를 주고 있어. 식물은 산소를 만들어 우리가 숨 쉴 수 있게 하고, 곡물과 과일로 우리의 식탁을 채워줘. 동물들은 단백질 공급원이 되기도 하고, 꿀벌처럼 식물의 수분을 도와 농업 생산성을 높이기도 해. 많은 의약품을 식물과 동물에서 추출하고 있고, 생물들의 독특한 능력을 모방해서 새로운 기술도 개발하고 있어. 또 생물들은 우리에게 정서적 안정감과 아름다움을 선사하며, 생태관광의 자원이 되어 경제적 가치도 만들어 내고 있지. 생물다양성을 보전하는 것은 결국 우리 인간의 미래를 지키는 일이기도 해.

물, 대기, 토양, 생물은 각각 따로 존재하는 것이 아니라 거대한 퍼즐 조각처럼 서로 맞물려 돌아가고 있어. 마치 오케스트라에서 각각의 악기가 조화를 이루어 아름다운 음악을 만들어 내듯 이 네 가지 구성 요소도 끊임없이 상호작용하며 지구라는 무대에서 생명의 교향곡을 연주하고 있지. 만약 이 중 하나라도 문제가 생긴다면 어떨까? 토양이 오염되면 식물이 제대로 자랄 수 없고, 그러면 대기 중 산소가 줄어들며, 결국 모든 생물에게 영향을 미치게 돼. 생태계는 신비롭고 정교한 균형 속에서 우리 모두를 품어 주고 있어. 이 소중한 연결고리를 지키는 것이 바로 우리가 해야 할 가장 중요한 일이야.

1. 다음 중 지구 생태계를 이루는 네 가지 기본 구성 요소가 아닌 것은 무엇일까?

① 물　　　　② 대기　　　　③ 토양　　　　④ 화석연료　　　　⑤ 생물

2. 지구의 살아있는 피부라고 불리며 수십억 개의 미생물이 살고 있는 생태계 구성 요소는 무엇일까?

3. 우리 지역에서 물, 대기, 토양, 생물다양성 중 한 가지를 골라서 그 상태를 관찰해 보자. 그리고 그것이 우리 생활이나 지역 생태계에 어떤 영향을 주는지 조사해 보자.

4. 물, 대기, 토양, 생물다양성 중 하나가 나빠지면 다른 것들에 어떤 일이 생길지 예상해 보자.

더 알고 싶어 119

📖 도서　▶ 영상　🔍 사이트

📖 『생태계와 환경 오염』 (박정수, 국립생태원, 2016)

이 책은 우리의 삶에 필수적인 생태계 서비스가 인간의 활동으로 인해 어떻게 위협받고 있는지를 보여주고, 특히 미세 먼지와 녹조 현상처럼 우리에게 가까이 닥친 구체적인 환경 오염 문제들을 통해 환경 보호의 중요성을 쉽게 설명하는 책이야.

▶ 자연 다큐멘터리 '흙' (EBS 다큐)

흙 속에 살고 있는 수천만 생명체와 그들이 만드는 생태계를 아름답고 자세한 영상으로 보여줘. 흙이 단순한 무생물이 아니라 생명체들의 집이며, 농부들이 흙의 건강을 위해 특별한 방법으로 돌보는 이야기까지 담았어.

물은 어디서 와서 어디로 갈까?

생명의 근원, 물의 여정과 위기

물은 우리 몸의 70%를 차지하고 지구 표면의 71%를 덮고 있어.
하지만 이렇게 소중한 물이 지금 위험에 처해 있어.
오늘은 물의 여행을 따라가며 수자원의 중요성과 보전 방법에 대해 함께 알아보자.

학습 키워드   #물순환 #수질오염 #물부족 #가상수 #해양생태계 #지하수 #생명의 근원

교과 연계   중 〉 환경 〉 환경체계   중 〉 과학1 〉 생물의 구성과 다양성
           중 〉 과학2 〉 수권과 해수의 순환

물은 끊임없이 돌아서 지구의 생명들을 살게 해줘. 바닷물이 햇빛을 받아서 증발하면 구름이 생기고, 그 구름에서 비나 눈이 내려. 내린 물은 강이나 호수로 모이거나 땅속으로 스며들어 지하수가 돼. 그러다가 다시 바다로 돌아가. 이런 물의 여행은 무려 40억 년 동안 계속되었대.

지구의 물은 무척 많아 보이지만 우리가 마시고 쓸 수 있는 '담수'는 전체 물의 2.5%밖에 안 돼. 그중에서도 대부분은 빙하와 만년설로 얼어 있어서 쓸 수 없어. 우리가 쉽게 쓸 수 있는 물은 전체 물 중에서 0.01%도 안 돼. 이건 축구장 만한 수영장에서 물컵 하나 분량에 불과한 정도야.

우리의 물을 위협하는 것들

그런데 소중한 담수가 지금 큰 위기에 처해 있어.

첫 번째 위협은 수질 오염이야. 공장 폐수, 비료와 농약, 세제나 쓰레기 같은 것들이 강과 호수, 바다로 흘러들어가고 있어. 특히 미세 플라스틱은 너무 작아 정수기로도 걸러지지 않고 물고기나 바다 생물의 몸속에 쌓이는데 결국 먹이사슬을 통해 우리가 먹게 돼. 도시에는 아스팔트랑 콘크리트가 덮여 있어서 빗물이 땅속으로 잘 안 스며들고 지표면을 따라 더러운 물질이랑 같이 흘러가. 이걸 '도시 유출수'라고 해. 비가 오고 처음 10분 동안 흐르는 물은 하수만큼 더럽다고 할 정도야.

두 번째 위협은 물 부족이야. 세계 인구가 늘어나고 산업이 발달하면서 물을 더 많이 쓰게 됐어. 게다가 기후변화 때문에 비가 잘 안 오거나 갑자기 쏟아지기도 해. 유엔에 따르면 전 세계 인구의 40%가 물 부족을 겪고 있고 2050년에는 57%로 늘어날 거래. 우리나라는 비가 제법 많이 오는데 대부분 여름에 내리고 땅도 경사가 심해서 물이 금방 흘러가 버려. 연간 강수량은 세계 평균보다 1.3배 많지만 인구 밀도가 높아 1인당 강수량은 세계 평균의 1/6 밖에 안 돼. 그래서 사실상 물 부족 국가야. 그런데 우리가 평소에 쓰는 물의 양을 보면 햄버거 하나 만드는 데는 2,400리터, 청바지 하나에는 8,000리터, 축구공 하나에는 3,000리터 정도야. 이렇게 제품을 만들면서 보이지 않게 쓰인 물을 '가상수'라고 해.

세 번째 위협은 물속 생태계의 파괴야. 바다와 강, 호수, 습지 같은 곳은 많은 생물이 살아가는 곳이야. 그런데 오염과 너무 많은 물고기 잡기, 댐 만들기, 해안 개발 같은 일로 살기 힘들어지고 있어. 특히 산호초는 해양 생물의 25%가 집중되어 있는 중요한 생태계인데 바닷물이 따뜻해지고 산성으로 바뀌면서 전 세계 산호초의 절반 이상이 이미 죽었어. 수온이 상승하면 산호는 체내에 살고 있는 조류(산호에게 영양분을 제공하는 미세한 해조류)를 내보내고 하얗게 변해. 이걸 '산호 백화현상'이라고 하는데,

이 상태가 오래 지속되면 산호는 죽게 돼.

물 문제 해결을 위한 노력들

이런 물 문제를 어떻게 해결할 수 있을까? 먼저 정부와 기업은 하수 처리 시설을 더 좋게 만들고 물을 다시 쓰는 기술을 발전시키고 있어. 빗물 저장소 같은 기반 시설을 만들어서 '스마트 물 관리 시스템'으로 인공지능이 물 사용을 똑똑하게 관리하기도 해. 가령 싱가포르는 하수를 정화해서 다시 마실 수 있는 물로 바꾸는 '뉴워터**NEWater**' 프로젝트를 했대. 미생물, 막 여과, 자외선 소독 같은 과정을 거쳐 마실 수 있는 물로 다시 만드는 거야. 지금은 싱가포르 물 사용량의 40%를 뉴워터가 채우고 있고 생수처럼 병에 담아 팔기도 해. 처음엔 사람들이 '하수로 만든 물'이라며 꺼렸지만 지금은 세계적으로 인정 받는 성공 사례가 되었지.

우리도 일상에서 물을 아낄 수 있어. 샤워 시간을 1분만 줄여도 약 10리터의 물을 아낄 수 있고 양치할 때 컵을 쓰는 것도 좋아. 세탁기는 빨랫감을 꽉 채워서 돌리고 변기 물탱크에 물병을 넣어두면 매번 물을 덜 쓸 수 있어. 그리고 '가상수'가 많이 들어가는 고기 먹기를 줄이는 것도 간접적으로 물을 아끼는 방법이야.

뉴질랜드는 2017년에 와이탕이**Whanganui** 강에 '법인격'을 부여했어. 법인격을 부여한다는 건 강이 사람과 같은 법적 권리를 가진다는 뜻이야. 이제 누군가 이 강을 오염시키면 강에게 범죄를 저지른 것이 돼.

물은 그냥 자원이 아니야. 바로 생명의 근원이야. 우리가 물을 지키는 건 곧 우리 자신과 미래를 지키는 일이기도 해. 수돗물을 틀 때마다 그 한 방울이 얼마나 먼 여행을 해왔는지, 또 어떤 생명들과 연결되어 있는지 잠깐이라도 떠올려 보면 좋겠어.

1. 제품을 생산하는 전 과정에서 직·간접적으로 사용된 물의 양을 나타내는 개념은 무엇일까?

① 수질 오염   ② 물 발자국   ③ 가상수   ④ 물 재활용   ⑤ 빗물 저금통

2. 육지 면적의 1%도 안 되는 공간에 전체 해양 생물 종의 1/4이 살고 있어 '바다의 열대우림'이라 불리는 해양 생태계는 무엇일까?

힌트 초성 ㅅㅎㅊ

3. 우리가 평소 자주 먹는 음식 두 가지를 골라, 그 음식이 만들어지기까지 사용된 '가상수(Virtual Water)'의 양을 조사하고 비교해 보자. 이 조사를 바탕으로 우리의 식습관이 물 자원에 미치는 영향에 대해 이야기해 보자.

4. 빗물이 땅속, 강, 바다로 흘러가는 여정을 상상해 보고, 그 과정에서 물이 오염되는 상황들을 적어 보자. 그리고 우리가 그 물을 지키기 위해 실생활에서 할 수 있는 일들을 구체적으로 적어 보자.

더 알고 싶어 119

📑 도서   ▷ 영상   🔍 사이트

📑 『**물의 역사, 인류의 미래**』 (정우택, 동아시아, 2020)
이 책들은 물 부족과 오염이 인류 문명의 지속가능한 미래를 위협하는 핵심 과제임을 강조하고, 역사적 탐구와 정책적 제언을 통해 물 관리의 중요성을 논하는 책들이야.

📑 『**미래 물의 시대가 온다**』 (김정욱, 한울아카데미, 2018)
이 뉴스는 전 세계 20억 명이 대소변으로 오염된 물을 식수로 쓰고 겪는 어려움과, 지구 곳곳에서 심각한 물 부족과 위생 문제로 인해 생기는 질병과 사망 문제를 생생하게 보여줘.

🔍 **환경부 물환경정보시스템** 이 사이트는 우리나라의 하천, 호수, 유역의 수질, 수생태, 수리, 수문 등 물 환경과 관련된 모든 측정 정보를 통합하고, 지도(GIS) 기반의 상세 정보와 알기 쉬운 지식 콘텐츠를 제공하는 국가 물 환경 정보 통합 창구야.

눈에 안 보인다고
안전한 건 아니야

미세 먼지

맑은 하늘을 보면 기분이 좋아지지만 요즘엔 뿌연 하늘을 자주 보게 돼.
그건 바로 미세 먼지 때문이야. 미세 먼지는 우리 눈에 잘 보이지 않지만,
우리의 건강과 환경에 큰 영향을 미치는 중요한 문제야.
오늘은 미세 먼지에 대해 자세히 알아보고, 우리가 할 수 있는 대처 방안에 대해 알아보자.

학습 키워드 #미세 먼지 #공기오염 #PM10 #PM2.5 #건강위험 #환경 문제 #대기질개선
교과 연계 중 〉 환경 〉 환경체계
중 〉 과학1 〉 생물의 구성과 다양성

미세 먼지는 대기 중에 떠다니는 아주 작은 입자야. 크기에 따라 PM10과 PM2.5로 나뉘는데, PM10은 지름이 10마이크로미터 이하인 입자, PM2.5는 지름이 2.5마이크로미터 이하인 입자를 말해. PM2.5는 머리카락 굵기의 약 1/30 정도로 매우 가늘어서 우리 눈에 거의 보이지 않아. 이렇게 작은 미세 먼지는 우리 몸에 쉽게 들어올 수 있어서 건강에 큰 영향을 줄 수 있어.

미세 먼지는 자연적 원인도 있고 인위적 원인도 있어. 자연적 원인은 황사, 산불, 화산 폭발 같은 현상이야. 주로 봄철에 중국과 몽골의 사막에서 날아오는 황사는 대표적인 자연적 원인이지. 자연적인 현상은 완전히 막기 어렵지만 그 영향을 줄이려고 노력하고 있어.

인위적 원인으로는 자동차 배기가스, 공장 배출물, 난방 연료 사용,

건설 현장의 먼지 등이 있어. 특히 도시에서는 자동차에서 나오는 배기가스가 큰 문제야. 디젤 엔진을 사용하는 차량에서 미세 먼지가 특히 많이 나와. 또 겨울철에는 난방용 석탄이나 기름 사용이 늘어 미세 먼지 농도가 더 높아져. 화력발전소나 제철소 같은 대규모 산업시설에서도 많은 양의 미세 먼지가 문제가 되고 있지. 결국 현대 사회에서 미세 먼지의 주요 원인은 인위적인 활동이라고 할 수 있어.

미세 먼지가 미치는 영향

미세 먼지가 건강에 미치는 영향은 매우 심각해. 특히 PM2.5처럼 작은 입자는 폐 깊숙이 들어가 혈액을 타고 우리 몸 여러 장기에 영향을 줄 수 있어. 즉 호흡기 질환, 심혈관 질환, 천식, 폐암 같은 심각한 질병을 일으킬 수 있어. 특히 어린이, 노인, 그리고 호흡기 질환을 가진 사람들은 미세 먼지에 더욱 취약해. 어린이는 폐가 발달 중이어서 더 많은 영향을 받을 수 있어.

미세 먼지는 환경에도 큰 영향을 미쳐. 대기 중에 머물면서 다른 오염물질과 결합해 대기 오염을 악화시켜. 미세 먼지가 식물의 잎에 쌓이면 햇빛을 차단해 광합성을 방해하고 식물의 기공을 막아 호흡을 어렵게 만들어서 결국 농작물의 수확량이 줄어들어. 또 시야를 흐리게 해서 교통사고의 위험을 높이고 건축물과 문화재를 부식시켜 우리의 소중한 문화유산에 피해를 주기도 해.

미세 먼지를 해결하려면

그렇다면 우리는 미세 먼지를 어떻게 줄일 수 있을까?

개인이 할 수 있는 일은 미세 먼지 농도가 높은 날 외출을 자제하는 거야. 외출을 해야 한다면 마스크를 쓰자. 마스크는 꼭 KF80 이상을 사용해야

미세 먼지를 걸러낼 수 있어. 실내에서는 공기청정기를 사용하고 창문을 닫되, 주기적으로 환기가 필요해. 실내 공기 오염물질을 제거해야 하거든. 실내 습도를 적절히 유지하고, 물을 자주 마시는 것도 우리 몸을 보호하는 데 도움이 돼. 일상생활에서 자동차 대신 대중교통이나 자전거를 타는 등 친환경적인 생활 습관도 기르자. 에너지를 절약하고 재활용을 실천하는 것도 간접적으로 미세 먼지 발생을 줄이는 데 도움이 될 수 있어.

사회적으로는 정부와 기업의 노력이 필요해. 노후 경유차의 운행을 제한하거나 공장의 배출 기준을 강화하는 등 미세 먼지 배출을 줄이기 위한 조치가 필요하고 정책을 강화해야 해. 도시에 공원과 나무를 늘려서 미세 먼지를 흡수시키고 대중교통을 더 많이 이용하도록 개선하며 친환경 건축물을 늘리는 노력도 중요해. 최근에 한국은 먼지가 심한 계절은 차량 2부제를 시행하는 '미세 먼지 계절관리제'를 도입했어. 또 먼지는 국경을 넘어서 이동하니까 주변 국가들과의 협력을 통해 공동 대책을 마련해야 효과적으로 대응할 수 있어.

1. 다음 중 초미세 먼지(PM2.5)의 특징에 대한 설명으로 옳은 것은?

　① 지름이 10마이크로미터 이하이다.　　② 눈에 잘 보이며 폐에 들어가지 않는다.

　③ 주로 황사에서만 발생한다.　　　　　④ 건강에 영향을 주지 않는다.

　⑤ 머리카락 굵기의 약 1/30 정도로 매우 가늘다.

2. 다음 괄호 안에 알맞은 말은?

> 미세 먼지가 식물의 잎에 쌓이면 햇빛을 차단해 _________(을)를 방해하고 식물의 기공을 막아 호흡을 어렵게 만든다

3. 에어코리아(우리 동네 대기정보) 앱에 접속해 지난 일주일 동안 우리 지역의 미세 먼지 농도를 관찰하고, 날씨나 주변 환경과 함께 관찰하여 미세 먼지가 발생하는 원인을 추론해 보자.

4. 학교에서 미세 먼지를 줄일 수 있는 구체적인 방법을 찾아 제시해 보자.

 **더 알고 싶어 119**　　　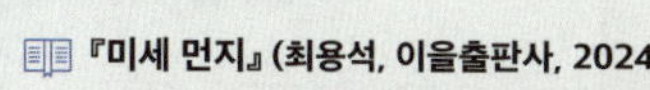📖 도서　▷ 영상　🔍 사이트

📖 **『미세 먼지』** (최용석, 이올출판사, 2024)
미세 먼지가 코와 폐에 미치는 영향과 심장 질환, 뇌 기능 저하까지 과학적으로 분석한 책이야.

▷ **아이들이 위험하다! 미세 먼지의 습격 (EBS 다큐)**
이 다큐멘터리는 황사보다 훨씬 작은 초미세 먼지가 폐 깊숙이 침투해 아이들의 비염과 천식 같은 호흡기 질환뿐만 아니라 비흡연자의 폐암까지 유발하는 심각한 위험성을 알리며 자동차 운행 등 화석연료 사용을 주된 원인으로 지적하고 있어.

🔍 **에어코리아** 전국 300여 개 측정소에서 초미세 먼지(PM-2.5)와 미세 먼지(PM-10)를 비롯한 대기오염물질 농도를 실시간으로 측정해 공개하는 국가 공기질 정보 시스템이야.

지구의 초록빛이 점점 사라지고 있어

사막화

푸른 숲과 초원이 점점 황폐해지는 모습을 상상해 본 적 있어? 이 현상이 바로 '사막화'야. 사막화는 전 세계에서 발생하는 심각한 환경 문제 중 하나로 오늘은 사막화가 무엇인지, 어떤 영향을 미치는지, 그리고 우리가 사막화를 막기 위해 무엇을 할 수 있는지 알아보자.

학습 키워드   #사막화 #토양황폐화 #기후변화 #생태계파괴 #물부족 #지속가능성 #환경보호
교과 연계   중 〉 환경 〉 환경체계
중 〉 과학1 〉 생물의 구성과 다양성

사막화란 무엇일까? 사막화는 원래 사막이 아니었던 지역이 점차 사막처럼 변해가는 현상을 말해. 이건 단순히 모래가 늘어나는 게 아니야. 토양이 점점 메마르고 식물이 자라기 어려워지며 물이 부족해지는 복잡한 과정이야. 결국 농사를 짓기 어렵거나 사람이 살기 힘든 곳으로 변해버려. 사막화의 원인은 크게 자연적 요인과 인위적 요인으로 나눌 수 있어. 자연적 요인으로는 기후변화가 가장 큰 영향

↑ 급격한 사막화가 진행되고 있는 중국의 네이멍구 지역 (산림청)

을 줘. 지구온난화로 인해 기온이 오르고 강수량이 줄면서 많은 지역이 건조해지고 있지. 대표적으로 아프리카의 사헬 지역과 중앙아시아가 그런 지역이야.

인위적 요인은 인간의 무분별한 활동이 사막화를 가속화시키고 있어. 너무 많은 방목으로 인해 초지가 망가지고, 지나친 농사로 토양이 황폐화돼. 나무도 너무 많이 베어서 숲이 사라지고 있어. 숲이 없어지면 토양은 식물의 뿌리가 땅을 붙잡지 못해서 토양이 더 쉽게 날아가. 지하수를 너무 많이 퍼 써서 물자원이 없어지는 것도 사막화를 가속화시키는 요인이야.

사막화가 일어나면 어떤 문제가 생길까?

가장 먼저, 농업 생산성이 크게 떨어져. 토양이 메마르고 물이 부족해지면 농작물을 기르기가 매우 어려워져서 식량 부족 문제로 심각해질 수 있어. 특히 개발도상국에서는 심각한 기아로 이어질 가능성이 높아.

두 번째로, 생태계가 크게 파괴돼. 사막화가 진행되면 그 지역에 살던 동식물들이 서식지를 잃고 생물다양성이 크게 줄어들어. 이건 그 지역만의 문제가 아니라 지구 전체 생태계 균형을 무너뜨릴 수 있는 심각한 문제야.

세 번째로, 물 부족 문제가 심각해져. 사막화가 된 지역에서는 강과 호수가 말라 없어지고, 지하수도 고갈돼. 깨끗한 물을 구하기가 매우 어려워지면서 지역 주민들의 건강과 생활에 큰 피해를 줘.

경제적으로도 큰 문제야. 토양 황폐화로 농작물이 자라기 어려워지면 농업 생산이 감소해 경제 손실도 발생해. 생계가 어려워지면 사람들은 더 나은 환경을 찾아 이주하게 되고, 난민 문제가 만들어질 수도 있

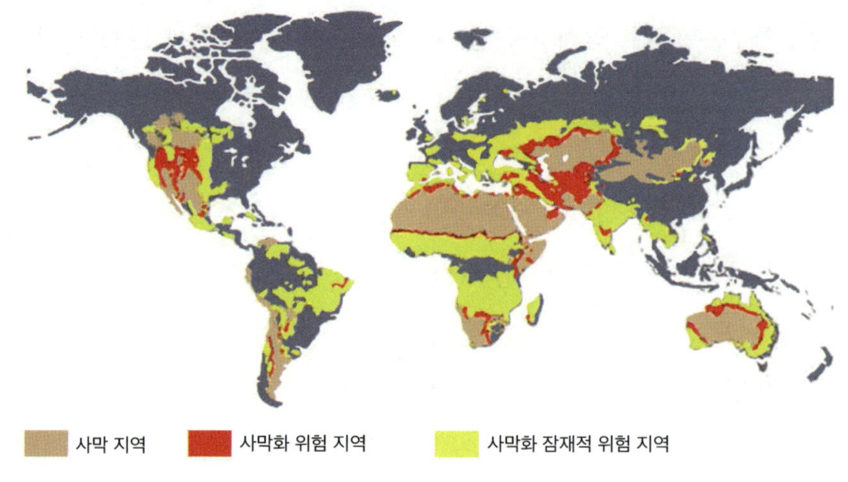

↑ 사막화가 진행되고 있는 지역

어. 도시로 과도한 인구가 이동하면 도시 문제로도 이어질 수 있지. 사회적으로도 식량 생산이 줄어들면 기아 문제가 생길 수 있어.

사막화는 전 세계적으로 심각한 문제로 떠올랐어. 아프리카의 사헬 지역, 중동, 중앙아시아, 그리고 중국 북부가 심각해. 우리나라의 강원도 양구에 해안 분지도 사막화 현상으로 나타난 거야.

사막화를 막기 위한 노력

그렇다면 우리는 사막화를 막기 위해 어떤 노력을 할 수 있을까?

먼저, 국제 협력이 필요해. 유엔 사막화방지협약**UNCCD**은 사막화를 막기 위해 국제적으로 협력하는 대표적인 협약이야. 1994년에 채택된 이 협약은 가입국들에게 사막화 방지 전략을 세우고, 빈곤 퇴치 전략과 통합시키라고 요구했어. 특히 비정부기구**NGO**와 여성, 청소년 같은 단체와 그 구성원들의 참여를 촉구했어. 이 요구에 따라 각국 정부도 사막화 방지 정책과 법률을 만들고 있어. 세계 곳곳에 나무를 심고 숲을 복원하려는 노력과 지속가능한 농업 기술과 적정 기술로 사막화를 방지하고 있어.

나무는 토양을 붙잡아주고 수분을 유지하며 그늘을 제공해 토양의 건조화를 막아주기 때문에 나무 심기 운동을 적극적으로 하는 게 중요해. 중국의 '그린 그레이트 월' 프로젝트나 아프리카의 '그레이트 그린 월'이라는 이름으로 사막에 나무를 심는 활동을 하고 있어.

1978년에 시작된 중국의 '그린 그레이트 월 프로젝트'는 대규모 환경 복원 프로젝트야. 중국의 사막화를 막고, 토양 침식을 방지하며, 생태계를 복원하기 위해 나무를 심는 것을 목표로 하고 있어. 수십억 그루의 나무를 심었고 이 나무들이 토양 침식을 줄이고 사막화를 막는 데 기여하고 있어.

아프리카 사헬 지역의 '그레이트 그린 월' 프로젝트는 진행 중이야. 사하라 사막 경계에 나무를 심어 거대한 녹색 벽을 만들어 사막화를 막고 생태계를 복원하는 것이 목표인 프로젝트야. 사헬 지역 11개국이 참여하고 있으며 식량 안보를 강화하고 기후변화를 완화하는 데 기여하고 있어.

개인적인 실천도 중요해. 샤워 시간을 줄여 물을 낭비하지 않는 습관을 기르고, 재활용 가능하고 환경에 덜 해로운 제품을 사용하는 것도 좋은 방법이야. 사막화의 심각성을 배우고 이를 방지하기 위한 행동을 실천하는 것도 중요해.

1. 다음 문장이 의미하는 용어를 써 보자.

> 원래 사막이 아니었던 지역이 점점 사막처럼 변해가는 현상 ______________________

2. 다음 중 사막화의 주요 원인이 아닌 것은?

① 기후변화로 인한 강수량 감소　　　② 지나친 방목과 농경

③ 무분별한 벌목　　　④ 화산 폭발로 인한 용암 분출

⑤ 지하수의 과도한 사용

3. 사막화가 진행될 경우 나타나는 현상으로 가장 적절하지 않은 것은?

① 생물다양성 감소　　　② 물 부족 심화　　　③ 농업 생산성 증가

④ 난민 발생 가능성　　　⑤ 생태계 파괴

4. 다음 중 사막화를 막기 위한 국제적인 협약 또는 활동이 아닌 것은?

① UNCCD　　　② 그린 그레이트 월　　　③ 그레이트 그린 월

④ 파리 기후협약　　　⑤ 세계무역기구(WTO) 협정

5. 사막화가 심각하게 진행되고 있는 세계의 한 지역(사헬, 중앙아시아, 중국 북부 등)을 골라서 그 지역의 사막화가 왜 심한지, 왜 그런 일이 생겼는지, 그리고 그걸 되돌리기 위해 어떤 노력을 하는지 조사해 보자.

더 알고 싶어 119

📖 도서　▷ 영상　🔍 사이트

📖 **『나무를 심은 사람』 (장 지오노, 두레, 2018)**
혼자서 황무지에 10만 개의 도토리를 심어 숲을 만들어 낸 한 양치기의 이야기야. 아무 대가 없이 묵묵히 땅을 살린 그의 노력이 마침내 마을 전체를 변화시키는 기적을 보여줘.

▷ **아프리카, 거대한 녹색 만리장성 프로젝트 (KBS 뉴스)**
이 영상은 아프리카의 사막화 방지를 위해 20개국이 참여해서 세네갈부터 동부 지부티까지 약 8천 킬로미터 길이의 거대한 숲을 조성하는 '녹색 만리장성 프로젝트'를 소개하며, 주민들이 직접 가뭄에 강한 나무를 심고 흙 제방을 만드는 노력 덕분에 황량한 들판이 푸른 숲과 동식물의 안식처로 복원되고 있는 희망적인 현황을 보여주고 있어.

🔍 **유엔 사막화 방지 협약 (UNCCD)**
이 사이트는 사막화와 토지 황폐화, 가뭄 문제에 맞서 토지 보호와 지속가능한 관리를 위한 전 세계적인 노력을 이끌고, 관련 데이터, 연구 자료, 국제 회의 소식 등을 제공하면서 토지 관리의 중요성을 알리는 유엔(UN) 공식 협약 기구의 웹사이트야.

생물이 다양해야
지구도 건강해

생물다양성

숲은 여러 나무와 풀, 꽃, 그리고 다양한 동물들이 모여 만들어져.
이렇게 서로 다른 생명체들이 어울려 다양하게 살아가는 걸 생물다양성이라고 해.
생물다양성은 단순히 많은 종류의 생명체가 있는 게 아니라
이들이 서로 관계를 맺고 하나의 생태계를 이루는 거야.

학습 키워드 #생물다양성 #생태계 #지속가능성 #환경보호 #서식지보전 #기후변화 #지구환경
교과 연계 중 〉 환경 〉 환경체계　　　　중 〉 도덕1 〉 4. 자연과의 관계 〉 1) 도덕적 고려대상
　　　　　　 중 〉 과학1 〉 생물의 구성과 다양성

생물다양성이란 지구에 사는 모든 생명체들이 다양하게 존재하고 어울려 살아가는 방식을 말해. 크게 유전자 다양성, 종 다양성, 생태계 다양성으로 나뉘어. 유전자 다양성은 같은 종이라도 서로 다른 특징을 가지고 있는 거야. 어떤 사람은 머리색이 까맣고, 어떤 사람은 노란 것처럼. 종 다양성은 여러 다른 동식물 종들이 함께 살아가는 걸 뜻해. 생태계 다양성은 사막, 숲, 바다 같은 다양한 환경들이 서로 연결된 상태를 말하지. 이 모든 것들이 지구를 건강하고 튼튼하게 만들어 줘.

왜 생물다양성이 중요할까?

생물다양성은 생태계를 튼튼하게 해줘. 다양한 생명체들이 함께 살아갈 때 어떤 종이 사라져도 다른 종이 그 역할을 대신할 수 있어서 생태

계가 무너지지 않거든. 예를 들어 먹이를 주는 나무, 서식지를 만들어 주는 나무, 공기를 맑게 하는 나무가 각자 역할을 나눠 해. 이 덕분에 숲의 생태계는 잘 유지될 수 있지. 또 생물다양성은 인간에게 많은 도움을 줘. 식물과 동물들은 우리가 먹는 음식, 입는 옷, 심지어 약까지 제공해 줘. 아스피린은 버드나무 껍질에서 뽑아낸 성분으로 만들어졌어. 만약 버드나무가 없었다면 우리에게 이 중요한 약도 없었을 거야. 또 다양한 식물이 있어야 병충해나 기후변화에 잘 견딜 수 있어.

위기에 처한 생물다양성

하지만 요즘 생물다양성은 큰 위기에 처해 있어. 서식지 파괴가 큰 문제야. 인간의 개발로 동식물들이 살아갈 곳이 점점 줄어들고 있어. 특히 열대우림이 사라지면서 그곳에 살던 동물들이 멸종위기에 처했어.

기후변화도 심각한 위협이야. 지구온난화로 북극곰은 얼음이 녹아 사냥할 공간이 부족하고 산호초는 높은 물 온도 때문에 하얗게 변하며 죽어가고 있어. 오염 문제도 생물다양성을 해치고 있어. 강과 바다가 오염되고 공기와 땅까지 더러워지면서 동물과 식물이 살기 힘들어졌어. 플라스틱 쓰레기 때문에 바다거북이가 플라스틱을 먹이로 착각하고 삼켜서 죽는 일도 자주 일어나고 있어.

외래종의 침입도 골칫거리야. 외래종은 원래 살지 않던 지역에 와서 그곳에 살던 동물과 식물의 서식지를 빼앗거나 먹이를 놓고 경쟁해. 결국 원래 살던 동식물이 살아남기 어려워지고 생태계의 균형이 깨지게 돼.

생물다양성 보전을 위한 노력

생물다양성을 보전하려면 여러 가지 노력이 필요해. 우선 동물과 식물이 살아갈 공간을 지키는 건 가장 기본적인 일이야. 자연 보호구역을 만들고 개발을 제한하며 이미 훼손된 서식지를 복원하는 노력이 필요해. 우리나라도 산양을 보호하기 위해 특별 보호구역을 설정했어.

기후변화는 생물들에게 큰 위협이라 반드시 막아야 해. 에너지를 아끼고 재생에너지를 사용하는 등 탄소 배출을 줄이는 생활 습관을 가진다면 지구온난화를 늦추고 생태계도 보호할 수 있어.

오염을 줄이려는 노력도 필요해. 플라스틱 사용을 줄이고 재활용을 생활화하고 친환경 제품을 사용하는 것도 좋은 방법이야. 정부와 기업도 오염을 줄이는 정책과 기술을 개발하고 시행해야 해.

외래종은 생태계 균형을 깨뜨릴 수 있어. 그래서 외래종이 들어오는 것을 막고, 이미 들어온 외래종을 잘 관리해야 해. 뉴질랜드에서는 외래종 쥐를 제거하려고 여러 방법을 쓰고 있대. 토착종이 잘 살아야 생태계의 균형을 유지할 수 있어.

마지막으로 교육과 인식을 높여야 해. 사람들이 생물다양성의 중요성과 생물들을 보호하려는 마음을 갖도록 교육하는 게 필요해. 학교에서도 생물다양성에 대해 배우고 직접 환경 보호 활동에 참여할 수 있는 기회를 만들어야 해.

우리가 생물다양성을 지키면 환경도 더 건강해지고 지속가능한 미래를 만들어 갈 수 있어. 우리 함께 다양한 생명체들이 살아가는 아름다운 지구를 만들어 보자.

1. 다음 중 생물다양성이 주는 이점으로 옳지 않은 것은 무엇일까?

① 생태계의 안정성을 높여준다.

② 인간에게 식량, 의약품 등의 자원을 제공한다.

③ 병충해와 기후변화에 더 잘 견디게 한다.

④ 외래종의 침입을 촉진한다.

⑤ 환경의 지속가능성을 높인다.

2. 다음 중 본문에서 언급된 생물다양성의 위협 요인이 아닌 것은 무엇일까?

① 서식지 파괴　　　② 기후변화　　　③ 오염　　　④ 외래종 침입
⑤ 재생에너지 사용 확대

3. 우리 주변에서 볼 수 있는 식물과 동물의 이름을 세 가지씩 적어 보자.

4. 만약 멸종위기에 놓인 어떤 생물의 대변인이 된다면, 사람들에게 어떤 말을 하고 싶은지 상상해서 글로 써 보자.

더 알고 싶어 119

📖 도서　▷ 영상　🔍 사이트

📖 『생물다양성 쫌 아는 10대』 (김성호, 풀빛, 2024)

10대 청소년들이 생물다양성이 왜 중요한지와 멸종위기종 보호, 생태계 보전 등 기후위기 시대에 꼭 알아야 할 생물다양성 이슈들을 쉽게 이해할 수 있도록 구성된 입문서야.

▷ [생물다양성 교육] 마지막 기회 (국립생물자원관)

이 영상은 인간의 무분별한 개발과 욕심 때문에 멸종위기종이 늘어나고 생태계가 파괴되어, 이제는 인류에게 생물다양성을 지킬 마지막 기회만 남았다고 경고하는 교육 영상이야.

🔍 국립생물자원관 - 한반도의 생물다양성 정보 제공

이 사이트는 국립생물자원관에서 운영하는 공식 포털로, 한반도 생물다양성에 관한 과학적 자료, 교육 프로그램, 전자책, 온라인 교육 콘텐츠 등을 제공하며 청소년부터 전문가까지 생물다양성에 대해 쉽게 배우고 체험할 수 있는 다양한 자원을 갖추고 있어.

년 월 일

함께 쓰다 망가진 '공유지'의 눈물

공유지의 비극

'공유지의 비극'이라는 말을 들어본 적 있어? 이 말은 우리가 함께 사용하는 자원이 너무 많이 사용되다가 결국 고갈되는 상황을 뜻해. 오늘은 공유지의 비극이 무엇인지, 왜 생기는지, 그리고 해결하기 위한 방법에 대해 알아보자.

학습 키워드 #공유지의비극 #자원고갈 #환경보호 #지속가능성 #공동책임 #환경윤리

교과 연계 중 〉환경 〉환경체계
중 〉과학1 〉과학과 인류의 지속가능한 삶

공유지의 비극은 환경과 경제학에서 자주 언급되는 개념이야. 공동으로 사용하는 자원을 과도하게 사용했다가 결국 다 떨어지는 상황을 말하는 거야. 이 개념은 1833년 영국의 경제학자 윌리엄 포스터 로이드가 처음 말했고, 1968년 생물학자 개럿 하딘이 '공유지의 비극'이라는 논문을 써서 유명해졌어.

공유 자원의 딜레마

공유지의 비극은 다양한 자원에서 나타날 수 있어. 예를 들어 바다의 물고기를 생각해 보자. 여러 어부가 한 바다를 자유롭게 이용할 수 있다면 각 어부는 더 많은 물고기를 잡으려고 할 거야. 그러면 처음에는 이익이 크지만 시간이 지나면 물고기를 너무 많이 잡아서 결국 어업 자원

↑ 공유지의 비극의 사례 – 무질서하게 내던져 쌓여진 공유자전거 (나우뉴스)

이 고갈되고 말겠지. 공공 목초지를 생각해 볼까? 여러 농부가 자신의 가축을 이 목초지에서 키운다면 각 농부는 더 많은 가축을 키우겠지. 그러면 풀이 자라는 속도보다 뜯어먹는 속도가 빨라 목초지는 금새 망가지고 결국 모두가 이용할 수 없게 돼버려.

공유지의 비극은 개인의 이익 추구와 자원의 한정성에서 발생해. 각 개인은 자신에게 최대한 이익이 되는 방향으로 행동하지만 이러한 행동이 모두 합쳐지면 자원이 고갈되는 결과를 낳기 때문에 '공유 자원의 딜레마'라고도 불러.

공유지의 비극 해결 방법

그렇다면 공유지의 비극을 어떻게 해결할 수 있을까? 해결 방법 몇 가지를 알려 줄게.

첫째, 정부가 나서서 자원의 사용을 규제하고 법을 만드는 거야. 예를 들어 바다에서 물고기를 잡을 때 한 사람이 잡을 수 있는 양을 정하거나 특정 기간 동안 어업을 금지하면 자원을 보호할 수 있어. 이 방법은 자원을 꾸준히 계속 이용하는 데 큰 도움이 돼.

둘째, 지역 사회가 함께 자원을 관리하는 거야. 예를 들어 마을공동체가 자원이 어떤 상태인지 관찰하고 이용을 규제하고 계속 사용할 수 있는 방식으로 관리하는 거지. 이렇게 하면 공동체의 책임감을 높이고 자원을 장기적으로 보존할 수 있어.

셋째, 자원을 절약하고 보호하는 행동에 경제적 혜택을 주는 것도 좋은 방법이야. 예를 들어 재생 가능 에너지를 사용하는 가정과 기업에 세금 혜택을 주거나 자원을 절약하는 농부에게 보조금을 지급하는 거야. 이건 개인이 자원을 절약하도록 유도하는 효과가 있어.

넷째, 교육으로 자원의 중요성과 공유지의 비극을 알리는 거야. 학교와 지역 사회에서 환경 교육이나 캠페인으로 자원의 중요성과 자원을 보호하는 구체적인 행동 방법을 가르쳐 많은 사람들이 동참하면 큰 도움이 돼.

마지막으로 새로운 기술을 사용해 자원을 더 효율적으로 이용할 수 있어. 예를 들어 물과 비료를 효율적으로 사용하는 스마트 농업 기술이나 태양광 같은 재생에너지 기술을 쓰고 또 다른 새로운 기술을 개발하면 자원을 덜 낭비하면서도 필요한 걸 얻을 수 있어.

공유지의 비극은 혼자 해결할 수 있는 문제가 아니야. 우리 모두 함께 환경 규제를 지키고 작은 행동들로 지속가능한 미래를 만들자. 공유지 비극을 해결할 수 있는 방법들을 꼭 기억해 줘.

1. 여러 사람이 함께 사용하는 공간이나 자원을 뜻하는 말은? _______________________

2. 공유 자원을 무분별하게 사용해서 모두에게 피해를 주는 현상은? _______________

3. 다음 빈칸에 알맞은 말을 써 보자.

> 공유지의 비극은 개인의 이익 추구와 자원의 __________ 때문에 발생한다.

4. 다음 중 공유지의 비극을 해결하기 위한 방법으로 적절하지 않은 것은 무엇일까?

① 정부가 자원 사용을 규제하는 법을 만든다.
② 지역 사회가 함께 자원을 관리한다.
③ 자원 절약과 보호에 경제적 혜택을 준다.
④ 자원의 중요성과 보호 방법을 교육한다.
⑤ 자원을 무제한 자유롭게 사용하도록 한다.

5. 우리 주변에서 '공유지의 비극'을 떠올리게 하는 공동 공간이나 물건을 찾아 보고 그것이 어떻게 부적절하게 사용되고 있는지 구체적으로 설명해 보자.

____

____

____

____

더 알고 싶어 119

📖 도서　▷ 영상　🔍 사이트

📖 『커먼즈란 무엇인가』 (한디디, 빨간소금, 2024)
이 책은 모두가 함께 사용하는 물, 공기, 땅 같은 자연 자원부터 지식, 소프트웨어 같은 디지털 자원에 이르기까지 '커먼즈(공유 자원)'의 가치와 역사, 그리고 사유화에 맞서 이를 지키고 관리하는 협력적인 방안들을 다양한 사례를 통해 알려 주는 책이야.

▷ 공공 화장실에 휴지가 사라진 이유는? (EBS 교양)
이 영상은 공공 화장실의 휴지나 카페의 시럽처럼 공짜로 제공되는 공유 자원이 사라지는 현상을 '공유지의 비극(Tragedy of the Commons)' 이론으로 설명하면서, 개인의 이기심 때문에 모두가 함께 사용하는 자원이 황폐해지는 것을 막기 위해 자발적인 공동체 의식이 필요함을 강조하고 있어.

지구가 점점 뜨거워지는 이유는?

지구온난화

지구가 점점 더워지는 '지구온난화'는 단순히 여름 날씨가 더 뜨거워지는 게 아니라, 우리 삶 전체에 큰 영향을 미치는 심각한 문제야. 오늘은 지구온난화가 왜 생기는지, 어떤 문제를 일으키는지, 그리고 우리가 할 수 있는 일에 대해 알아보자.

학습 키워드 #지구온난화 #기후변화 #온실가스 #환경보호 #지속가능성 #미래 #에너지절약
교과 연계 중 〉 환경 〉 환경체계

지구온난화는 지구의 기온이 인간 활동으로 꾸준히 상승하는 현상을 말해. 전기나 물건을 만들 때 정말 많은 에너지가 필요한데 이 에너지를 만들 때 이산화탄소^{CO_2}, 메탄^{CH_4}, 아산화질소^{N_2O}, 불화가스$^{F\text{-}gases}$ 같은 온실가스가 나와. 이 가스들은 태양에서 지구로 들어온 에너지가 지표면에 흡수된 뒤 방출되는 열을 가둬두어 지구의 온도가 상승하게 되는 거야. 온실가스가 늘어나면 지구를 더 덥게 만들고 기후변화를 몰고 와. 극단적인 날씨, 해수면 상승, 생태계의 변화 같은 다양한 환경적, 사회적 문제들이 복합적으로 생기고 있는 심각한 상황이야.

지난 100년간 지구의 평균 온도가 약 1도 이상 상승한 것은 자연 변동만으로 설명할 수 없어. 산업혁명 이후 인간의 활동, 주로 화석연료의 사용 때문에 온실가스 농도가 늘어난 것이 주요 원인이야. 이런 상

지구 평균기온 상승 시나리오별 기후변화

	현재(+1.1℃)	+1.5℃	+2℃	+4℃
최고기온	+1.2℃	+1.9℃	+2.6℃	+5.1℃
극한기온 발생빈도	4.8배	8.6배	13.9배	39.2배
가뭄	2배	2.4배	3.1배	5.1배
강수량	1.3배	1.5배	1.8배	2.8배
강설량	-1%	-5%	-9%	-25%
태풍강도		+10%	+13%	+30%

⬆ 지구온난화를 1.5도 상승 이하로 억제하는 것은 기후위기를 막는 마지노선이다. (IPCC 보고서)

황을 깨달은 세계 각국은 2015년 파리기후협정을 맺어 지구의 평균 온도 상승 폭을 산업화 이전보다 1.5°C 이내로 만들자고 합의했어.

이게 무슨 뜻이냐 하면 화석연료를 본격적으로 사용한 산업화 시기인 1850~1900년 사이의 지구 평균 온도를 기준으로 삼는 거야. 그때 온도에서 1.5°C 이상 올라가지 않도록 하자는 거지. 이 기준을 지키면 지구온난화로 생기는 심각한 문제들, 태풍 같은 극단적인 날씨, 바닷물이 높아지는 해수면 상승, 동식물이 살기 힘들어지는 생태계 변화를 어느 정도 막을 수 있기 때문이야.

지구온난화의 가장 큰 원인은 화석연료 사용이야. 공장식 가축 사육상에서 나오는 메탄가스, 대규모 농업을 위해 숲을 베는 과정도 큰 원인이 되지. 특히 숲은 이산화탄소를 흡수하는 중요한 역할을 하는데, 숲이 줄면 그만큼 이산화탄소를 흡수하는 능력도 줄어들어 지구온난화가 더 빨라져.

지구온난화는 일상 생활뿐만 아니라 자연 환경과 지구상의 모든 생명체에 영향을 줘. 여름은 점점 더 뜨거워지고 겨울은 예전만큼 춥지 않아. 이렇게 기온이 변하면 태풍이나 허리케인 같은 극단적인 날씨나 사건들이 더 자주 더 강하게 발생해서 사람들과 자연 환경이 큰 피해를 입어. 또 북극과 남극의 얼음이 녹으면 해수면이 상승해서 해안가 도시나 섬나라들이 점점 물에 잠기게 돼. 생태계에도 큰 변화가 오고 있어. 많은 동식물의 서식지가 사라지고 변하면서 어떤 종들은 멸종될 위험에 처해.

농업도 극심한 날씨, 가뭄, 홍수의 영향을 받아서 식량 생산이 부족해지는 문제가 생겨. 그러면 식품 가격이 올라가겠지. 비싸게라도 식량을 사면 다행이지만 안 팔겠다고 하면 굶어 죽을 수 있으니까 식량은 곧 무기가 되는 거야. 식량이 안보 문제로 이렇게 이어져. 지구온난화는 건강에도 영향을 미치고 있지. 더운 날씨로 질병이나 감염병이 더 잘 퍼질 가능성이 높아지거든.

지구온난화를 막기 위한 작은 실천들

그럼 우리는 지구온난화를 막기 위해 무엇을 할 수 있을까? 작은 실천들이 모여 큰 변화를 만들어 낼 수 있어. 일상에서 전기를 절약하고, 불필요할 때는 전등을 끄고, 에너지 효율이 높은 가전제품을 사용하자. 에어컨과 난방기 사용을 줄이는 것도 좋은 방법이야. 또 태양광, 풍력, 수력 같은 재생에너지를 활용하는 게 중요해. 나무를 심고 숲을 보호하는 것도 큰 도움이 돼. 나무는 이산화탄소를 흡수하고 산소를 내뿜어 지구온난화를 완화하는 중요한 역할을 하거든. 동네 나무 심기 활동에 참여하거나, 우리집 화분에 식물을 심는 것도 좋은 실천이야. 일회용 플라스틱 사용을 줄이는 것도 필 요해. 플라스틱은 생산과 폐기 과정에서 온실가스를 많이 배출해. 플라스틱 제품인 비닐봉투 대신 에코백을 쓰고, 재사용할 수 있는 물병을 쓰는 작은 습관부터 시작해 보자.

1. 다음 문장의 빈칸에 알맞은 말을 써 넣어보자.

> 1) 지구온난화의 가장 큰 원인 중 하나는 __________ 연료 사용으로 석탄·석유·천연가스 등이 여기에 포함된다.
> 2) 재생에너지에는 태양광, 풍력, 수력 등이 있고, __________(을)를 배출하지 않는다는 장점이 있다.

2. 2015년에 세계 여러 나라가 지구 평균 온도 상승을 1.5도 이내로 막자고 약속한 협약은 무엇인가요?

① 교토의정서   ② 몬트리올의정서   ③ 파리기후협정   ④ 바젤협약
⑤ 런던회의

3. 지구온난화 때문에 우리 동네에 어떤 변화가 생겼는지 구체적인 영향(더 뜨거워진 여름, 변화된 계절 패턴, 특정 생물의 서식지 변화 등)을 관찰하고 기록해 보자.

4. 지구온난화와 관련된 최근 기사나 뉴스를 찾아 보고, 최근 발생한 극단적 기후 현상이 지구온난화와 어떤 방식으로 연결되는지 정리해 보자.

더 알고 싶어 119

📖 도서 ▷ 영상 🔍 사이트

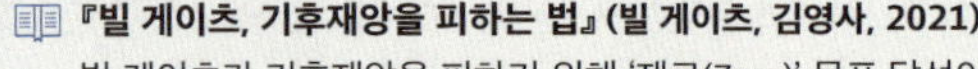

📖 **『빌 게이츠, 기후재앙을 피하는 법』**(빌 게이츠, 김영사, 2021)
빌 게이츠가 기후재앙을 피하기 위해 '제로(Zero)' 목표 달성이 중요함을 강조하고, 전력, 제조업, 농업, 운송, 냉난방 다섯 분야에서 구체적인 기술 혁신이 어떻게 온실가스 배출 제로로 이어질 수 있는지 자세한 로드맵을 제시하는 책이야.

▷ **지구 평균 온도가 1.2도 오르면 지구에 벌어지는 일 (알쓸별잡)**
이 영상은 지구 평균 온도가 산업화 이전 대비 1.2도 상승했다는 사실이 얼마나 엄청난 에너지 변화를 의미하는지 설명하면서, 이로 인해 남미에서 겨울에 30도 넘는 이상 고온이 발생하거나, 산꼭대기 얼음이 얼지 않아 극심한 가뭄이 발생하는 등 이미 현실로 닥친 기후재앙과 인간이 감당할 수 없는 지구과학적 규모의 위험성을 경고하고 있어.

🔍 **기후변화에 관한 정부간 협의체 (IPCC)** IPCC는 기후변화의 과학적 근거, 영향, 미래 위험성, 그리고 대응 방안에 대한 전 세계 과학 지식을 종합 평가하여 정부 정책에 참고할 수 있는 권위있는 보고서를 만드는 유엔(UN)의 핵심 기구야.

인류세?
지구에 남은 인간의 흔적이래

인간 활동이 만들어 낸 새로운 지질 시대, 인류세

최근 과학자들은 인간이 지구에 미친 영향이 너무나 커서 지구의 역사에서 새로운 지질 시대를 정의해야 한다고 말하고 있어. 바로 '인류세(Anthropocene)'라는 이름의 시대야. 인류세는 우리가 살고 있는 이 시대를 설명하는 중요한 개념이야.

학습 키워드 #인류세 #환경오염 #기후변화 #지구환경 #플라스틱 #화석연료 #생태계파괴
교과 연계 중 〉 과학1 〉 과학과 인류의 지속가능한 삶

인류세는 지구의 지질 역사에서 인간 활동이 가장 큰 영향을 미치는 시기를 의미해. 이 용어는 2000년 노벨 화학상 수상자인 파울 크루첸과 유진 스토머가 처음 사용했어. 두 과학자는 인간의 영향이 너무 커서 지금의 지질 시대 '홀로세Holocene' 대신 '인류세Anthropocene'로 바꿔야 한다고 말하고 있어.

과거의 지질 시대는 자연적 과정이 중심이었지만, 인류세는 인간 활동이 지구를 좌우한다는 점에서 특별해. 대표적 특징은 화석연료 사용이야. 산업혁명 이후 석탄, 석유, 천연가스 사용이 폭발적으로 늘면서 대기 중 이산화탄소 농도가 280ppm에서 400ppm을 넘어섰어. 이건 지난 80만 년 중 가장 높은 수치야.

플라스틱 오염도 심각해. 매년 800만 톤의 플라스틱이 바다로 흘러

▲ 인간의 활동이 가장 영향을 미치는 시기인 인류세를 표현한 그림 (AI 그림)

들어가고, 분해되지 않아 해양 생태계를 위협해. 미세 플라스틱은 극지방 얼음, 심해, 심지어 인간의 혈액에서도 발견돼. 도시화와 개발로 동식물 서식지가 사라지면서 생물다양성이 줄고 있어. 과학자들은 현재를 '여섯 번째 대멸종' 시기로 보고 있는데, 과거 다섯 번의 멸종은 자연 원인이었지만 이번에는 인간 활동 때문이라는 점이 달라.

또 하나의 흔적은 20세기 중반 핵 실험이야. 이때 발생한 방사성 물질은 전 지구에 남아 수천 년 동안 인류세의 증거가 될 거야.

인류세의 가장 큰 문제는 기후변화야. 온실가스가 늘면서 지구 평균 기온이 상승하고, 북극의 빙하가 녹으며 해수면이 높아지고 있어. 태풍, 가뭄, 홍수 같은 극단적 기후가 더 자주 발생해 인류 사회에도 큰 위기를 주고 있지. 농업 생산 감소와 식량 가격 상승, 건강 피해 같은 문제로 이어져 식량 안보까지 위협해.

인류세 시대의 해결 과제

그렇다면 우리는 무엇을 해야 할까? 작은 실천이 중요해. 전기를 아끼고, 재활용을 생활화하고 일회용품을 줄이는 거야. 나무를 심고 숲을 지키면 이산화탄소 흡수에 큰 도움이 돼. 또 화석연료 대신 태양광·풍력 같은 재생에너지를 사용해야 해. 실제로 세계 각국은 파리기후협정으로 온실가스 감축에 협력하고 있어.

생물다양성을 보존하는 것도 중요한 과제야. 멸종위기종을 보호하고, 숲과 강 같은 서식지를 복원해야 해. 환경 교육을 통해 생태계의 가치를 배우는 일도 필요하지. 최근 주목받는 '자연 기반 해결책'은 숲과 습지의 힘을 활용해 기후와 재난 문제를 해결하려는 시도야.

인류세는 우리가 지구와 어떤 관계를 맺고 있는지를 다시 묻는 시대야. 작은 실천들이 모여 큰 변화를 만들 수 있다는 걸 기억하고, 모두 함께 지구를 지켜 나가자.

1. 인간 활동이 지구 시스템에 미친 영향이 너무 커서 홀로세 대신 새로 정의해야 한다고 하는 지질 시대의 이름은? ____________

2. 다음 중 인류세의 특징으로 볼 수 없는 것은?

   ① 화석연료의 대량 사용   ② 생물다양성의 증가

   ③ 플라스틱 오염의 확산   ④ 방사성 물질의 지구 확산

   ⑤ 기후변화의 심화

3. 인류세는 인간의 활동이 지구 환경을 근본적으로 바꾸어 놓은 시대를 말해. 인류세의 대표적인 특징 중 '플라스틱 오염'이 우리 삶에 미치는 영향 두 가지를 들고, 학생으로서 이 문제를 해결하기 위해 당장 실천할 수 있는 노력 두 가지를 적어 보자.

____

____

____

4. 인류세의 주요 특징 중 하나인 '화석연료(석탄, 석유, 천연가스)의 과도한 사용'이 우리 지구에 미치는 가장 큰 부정적인 영향은 무엇이며, 이로 인해 발생하는 극단적인 기후 현상 두 가지를 적어 보자.

____

____

____

____

더 알고 싶어 119   📖 도서 ▶ 영상 🔍 사이트

📖 『인류세 쫌 아는 10대』 (허정림, 풀빛, 2022)

이 책은 지질 시대의 새로운 개념인 '인류세'를 중심으로, 인간의 활동이 지구에 어떤 영향을 미쳐왔는지 설명하고, 지구를 괴롭히는 핵심 환경 문제(플라스틱, 기후변화, 생물다양성 위기 등)를 10대들이 쉽게 이해하고 실천할 수 있도록 안내하는 환경 교양서야.

▶ 인류가 바꿔버린 충격적인 지구환경 (EBS 지식채널e)

이 영상은 인류가 만들어낸 플라스틱, 콘크리트, 핵무기 흔적 같은 충격적인 증거들을 통해, 지구가 인간 활동으로 완전히 바뀐 새로운 지질 시대인 '인류세'의 시작을 설명하고 있어.

보르네오 섬은 열대우림의 위기를 보여주고 있어

생태계 보전의 중요성

보르네오섬은 세계에서 세 번째로 큰 섬이야. 1만 5천 종이 넘는 생물다양성을
자랑하는 생태계의 보고지. 하지만 최근 보르네오섬은 심각한 환경 위기를 겪고 있어.
이 섬의 상황으로 열대우림 파괴 문제와 생태계 보전의 중요성을 알아보자.

학습 키워드   #보르네오섬 #열대우림 #생태계파괴 #생물다양성 #환경보전 #지속가능성 #팜유농장
교과 연계   중 〉 환경 〉 환경체계

보르네오 섬은 면적이 74만 3,330km^{2}로 말레이시아, 인도네시아, 브루나이 세 나라에 걸쳐 있는 우리나라의 3배가 넘는 거대한 섬이야. 이 섬에는 세계에서 가장 오래된 열대우림이 있고, 수많은 동식물의 보금자리이기도 한 특별한 장소야. 1만 5천 종이 넘는 식물, 3천 종의 나무, 221종의 포유류, 420종의 조류가 살아 생물다양성을 보여주고 있어. 특히 오랑우탄, 코끼리, 코뿔새, 긴코원숭이 등 희귀한 동물들도 여기서 살아.

보르네오의 열대우림은 단순히 동물들의 집일 뿐만 아니라 지구 전체에 중요한 역할을 해. 나무들이 이산화탄소를 흡수하고 산소를 만들어 지구의 기후를 조절하고, 수분을 머금어 비를 내리게 해서 지구의 기후 시스템에 영향을 미쳐.

하지만 최근 보르네오의 생태계가 심각한 위험에 처해 있어. 그 이유

는 무얼까? 가장 큰 문제는 바로 팜유 농장이 늘어나는 거야. 팜유는 초콜릿, 비누, 화장품, 바이오 연료 같은 제품에 쓰이는 식물성 기름이야. 이 팜유를 생산하기 위해 열대우림을 없애고 농장을 짓고 있어. 1973년부터 2015년까지 42년 동안 숲의 30%나 사라졌대. 또 불법 벌목이 문제야. 목재를 얻기 위해 무분별하게 나무를 베고 있어. 별명이 철강나무인 우옹콜론 나무는 단단해서 건축 자재로 인기가 많아 불법으로 많이 베어간대. 이렇게 숲이 사라지면 많은 동물들은 살아갈 곳을 잃어. 특히 멸종위기 동물들은 더 위험하지. 오랑우탄 수는 지난 60년 동안 50% 이상 줄어들었어.

기후변화도 보르네오 생태계를 위협해. 기온이 상승하고 건기가 길어지면서 산불이 자주 일어나. 2015년 대규모 산불로 서울의 43배가 넘는 숲이 사라졌대. 산불은 엄청난 이산화탄소를 방출해 기후변화를 더 심하게 만들어.

보르네오의 숲이 사라지면 어떤 일이 벌어질까?

수많은 동식물이 살 곳을 잃게 돼서 생물다양성이 감소돼. 과학자들은 열대우림의 파괴로 매일 약 100~300종의 생물이 지구에서 멸종하고 있다고 추정해. 또 숲이 사라지면 대기 중 이산화탄소 농도가 높아져 지구온난화가 가속화돼. 열대우림은 대기 중 이산화탄소의 30%를 흡수하고 있는데, 숲이 사라지면 그만큼 지구의 기후 조절 능력이 떨어지겠지. 거기에 더해 이 지역에 살고 있는 원주민들의 삶도 피해가 커. 보르네오에는 다약족, 이반족 등 원주민 부족들이 숲과 함께 살아왔는데 숲이 사라지면서 그들의 전통적인 생활도 위기에 처했어.

↑ 보르네오 섬의 오랑우탄의 개체수는 급격하게 줄고 있다.

다행히도 보르네오의 생태계를 지키기 위한 노력들이 이어지고 있어. 국제 환경 단체들이 보호 구역을 지정하고, 파괴된 숲을 복원하는 프로젝트를 진행하고 있어. 세계자연기금WWF은 '하트 오브 보르네오Heart of Borneo' 프로젝트로 22만 km² 의 숲을 보호하고 있지. RSPO(지속가능한 팜유 생산을 위한 협의체)에서는 환경을 덜 해치는 방식으로 팜유를 생산하는 농장에 인증을 해 주고 있어.

우리도 보르네오의 생태계를 지키는 데 참여할 수 있어. 지속가능한 방식으로 생산된 제품을 사는 게 좋아. 팜유가 들어간 제품을 살 때는 RSPO 인증 마크를 확인하고, 종이나 나무로 만든 제품을 살 때는 FSC(산림관리협의회) 인증 제품을 선택하는 거야. FSC 인증은 지속가능한 방식으로 관리된 숲에서 나온 목재를 사용했다는 뜻이니까 이런 실천들이 모여 보르네오의 숲을 지키는 데 도움이 될 수 있어.

환경 보호 단체를 후원하거나 환경 캠페인에 참여하는 것도 좋은 방법이야. 자원봉사로 참여하는 것도 괜찮겠지? 그리고 친구나 가족들에게 보르네오의 상황을 알리고 함께 실천할 방법을 이야기해 보는 것은 어떨까? 우리가 사용하는 제품들이 지구 반대편의 숲을 파괴하고 있을 수 있다는 사실을 기억하고 나와 지구를 위해 더 나은 선택을 해 보자.

1. 다음 중 보르네오섬 생태계를 위협하는 원인이 아닌 것은?

　① 팜유 농장 확대　　② 불법 벌목　　③ 대규모 산불　　④ RSPO 인증 확대
　⑤ 기후변화

2. 보르네오 숲이 사라지면 어떤 일이 벌어질까?

　① 생물다양성이 크게 감소한다.
　② 대기 중 이산화탄소가 더 많이 흡수된다.
　③ 원주민의 전통생활이 강화된다.
　④ 강우량이 자연스럽게 증가한다.
　⑤ 산림 복원이 저절로 이루어진다.

3. 보르네오 열대우림에 사는 멸종위기 동물 한 종을 선정하여, 그 동물의 특징과 생태적 역할, 멸종위기에 처하게 된 이유를 정리해 보자. 또한 이를 보호하기 위한 방안도 함께 제시해 보자.

4. 일상에서 사용하는 제품 중 팜유가 포함된 것을 찾아 보고, 이를 대신할 수 있는 다른 선택지가 있는지 적어 보자.

더 알고 싶어 119

📖 도서　▷ 영상　🔍 사이트

📖 **그림책 『오랑우탄과 팜유 농장 보고서』 (김황, 풀과바람, 2020)**
　팜유 농장 확장을 위해 숲이 불타면서 오랑우탄이 보금자리와 가족을 잃는 현실을 알리고, 숲과 인간이 함께 행복할 수 있는 지속가능한 방법을 고민하는 환경 그림책이야.

▷ **팜유와 맞바꾼 열대우림 (아워플래닛)**
　이 영상은 세계 3대 열대우림 중 하나인 인도네시아 보르네오 섬에서 팜유 농장을 위해 벌채되고 파괴되는 숲과, 그 속에서 살아가는 오랑우탄 등 다양한 야생동물을 소개해. 또한 열대우림과 팜유 농장이 공존할 수 있는 방안에 대해 생각해 보게 하는 내용을 담고 있어.

사라져가는 생명의 마지막 희망
생물다양성 보전 전문가

수천 년 동안 우리 곁에 있던 생물들이 사람들의 행동 때문에 하나둘씩 사라지고 있어. 단 몇 마리밖에 남지 않은 동물을 지키려고 밤새 야생에 텐트를 치고, 죽어가는 산호초를 되살리기 위해 바다 속을 탐험하고, 아직 발견되지 않은 새로운 생물을 찾아내는 사람들이 있어. 생물다양성 보전 전문가는 지구의 다채로운 생명 네트워크를 지키는 현대의 영웅이야!

생물다양성을 지킨다는 건?

생물다양성 보전 전문가는 지구에 사는 다양한 생물들을 연구하고 보호하는 일을 해. 사라져가는 생물들을 구하고, 망가진 생태계를 되살리고, 자연 서식지를 지키는 중요한 임무를 맡고 있어. 세계자연기금(WWF)에 따르면, 지난 50년 동안 지구의 야생동물의 수가 무려 68%나 줄었대. 이런 위기 속에서 생물다양성 보전 전문가는 그 어느 때보다 꼭 필요한 존재가 된 거야.

생물다양성 보전 전문가의 일상은 어떨까? 어느 날은 깊은 산속에서 멸종위기종이 사는 곳을 조사하고, 어느 날은 실험실에서 채집한 흙이나 물 샘플을 분석하고, 다음 주에는 마을 주민들과 모여서 보전 계획을 논의하는 회의를 하기도 해. 현장 활동과 연구, 교육과 지역사회 참여까지 정말 다양한 일을 하는 거야.

어떤 일을 할까?

한 때 우리나라에서 사라졌던 반달가슴곰을 알아? 일제 강점기 때 너무 많이 잡혀서 완전히 사라졌었는데, 지금은 지리산에 다시 살고 있어. 2004년부터 러시아에서 반달가슴곰을 데려와 풀어 놓고 꾸준히 지켜보며 보호한 결과야. 처음에는 몇 마리 안 됐지만, 지금은 70마리 가까이 늘었고, 아기 곰도 자연에서 태어나고 있어. 이게 바로 생물다양성 보존 전문가들이 해낸 종 복원 프로젝트의 대표적인 성공 이야기야!

이 일은 과학과 기술도 엄청 중요해. 동물의 몸에 GPS를 달아서 어디로 움직이고 있는지 추적하고, 환경 DNA(eDNA) 분석으로 물속이나 흙에 있는 생물의 흔적을 찾아내며, 드론을 띄워서 숲이나 산 같은 접근하기 어려운 곳을 촬영해 관찰하지. 최근에는 인공 지능을 활용해 작은 사진 속 동물을 구분하는 기술도 발전했어.

고래잡이로 유명했던 울산 앞바다 장생포는 예전에 고래를 마구 잡는 곳으로 유명했지만, 지금은 고래를 보호하면서 생태관광지로 변신했어. 생물다양성 보전 전문가들은 자연을 지키면서도 지역 주민들의 삶도 좋아지게 만드는 방법을 고민해. 생태관광, 친환경 농사, 나무를 아무렇게나 베지 않는 지속가능한 임업 같이 자연을 보전하면서도 지역이 잘 살 수 있는 모델을 만들어가고 있어.

어떤 사람이 잘할까?

생물다양성 보전 전문가가 되려면 어떤 능력이 필요할까? 먼저 생물학, 생태학, 환경과학에 대한 이해가 필요해. 현장업무를 할 수 있는 체력과 끈기도 중요하고, 무엇보다 자연과 생물에 대한 애정과 호기심이 가장 중요해. 또 사람들과 함께 일해야 하니까 다른 사람들과 잘 어울리고 설명을 쉽게 할 수 있는 소통 능력과 협업 능력도 필수야. 생물다양성 보전은 혼자 할 수 없거든. 다양한 분야의 전문가들, 정부 기관, 지역 주민, 국제 단체 같은 여러 이해관계자들과 협력해야 해. 특히 지역 주민들의 참여와 지지가 없다면 장기적인 보전 성공은 어려워. 그래서 복잡한 생태학적 개념을 일반인들도 이해할 수 있게 설명하는 능력이 중요하지.

디지털 기술과 데이터 분석 능력도 점점 더 중요해지고 있어. 방대한 양의 생태 데이터를 모으고, 정리할 수 있어야 하고, GIS(지리정보시스템) 같은 공간 정보를 다루는 기술도 배우면 더 좋아.

생물다양성 보전 전문가는 어디서 일할 수 있을까?

국립공원관리공단, 국립생태원, 환경부 같은 정부 기관에서 일할 수 있어. 또 국내외 NGO(세계자연기금, 그린피스, 환경운동연합 등), 대학 연구소, 동물원이나 식물원, 자연사 박물관에서도 일할 수 있지. 최근에는 기업의 ESG(환경·사회·지배구조) 중요성이 커지면서 기업에서도 생물다양성 전문가와 함께 일하는 경우가 늘고 있어.

DMZ(비무장지대) 지역은 70년 가까이 사람들의 출입이 금지되어 자연 그대로의 생태계가 보존되었어. 멸종위기종인 두루미, 수달, 산양 같은 동식물들이 살고 있어. 생물다양성 보전 전문가들은 이런 특별한 생태계를 연구하고 보호하는 역할을 해. DMZ의 특별한 생태적 가치를 지키기 위한 방법을 개발하고, '평화 생태공원'처럼 새로운 아이디어를 내기도 해. '침팬지의 어머니'라 불리는 제인 구달은 50년 넘게 아프리카에서 침팬지를 연구하고 보호했어. 우리나라에는 백두대간 생태계를 연구하고 지키는 데 평생을 바친 김종원 교수처럼 헌신적인 전문가들이 있지.

생물다양성 보전 전문가의 도전과제는 뭘까?

기후변화, 서식지 파괴, 오염, 외래종 유입 같이 생물다양성을 위협하는 것들이 점점 늘어나고 있어. 이런 복잡한 문제들을 해결하려면 창의적이고 통합적으로 생각해야 해. 또 생물다양성을 지키면서 경제적인 문제도 균형 있게 해결하는 게 숙제이기도 해.

생물다양성 보전 전문가에 관심이 있다면 지금부터 주변의 생태 공원이나 숲에 가서 식물과 동물을 관찰하고 기록하는 습관을 들이자. 학교의 자연 탐사 동아리나 시민 과학 프로젝트에 참여하는 것도 좋은 경험이 될 거야. 예를 들어 환경부와 국립생태원이 운영하는 '국가 생물다양성 모니터링' 프로그램에는 시민 과학자로 참여할 수 있어.

대학에서는 생물학, 생태학, 환경과학, 야생동물관리학, 보전생물학 같이 자연을 공부하면 좋아. 방학 때는 국립공원이나 환경 단체에서 인턴십이나 봉사활동을 한다면 현장 경험을 쌓을 수 있고, 진로에 대한 확신도 얻을 수 있을 거야.

"한 종의 멸종은 그 종의 죽음만이 아니라, 수백만 년의 진화의 역사가 끝나는 것이다"라는 말이 있어. 생물다양성 보전 전문가는 단순히 동식물을 좋아하는 것을 넘어, 지구 생명의 긴 역사를 지키고 다음 세대에게 전하는 소중한 임무를 맡은 직업이야. 생물을 사랑하고, 자연의 신비를 탐구하며, 지구의 미래를 걱정하는 친구들에게 생물다양성 보전 전문가는 매력적인 진로가 될 수 있을 거야.

3부
환경 문제, 어디까지 알고 있니?
환경 문제와 쟁점
119

바다에 기름이 퍼지면 생기는 일은?

"한 방울의 기름이 수만 리터의 물을 오염시킬 수 있습니다."
프랑스 해양 탐험가 자크 이브 쿠스토가 한 말이야.
바다에 대량의 기름이 흘러들어가는 해양기름유출사건은 정말 심각한 환경 재난이야.
한번 사고가 나면 바다는 엄청나게 오염되어 바다 생명들이 큰 피해를 입게 돼.

학습 키워드　#해양기름유출 #환경오염 #생태계파괴 #바다생물 #해양환경 #기름제거 #해양보호

교과 연계　중 〉환경 〉환경 문제와 쟁점
　　　　　　　중 〉사회2 〉사회변동과 사회문제

　해양 기름 유출 사건은 주로 기름을 실어나르는 유조선에서 사고가 생기거나 석유를 퍼내는 시추 시설의 문제 또는 석유 저장 시설의 파손으로 발생해. 한 번 사고가 나면 엄청난 양의 기름이 바다를 오염시키게 돼.

　기름이 바다를 덮으면 무슨 일이 일어날까? 먼저, 기름은 바다 표면에 얇은 막을 만들어서 햇빛이 물속으로 들어가는 것을 막아. 그러면 해양 식물들이 광합성을 못해서 생태계의 기초가 무너져. 작은 플랑크톤부터 물고기, 해양 포유류, 그리고 바다새까지 모두 영향을 받게 돼. 그리고 기름은 물에 잘 녹지도 않아서 오랫동안 바다에 떠 있어. 기름에 덮인 물고기나 바다새들은 숨 쉬기 어렵고, 몸에 묻은 기름 때문에 제대로 움직이지 못해. 특히 바다새들은 깃털에 기름이 묻으면 체온을 유지하지 못해서 죽는 경우가 많아.

지구에는 여러 번 큰 해양 기름 유출 사고가 있었고 많은 피해를 가져왔어. 1989년 알래스카에서 발생한 엑손 발데즈 사고는 약 4만 1,000톤의 원유가 바다에 쏟아졌고, 수많은 해양 동식물이 죽었어. 2010년 멕시코만에서 일어난 딥워터 호라이즌 사고는 약 4백만 배럴(약 54만 4,000톤)의 기름이 바다로 흘러 들어가서 역사상 가장 큰 해양 기름 유출 사고로 기록됐어.

우리나라에서도 2007년 태안 앞바다에서 삼성 1호로 인한 기름 유출 사고가 발생해서 약 10,655톤의 원유가 바다로 유출됐어. 태안 해안 생태계가 큰 피해를 입어 수많은 해양 생물이 죽고, 아름다운 해변은 검은 기름으로 뒤덮였어.

해양 기름 유출 사고는 생태계 파괴뿐 아니라 경제적으로도 큰 손해야. 어업과 관광업에 의존하는 지역 경제는 큰 타격을 받아. 태안에서 기름 유출 사고 이후 지역 어민들이 오랫동안 생계에 큰 어려움을 겪었고 관광객들도 크게 줄었어.

이러한 사고를 막으려면 어떤 노력이 필요할까?

첫째, 사고 예방을 위한 철저한 관리가 필수야. 유조선의 안전 기준을 높이고, 석유 시추 시설이나 저장 시설을 정기적으로 점검해서 사고를 미리 막아야 해. 안전성을 높이기 위한 기술 개발도 계속돼야겠지.

둘째, 사고가 나면 기름이 더 퍼지지 않도록 막고, 흘러나온 기름을 빨리 제거하는 기술과 장비를 사용해야 해. 빠르게 대응할 수 있도록 시스템을 갖추고 효과적인 장비와 기술도 계속 개발하고 있어. 많은 나라들이 해양 기름 유출 대응 훈련을 정기적으로 하는 것도 빠르게 대응하려는 거야.

셋째, 국제적인 협력을 이루고 있어. 바다는 모두가 공유하는 자원이니까 한 국가의 노력만으로는 부족해. 국제 협약을 통해 규제를 강화하고, 기술과 정보를 공유해야 해.

최근에는 기름 유출 사고에 대응하려고 새로운 기술들도 개발하고 있어. 나노 기술로 기름을 빨리 빨아들이는 물질이나, 자연에서 발견한 기름을 분해하는 박테리아를 활용하는 방법 등이 있어. 이런 기술들이 앞으로 해양 기름 유출 사고의 피해를 줄이고 바다를 깨끗하게 지키는 데 큰 도움이 될 거야.

우리 모두가 바다 환경을 소중히 여기고 작은 실천부터 시작한다면 바다를 더 깨끗하고 안전하게 지킬 수 있을 거야. 기름 한방울도 바다를 오염시킬 수 있다는 사실, 잊지 말자.

1. 다음 문장의 빈칸에 알맞은 말을 써 보자.

> 기름이 바다 표면에 얇은 막을 만들어 햇빛이 물속으로 들어가는 것을 막으면 해양 식물의 _________(을)를 방해하게 된다.

2. 다음 중 해양 기름 유출 사고로 일어난 피해로 볼 수 없는 것은?

① 해양 생물의 죽음　　② 해안 관광 산업 피해　　③ 어업 생산성 감소

④ 산림 생태계 증가　　⑤ 바다 생태계 오염

3. 해양 기름 유출 사고가 물고기·바다새 등 바다 생물에게 어떤 피해를 주는지 정리하고, 이러한 피해가 바다 먹이사슬에 어떤 영향을 미치는지 적어 보자.

4. 해양 기름 유출 사고가 발생했을 때, 가장 작은 생물인 플랑크톤이 피해를 입는 것이 바다 생태계에 가장 근본적이고 장기적인 악영향을 미치는 이유를 설명하고, 이러한 피해가 궁극적으로 우리 인간의 삶에 어떤 영향을 미칠지 적어 보자.

더 알고 싶어 119

📖 도서　▷ 영상　🔍 사이트

📖 『바다가 검은 기름으로 덮인 날』 (박혜선, 한울림어린이, 2022)

이 책은 2007년 태안 앞바다에서 일어난 대형 기름 유출 사고를 배경으로, 그때 그곳에서 살아가던 한 아이의 시선으로 바다와 생명을 되살리기 위해 수많은 사람들이 펼쳤던 헌신적인 구조와 복구 노력을 생생하게 기록한 그림책이야.

▷ [그때 그 뉴스] 태안반도 기름 유출 사고 (KBS 뉴스)

이 영상은 2007년 태안반도에서 발생한 충격적인 기름 유출 사고를 생생하게 보여주며, 해양과 지역사회에 끼친 큰 피해와 그 후 자원봉사자들의 복구 노력을 담고 있어.

🔍 기름 유출로 검게 물든 바다, 이게 머선129? (그린피스)

이 글은 2007년 태안 사고나 2010년 멕시코만 딥워터 호라이즌 사고처럼, 선박 침몰이나 해저 파이프 파열로 발생하는 기름 유출 사고가 해양 생물 집단 폐사와 생태계 파괴를 일으키는 심각한 바다 위협임을 알리고, 이러한 재앙을 막기 위해 화석연료 사용 중단과 강력한 해양 보호 구역 지정이 필요하다고 주장하는 그린피스의 메시지야.

핵 발전,
우리와 어떤 관련이 있을까?

핵 발전

우리 생활에 꼭 필요한 전기, 그 중 많은 부분이 핵 발전으로 만들어진다는 걸 알고 있니?
핵 발전은 아주 강력한 에너지원이지만 동시에 논란도 많아.
오늘은 이 복잡한 주제에 대해 알아 보고, 우리의 미래 에너지에 대해 생각해 보자.

학습 키워드 #원자력발전 #핵발전 #핵분열 #청정에너지 #방사능 #에너지효율 #핵폐기물
#원자력안전
교과 연계 중 〉환경 〉환경 문제와 쟁점 / 중 〉사회2 〉사회변동과 사회문제

핵 발전은 핵분열 반응을 이용해 전기를 만드는 방법이야. 우라늄이나 플루토늄 같은 방사성 물질이 핵분열을 할 때 엄청난 열이 발생하는데, 이 열로 물을 끓여 증기를 만들고, 그 증기로 터빈이라는 큰 기계를 돌려서 전기를 만들어.

전 세계 약 30개 나라가 핵 발전소를 운영 중이고 전 세계 전기의 약 10%를 원자력으로 만들어. 미국, 프랑스, 중국, 러시아, 일본이 주요 핵 발전국이고 프랑스는 전체 전력의 약 70%를 핵 발전으로 충당할 만큼 많이 활용해. 우리나라도 핵 발전을 중요한 에너지원으로 사용하고 있어. 2024년 기준으로 26개 발전소가 운영 중이야.

핵 발전소를 거대한 물 끓이기 기계라고 생각해 봐. 우리집에서 가스레인지로 물을 끓이듯, 핵 발전소도 비슷한 원리야. 핵 발전소는 '우라

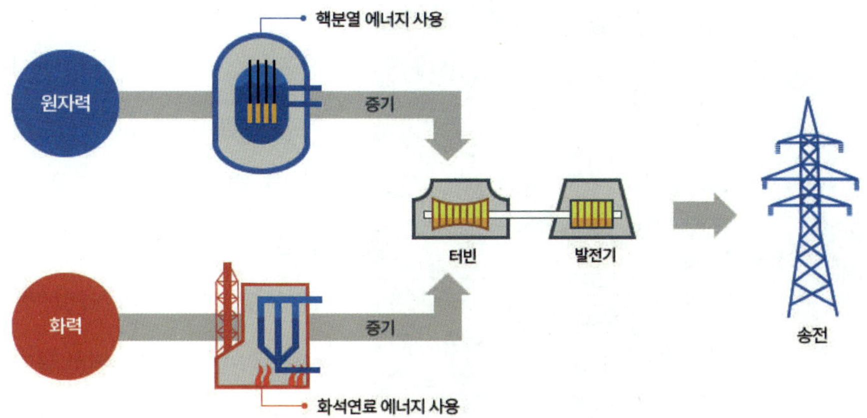

⬆ 화력 발전과 핵 발전의 차이 (한전원자력연료)

늄'이라는 특별한 연료를 사용해. 우라늄은 아주 작은 알갱이로 되어 있는데, 이 알갱이들이 부딪혀 엄청난 열을 내. 이 과정을 '핵분열'이라고 해. 도미노가 줄지어 넘어지는 것처럼 한 우라늄 알갱이가 쪼개지면 주변의 다른 알갱이들도 연쇄적으로 쪼개지면서 열을 발생시켜. 이 열이 물을 끓여서 증기를 만들고, 그 증기가 터빈을 돌리며 전기를 만들어 내. 터빈은 거대한 선풍기 같은 거야. 이렇게 만들어진 전기는 우리 집으로 연결돼서 전등을 켜거나, TV, 휴대폰을 충전하는 데 쓰이게 돼. 핵 발전소는 이렇게 작은 우라늄 알갱이로 엄청난 양의 전기를 생산할 수 있지만 이 과정에서 생기는 방사능을 안전하게 잘 관리해야 해.

핵 발전은 여러 가지 장점이 있어. 전기를 생산하는 과정에서 이산화탄소를 거의 배출하지 않아서 기후변화를 줄이는데 도움이 돼. 높은 에너지 효율도 자랑할 만해. 소량의 연료로 많은 전기를 생산할 수 있거든. 날씨나 기후의 영향을 받지 않고 꾸준히 전기를 생산할 수 있어서 안정적으로 전력을 공급할 수 있어.

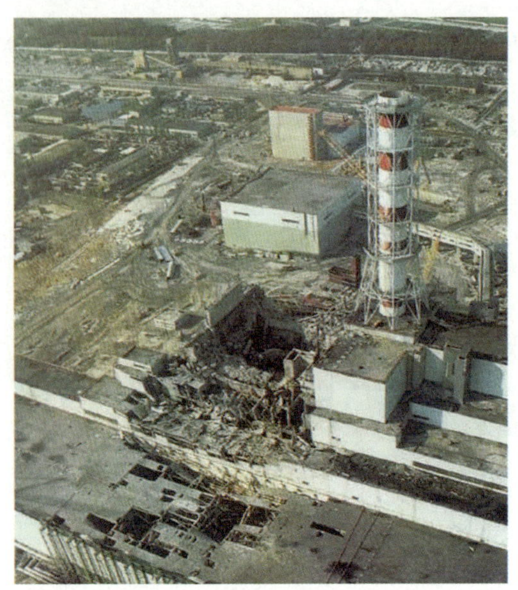
⬆ 폭발 직후의 체르노빌 원자력 발전소

하지만 단점도 있어. 가장 큰 문제는 방사능 위험이야. 핵 발전 사고는 드물지만 한 번 일어나면 매우 심각한 결과를 가져와. 체르노빌 사고, 후쿠시마 사고, 쓰리마일섬 사고가 대표적이야. 이런 사고들은 방사능 노출로 많은 사람들이 죽고 건강문제와 유전적 영향이 보고되었어. 방사능 누출로 토양과 물이 오염되고 그 지역은 사람이 살기 어려운 상태가 되었어. 이로 인해 핵 발전의 안전성에 대한 걱정이 커졌어.

핵 폐기물 처리도 골치 아픈 문제야. 방사성 폐기물은 오랫동안 위험성이 남아 있어서 안전하게 처리하고 저장하는 게 정말 어려워. 게다가 핵 발전소를 짓는 데는 많은 돈과 시간이 들어.

최근에는 기후변화 문제로 핵 발전을 다시 고려하고 있어. 어떤 나라들은 핵 발전을 확대하려고 하고 새로운 기술 개발에도 투자하고 있어. 하지만 여전히 안전성과 핵 폐기물 문제를 우려하는 목소리도 커.

핵 발전의 미래는 우리의 선택에 달려 있어. 청정 에너지가 필요한 건 분명하지만 안전과 환경 문제도 중요해. 우리는 이 문제들을 해결하기 위해 기술 개발과 국제 협력을 계속해야 해. 안전하고 지속가능한 에너지를 위해 우리는 어떤 선택을 해야 할까?

1. 핵 발전소에서 사용하는 특별한 연료는 무엇인가?

2. 다음 중 핵 발전의 단점으로 옳은 것은?

  ① 소량의 연료로도 많은 전기를 생산할 수 있다.
  ② 안정적으로 전력을 공급할 수 있다.
  ③ 방사성 폐기물 처리와 관리가 어렵다.
  ④ 발전 과정에서 이산화탄소 배출이 많다.
  ⑤ 날씨나 기후변화에 크게 영향을 받지 않는다.

3. 핵발전의 장점과 단점을 비교하는 표를 작성한 뒤, 이를 바탕으로 핵발전의 미래에 대한 자신의 견해를 간단히 정리해 보자.

4. 우리나라의 에너지 생산 방식(원자력·화력·태양광·풍력 등) 비율을 조사하고, 미래에는 에너지 구성이 어떻게 변화해야 하는지 그 이유와 함께 적어 보자.

더 알고 싶어 119

📑 도서   ▷ 영상   🔍 사이트

📖 『원자력 논쟁』 (오승현, 풀빛, 2022)
이 책은 원자력 발전에 대한 찬반 논쟁을 아이들의 토론 형식으로 다루며, 안전성, 경제성, 환경 영향 등 다양한 이슈를 균형 있게 살펴봐서 원자력에 대해 깊이 생각해 보게 해줘.

▷ 새 정부 '에너지믹스'·· 원전 찬반논란 가열 (MBC 뉴스)
새 정부의 '에너지믹스' 정책은 원자력과 신재생에너지를 함께 활용해 전력 수요를 안정적으로 공급하려는 방향으로, 원전 찬반 논란이 뜨겁지만 정부는 안전한 원전 추가 건설과 재생에너지 확대를 균형 있게 추진하려고 하고 있어.

🔍 원자력교육센터 한국원자력연구원 원자력교육센터는 원자력과 방사선에 대해 배우고 싶은 사람들이 다양한 교육과 실습을 받을 수 있도록 도와주는 곳이야.

핵 발전, 진짜 괜찮은 걸까?

핵 발전 찬반 토론 시나리오

우리의 미래 에너지는 무엇일까? 핵 발전은 그 해답의 열쇠일까,
아니면 새로운 위험의 시작일까? 찬성하는 사람들은 "깨끗하고 안정적인 에너지다!"라고
외치고, 반대하는 사람들은 "절대 위험하다!"고 말해.
오늘 우리, 함께 핵 발전의 진실을 파헤치고 찬반 토론의 장을 열어 볼까?

학습 키워드 #원자력발전찬반토론 #원자력발전찬성근거 #원자력발전반대근거 #탈핵과친핵
교과 연계 　중 〉 환경 〉 환경 문제와 쟁점
　　　　　　　중 〉 사회2 〉 사회변동과 사회문제

사회자　안녕하세요! 여러분이 이 자리에 참석해주셔서 감사합니다. 오늘은 우리 사회에서 매우 중요한 에너지 문제, 특히 핵 발전에 대해 토론하고자 합니다. 현대 사회에서 에너지는 정말 중요합니다. 그중에서도 핵 발전은 찬반 의견이 첨예하게 대립하는 주제죠. 높은 에너지 효율과 적은 탄소 배출은 장점이지만 방사성 폐기물 처리와 안전성은 여전히 큰 숙제입니다. 오늘 토론은 두 팀으로 나누어 한 팀은 핵 발전의 장점을 중심으로 찬성 측이 되고, 다른 팀은 단점을 중심으로 한 반대 측이 되어 다양한 관점으로 토론하겠습니다. 먼저, 찬성 측 대표부터 발언을 시작해 주시기 바랍니다. 여러분께서는 각 팀의 발언을 경청하여 핵 발전을 더 깊이 이해하는 기회로 삼으시길 바랍니다. 그럼, 토론을 시작하겠습니다!

찬성 측 발언

찬성 측 대표1 안녕하세요. 제가 핵 발전의 첫 번째 장점을 말씀드리겠습니다. 핵 발전은 무엇보다 안정적인 전력 공급의 측면에서 매우 우수합니다. 적은 양의 우라늄 연료로도 대규모 전기를 생산할 수 있고, 날씨나 계절의 변화에 상관없이 지속적이고 일정한 전력을 공급할 수 있습니다.

찬성 측 대표2 맞습니다. 더불어 핵 발전은 환경 측면에서도 큰 장점이 있습니다. 현재 전 지구적 기후변화 대응을 위해서는 탄소 배출을 획기으로 줄여야 하는데, 핵 발전은 전기 생산 과정에서 거의 이산화탄소를 배출하지 않습니다. 이런 이유로 많은 전문가들이 청정 에너지원으로 평가하고 있습니다.

찬성 측 대표3 핵 발전의 또 다른 중요한 장점은 경제성입니다. 초기 건설 비용은 높지만 장기적으로 볼 때 발전 단가가 매우 저렴합니다. 예를 들어 같은 양의 전기를 생산할 때 석탄이나 천연가스 발전소보다 운영 비용이 훨씬 낮아요. 또한 핵 발전소 한 곳에서 수백만 가구에 전기를 공급할 수 있어 국가 전체의 에너지 경제에 큰 도움이 됩니다. 게다가 고용 창출과 관련 산업 발전에도 긍정적인 영향을 미칩니다.

반대 측 발언

반대 측 대표1 안녕하세요. 제가 핵 발전의 첫 번째 문제점을 말씀드리겠습니다. 가장 심각한 이슈는 방사성 폐기물 문제입니다. 핵 발전 과정에서 발생하는 방사성 폐기물은 극도로 위험하며, 이를 안전하게 관리하고 보관하는 것은 매우 복잡하고 어려운 과제입니다. 잘못된 관리는 심각한 환경 오염과 돌이킬 수 없는 인명 피해로 이어질 수 있습니다.

반대 측 대표2 또 핵 발전소는 심각한 사고 위험을 내포하고 있습니다. 인간의 실수나 예측하지 못한 자연 재해로 인해 발생할 수 있는 사고는 광범위하고 치명적인 영향을 미칠 수 있습니다. 체르노빌과 후쿠시마 사고는 그 위험성을 명확하게 보여준 대표적인 사례입니다.

반대 측 대표3 마지막으로 경제적 측면에서도 핵 발전은 큰 문제가 있습니다. 핵 발전소 건설과 운영에는 막대한 비용이 듭니다. 초기 건설 비용뿐만 아니라 지속적인 유지 보수와 안전 관리에 드는 비용은 국가 경제에 상당한 부담을 줍니다. 더욱이 최근에는 태양광, 풍력 같은 재생에너지 기술이 빠르게 발전하면서 보다 안전하고 경제적인 대안들이 생기고 있습니다.

찬성 측 반박

찬성 측 대표1 방사성 폐기물 문제는 해결해야 할 과제가 분명합니다. 하지만 기술이 발전하면서 폐기물 처리나 저장 기술이 많이 개선되고 있습니다. 앞으로 더 안전한 기술이 나올 것이라고 기대합니다.

찬성 측 대표2 사고 위험도 인정합니다. 하지만 최신 핵 발전소는 안전 장치의 수준이 매우 높아서 사고 발생 가능성을 크게 줄일 수 있습니다. 엄격한 규제와 관리를 통해 더 안전하게 운영할 수 있습니다.

찬성 측 대표3 경제적 부담에 대해서는 다르게 생각합니다. 초기 비용이 많이 든다는 점은 이해하지만 장기적으로 보면 핵 발전은 매우 경제적인 에너지원입니다. 유지 비용을 포함하더라도 안정적인 에너지 공급과 저탄소 배출의 장점은 매우 큰 이득입니다.

반대 측 대표1 폐기물 문제는 기술 발전만으로 해결할 수 없는 장기적인 문제입니다. 수천 년 동안 관리해야 하는 폐기물은 미래 세대에 큰 부담을 줄 수 있습니다. 이건 도덕적으로 문제가 있다고 생각합니다.

반대 측 대표2 아무리 최신 기술을 적용하더라도 자연재해 같은 예측할 수 없는 상황은 완전히 막을 수 없습니다. 다른 에너지원에 비해 너무 큰 위험을 감수해야 하는 점은 분명 큰 문제입니다!

반대 측 대표3 경제적 부담은 초기 비용뿐 아니라, 유지비와 안전 관리 비용도 포함해야 합니다. 재생에너지가 더 효율적이고 저렴해지고 있는 지금, 꼭 핵 발전이 필요한지는 의문입니다.

찬성 측 최종 의견

핵 발전은 아주 적은 연료로도 많은 전기를 안정적으로 만들어 낼 수 있는 에너지입니다. 게다가 이산화탄소도 거의 배출하지 않아 지구온난화를 막는 데 도움이 됩니다. 태양광이나 풍력과 달리 날씨에 상관없이 꾸준히 전기를 생산할 수 있어요.

방사성 폐기물이나 사고 위험은 있지만, 최근 기술이 계속 발전하면서 이런 문제들을 점점 더 잘 해결하고 있습니다. 처음 발전소를 짓는 데 비용이 많이 들지만 오래 사용하면 유지비가 적게 들면서 전기는 안정적으로 공급받을 수 있어 경제적으로 이득입니다. 그래서 핵 발전은 우리 미래를 위해 꼭 필요한 선택이라고 생각합니다!

반대 측 최종 의견

핵 발전의 가장 큰 문제는 방사성 폐기물입니다. 이 폐기물은 수천 년 동안 관리해야 하는데, 아무리 기술이 좋아져도 완전히 해결하기 어렵고 미래 세대에 큰 부담을 줍니다.

사고 위험도 정말 심각해요. 체르노빌과 후쿠시마 같은 무서운 사고가 다시 일어날 수 있고, 아무리 기술로 막으려 해도 자연재해나 인간의 실수는 완전히 막을 수 없습니다.

게다가 핵 발전소를 짓고 유지하는 데 엄청난 비용이 들고, 안전 관리비도 계속 듭니다. 요즘은 태양광이나 풍력 같은 재생에너지가 많이 발전해서 더 저렴하고 안전하게 전기를 만들 수 있게 되었어요. 그래서 핵 발전보다는 이런 재생에너지를 더 키우는 게 좋다고 생각합니다!

사회자 오늘 토론을 통해 핵 발전의 장단점에 대해 깊이 있는 논의를 할 수 있었습니다. 각 팀의 주장과 반박을 들어보니 핵 발전이 정말 복잡한 문제라는 것을 느끼셨을 것입니다. 앞으로도 이러한 중요한 주제에 대해 계속 관심을 가지면서 생각을 키워나가길 바랍니다. 여러분, 정말 감사합니다! 이만 토론을 마치겠습니다.

1. 핵 발전소의 사고 위험성에 대한 찬반 양측의 주장을 정리해 보고 나의 의견을 써 보자.

2. 핵 발전의 경제성에 대한 찬반 양측의 주장을 비교하고 나의 의견을 써 보자.

더 알고 싶어 119

📖 도서   ▷ 영상   🔍 사이트

📖 『**지금 당장 기후 토론**』 (김추령, 우리학교, 2022)
   이 책은 기후위기를 둘러싼 12가지 주요 쟁점을 선정해서, 각 주제별로 찬성과 반대의 논리를 명확하게
   제시하며 독자들이 스스로 생각해 보고 토론할 수 있도록 구성된 청소년 토론 교재야.

▷ **2030 티슈토론 7회 – 탈원전? 친원전? 원전 살리기 정책** (국회방송)
   이 영상은 2030 청년들이 에너지 안보, 친환경성, 경제성 등 원전 찬반 의견을 자유롭게
   토론하는 내용이야.

발전소 하나 세우는 게 왜 그렇게 힘들까?

발전소 설립, 누구를 위한 걸까?

우리가 매일 사용하는 전기는 어디서 올까?
전기는 발전소라는 곳에서 만들어지는데, 발전소를 새로 세우는 일은 쉽지만은 않아.
오늘은 발전소 세우면서 생기는 갈등과 해결 방법을 생각해 보자.

학습 키워드　#에너지발전소　#지역갈등　#환경영향　#경제적이익　#사회적합의　#상생
교과 연계　중 〉 환경 〉 환경 문제와 쟁점
　　　　　　중 〉 사회1 〉 정치과정과 시민 참여

　발전소는 우리가 쓰는 전기를 만드는 중요한 시설이야. 텔레비전, 컴퓨터, 냉장고처럼 우리 생활 속에 전기가 꼭 필요하잖아? 그래서 정부와 기업은 안정적으로 전기를 공급하기 위해 새로운 발전소를 세우려고 해. 그런데 발전소가 들어설 지역에 사는 주민들은 반대하는 경우가 많아. 왜 그런 걸까?

　주민들이 반대하는 이유는 크게 세 가지야. 첫째, 환경 오염 때문이야. 화력 발전소나 핵 발전소는 물과 공기를 오염시킬 수 있거든. 예를 들어 화력 발전소에서 나오는 매연은 공기를 더럽히고, 발전소에서 나오는 뜨거운 물은 주변 바다나 강으로 들어가 물고기나 다른 생물들에게 나쁜 영향을 줄 수 있어. 핵 발전소는 방사능 유출 사고가 날까봐 걱정하는 사람이 많아. 풍력 발전소도 경관을 해치거나 소음 문제가 생길 수 있어.

이런 환경 문제들은 주민들의 건강에도 영향을 미칠 수 있어서 많이 걱정하는 부분이야. 둘째, 경제적인 문제야. 발전소가 생기면 일자리가 늘어나기도 하지만 집값이 떨어지거나 관광객이 줄어들 수 있어. 셋째, 주민들의 의견이 무시되는 경우가 있어. 발전소를 세우는 건 큰일이라 주민들 생각을 듣고 함께 논의해야 하는데 때로는 정부나 기업이 이런 과정을 제대로 거치지 않고 일방적으로 결정할 때도 있어. 이럴 때 주민들은 우리의 의견은 무시당했다고 느끼고 더 강하게 반대하게 되는 거지.

이런 갈등은 실제로 여러 곳에서 일어났어. 밀양에서 송전탑을 세우려다 주민들과 큰 갈등이 있었어. 송전탑은 발전소에서 만든 전기를 멀리 있는 도시로 보내는 시설이야. 주민들은 송전탑에서 나오는 전자파가 건강에 해롭다고 걱정했고, 송전탑 때문에 마을의 경관이 망가질 거라고 반대했어.

삼척에서는 LNG 기지를 만들려다 문제가 생겼어. LNG는 액화천연가스라고 하는 깨끗한 연료인데 이 연료를 저장하고 공급하는 시설을 만들려고 한 거야. 주민들은 안전 문제와 환경 파괴를 걱정했어. 삼척은 아름다운 해변으로 유명한 관광지인데 LNG 기지가 들어서면 관광산업에 악영향을 미칠 수 있다고 걱정한 거야.

제주도에서는 바람으로 전기를 만드는 해상 풍력 발전소를 세우려다 주민들의 반대에 부딪혔어. 친환경 에너지를 만드는 시설이지만 큰 풍력 발전기가 제주도

↑ 밀양 송전탑 공사를 둘러싸고 갈등하는 한전과 주민들
(연합뉴스)

⬆ 해상 풍력 발전 반대 시위하는 모습 (제주의 소리)

의 아름다운 경치를 망친다고 생각했고, 발전기의 소음이 건강에 해로울 수 있다고 걱정했어. 제주 남방큰돌고래들의 마지막 남은 서식처에서 살기 힘들어진다는 환경 문제도 떠올랐지. 이런 사례들을 보면 국가에서 필요한 일이라도 지역 주민들의 생각과 충돌할 수 있고 그 갈등을 해결하는 것도 중요한 문제야.

그렇다면 이런 갈등은 어떻게 해결할 수 있을까? 가장 중요한 건 대화야. 정부와 기업은 주민들에게 모든 정보를 솔직하게 공개하고 주민들 의견을 존중해야 해. '왜 발전소가 필요한지'와 '주민들에게 어떤 영향을 줄지'와 '그 해결책'을 주민들과 공유하고 주민들의 의견에 귀 기울여야 해. 또 환경 문제를 개선해야 해. 예를 들어 화력 발전소는 탄소 포집 기술을 이용해 이산화탄소를 줄이는 기술을 쓰고 풍력 발전소는 철새들이 다니는 길을 피해 설치하면 돼. 주민들이 입는 피해에 대해 보상도 해야 해. 발전소 때문에 생기는 불편함을 덜어주거나 그 지역 발전에 도움이 되도록 주민 복지 시설이나 지역 특산품 판매를 돕는 등의 방법이 있겠지.

무엇보다 주민들이 의사결정 과정에 참여할 수 있게 하는 게 중요해. 주민들과 함께 발전소 설계와 운영을 고민하고, 발전소에서 나오는 이익도 나눌 수 있다면 더 좋을 거야.

에너지 발전은 우리 모두에게 꼭 필요한 시설이야. 하지만 그 과정에서 지역 주민들과 환경을 생각하고 모두에게 도움이 되는 방법을 찾도록 노력하자.

1. 에너지 발전소 건설에 대해 지역 주민들이 주로 반대하는 이유로 옳지 않은 것은?

　① 발전소에서 나오는 매연이나 방사능 누출 같은 환경 오염 우려

　② 발전소 주변 집값 하락 및 관광객 감소 같은 경제적 피해

　③ 주민 의견 무시로 인한 민주적 절차 훼손

　④ 발전소 설립이 지역 일자리를 대량 창출하는 점

　⑤ 풍력 발전기의 소음과 경관 훼손 우려

2. 다음 문장이 설명하는 단어를 써 보자.

> 1) 전기를 멀리 있는 도시로 보내기 위해 설치하는 시설 ＿＿＿＿＿＿＿＿＿＿
>
> 2) 밀양에서 송전탑 설치로 갈등이 발생한 원인 중 하나로 건강에 영향을 준다고
> 걱정된 이것 ＿＿＿＿＿＿＿＿＿
>
> 3) 제주의 해상 풍력 발전소 설치에 반대했던 이유 중 하나로 풍력 발전기 근처에
> 살던 돌고래의 이름 ＿＿＿＿＿＿＿＿＿

3. 만약 우리 동네에 발전소가 들어선다면, 주민들과 함께 문제를 해결할 수 있는 방안
을 적어 보자.

 **더 알고 싶어 119**　　　📖 도서　▶ 영상　🔍 사이트

📖 『**쇠나우 마을 발전소**』 **(다구치 리호, 상추쌈, 2019)**
이 책은 독일의 작은 마을인 쇠나우 주민들이 체르노빌 원전 사고 이후, 자신들의 힘으로 전력 회사를 설
립하고 탈원전 및 신재생에너지 전환을 성공적으로 이루어 내면서 지역 에너지 자립과 환경 운동의 상징
이 된 과정을 담은 실제 이야기야.

▶ **밀양 송전탑 그후 7년…"고통은 현재 진행형"** (KBS 뉴스)
이 영상은 2014년 밀양에서 초고압 송전탑 건설을 반대하며 벌어진 주민들과 한전, 경찰
간의 충돌을 다루고, 그 후 7년이 지나도 주민들이 여전히 송전탑으로 인해 건강권과 일상
생활 피해를 겪으며 고통이 계속되고 있음을 보여줘.

자원을 다시 쓰면 뭐가 좋을까?

자원은 무한하지 않아. 우리가 쓰고 버리는 물건 중에는 다시 쓸 수 있는 것들이 많아.
이걸 잘 모아서 다시 쓰면 지구가 훨씬 건강해질 수 있대. 그래서 자원순환이 중요해.
단순히 쓰레기를 줄이는 게 아니라 지구를 더 오래 더 깨끗하게 만드는 비법이거든!
자원순환이 왜 중요한지, 우리가 무엇을 할 수 있는지 알아보자.

학습 키워드　#자원순환 #재활용 #지속가능성 #자원보존 #환경보호 #쓰레기감량 #순환경제

교과 연계　중 > 환경 > 환경 문제와 쟁점
　　　　　　　중 > 사회2 > 사회변동과 사회문제

자원순환은 우리가 쓰고 버린 물건을 다시 자원으로 바꿔서 사용하는 걸 말해. 이렇게 하면 자원을 아낄 수 있고 환경도 깨끗하게 지킬 수 있어. 또 자원이 부족해지는 것도 막을 수 있지. 자원순환의 대표적인 방법은 물건을 다시 쓰는 '재사용', 새로운 물건으로 만드는 '재활용', 그리고 쓰레기를 줄이는 '폐기물 감소'가 있어.

자원순환은 여러 가지 이유로 중요해

첫째, 자원순환은 환경 보호에 큰 도움이 돼. 지구는 한정된 자원을 가지고 있어서 자원을 막 쓰다 보면 언젠가는 다 없어질 수도 있지. 그런데 자원순환 방법인 재활용과 재사용을 늘리면 새 자원을 덜 쓰게 돼. 이렇게 하면 산을 보존하고 강물이 오염되는 걸 줄일 수 있어. 공기 오염도

막아. 또 쓰레기를 잘못 버리면 흙과 물이 오염될 수 있는데 자원순환으로 쓰레기를 줄이면 이런 문제도 해결할 수 있어.

둘째, 자원순환은 경제적으로도 이익이야. 재활용과 재사용으로 생산 비용을 줄일 수도 있어. 예를 들어 알루미늄 캔을 재활용하면 새 알루미늄을 만드는 것보다 에너지를 95%나 절약할 수 있대. 이렇게 하면 회사도 비용을 줄이고 소비자도 더 싸게 물건을 살 수 있어. 게다가 자원순환 산업이 성장하면 새로운 일자리도 많이 생긴대.

셋째, 자원순환은 미래를 위해 꼭 필요해. 우리가 자원을 막 쓰고 환경을 오염시키면 미래 세대는 쓸 자원이 모자라고 환경 문제로 고통받을지도 몰라. 자원순환을 통해 재사용하고 재활용하는 문화가 자리 잡으면 우리뿐만 아니라 미래 세대도 건강하고 풍요로운 환경에서 살 수 있어.

자원순환이 잘 되려면

만약 자원순환이 잘 안 되면 어떤 문제가 생길까?

자원순환이 제대로 되지 않으면 천연자원이 더 빠르게 없어지고, 쓰레기가 점점 많아질 거야. 이것 때문에 생산 비용이 증가하고 온실가스 더 많이 배출되면서 기후변화가 심각해지겠지. 결국 환경 오염, 경제적 손실, 심지어 사회적 갈등까지 생길 수 있어.

자원순환을 잘 하기 위해서는 개인, 기업, 정부 우리 모두의 노력이 필요해. 개인은 일상에서 재활용을 실천하고 불필요한 물건은 사지 않도록 노력해야 해. 기업은 제품을 만들 때 자원을 효율적으로 사용하고 재활용 가능한 제품을 개발해야 해. 정부는 자원순환을 지원하는 정책을 만들고 재활용 산업을 돕는 제도를 만들어야 해.

자원순환을 잘 하는 도시와 나라들을 보면 배울 점이 많아. 스웨덴

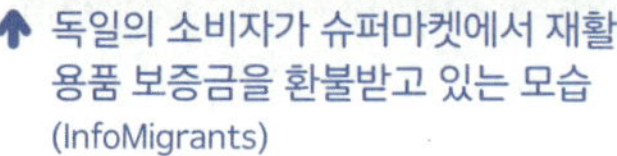

↑ 독일의 소비자가 슈퍼마켓에서 재활용품 보증금을 환불받고 있는 모습 (InfoMigrants)

↑ 재활용 소재를 사용한 친환경 플리스 (파타고니아 코리아)

의 스톡홀름, 일본의 도요타, 독일의 프라이부르크, 덴마크의 코펜하겐은 폐기물의 대부분을 재활용하거나 에너지로 바꾸는 시스템이 있어. 우리나라의 서울도 음식물 쓰레기 종량제와 자원 회수 시설을 통해 자원순환에 노력하는 중이야. 자원순환을 잘 실천하고 있는 기업도 있어. 파타고니아는 재활용 소재로 옷을 만들고, 또 비싼 가격을 매겨 옷을 사지 말자는 캠페인을 해. 프라이탁은 버려진 트럭 방수포로 가방을 만들어. 이런 노력은 환경을 지키는 데 큰 역할을 해.

일상생활에서 재활용과 재사용을 실천하자. 쓰레기를 잘 분리하고 한번 쓰고 버리지 말고 다시 사용할 수 있는 방법을 생각해 보는 거야. 잘 모르는 친구들이 있으면 같이 하자고 알려 주자. 자원순환은 우리의 미래를 위해 꼭 필요한 일이야. 나의 실천으로 더 나은 환경을 만들어 보자.

1. 버려진 물건을 다시 자원으로 바꾸어 사용하는 활동은?

 힌트 초성: ㅈㅇㅅㅎ

2. 다음 중 자원순환이 중요한 이유로 옳은 것은 무엇일까?

 ① 천연자원의 고갈을 방지한다.

 ② 생산 비용을 증가시킨다.

 ③ 쓰레기 매립지를 확대한다.

 ④ 기후변화를 가속화한다.

 ⑤ 자원 사용을 무제한으로 허용한다.

3. 빈칸에 알맞은 말을 써 보자.

> 비싼 가격을 매겨 옷을 사지 말자는 캠페인을 펼치며, 재활용 소재로 의류를 만드는 브랜드는 ______________이다.

 힌트 초성: ㅍㅌㄱㄴㅇ

4. 일상생활에서 실천할 수 있는 자원 순환 방법 두 가지를 구체적으로 적어 보자.

더 알고 싶어 119

📑 도서　▷ 영상　🔍 사이트

📑 **『지금 우리 곁의 쓰레기』** (홍수열, 슬로비, 2022)
이 책은 쓰레기 문제 전문가인 홍수열 소장이 쓴 책이야. 핵심은 재활용이 생각보다 잘 안 되는 이유와 쓰레기 문제의 근본적인 해결책 제시야. 단순히 쓰레기를 잘 버리자는 수준을 넘어, 생산 단계부터 쓰레기가 덜 나오도록 사회 시스템을 바꾸는 것에 초점을 맞추고 있어.

▷ **패션도 관심 있고 환경에도 관심 있으면 이건 어때 (KBS 뉴스 부산)**
이 영상은 버려지는 재료를 멋진 가방이나 옷으로 바꾸는 업사이클링 브랜드들 이야기를 다루고 있어. 프라이탁 가방, 파타고니아 옷, 국내에서 웨딩드레스 등 폐자원을 활용해 친환경 패션 제품을 만드는 사례를 보여줘.

🔍 **자원순환마루 - 자원순환 관련 정보 제공** 이곳은 국가 자원순환 목표 관리의 종합 시스템으로, 폐기물 발생부터 처리, 재활용까지 전반적인 환경 통계 정보와 순환경제 관련 제도를 제공하는 공공 플랫폼이야.

편리한 플라스틱, 왜 문제일까?

플라스틱은 우리 삶을 편리하게 만들어준 멋진 발명품이었어.
하지만 이제는 전 세계 가장 심각한 환경 문제 중 하나로 떠올랐어.
해양 생물들이 플라스틱 때문에 죽어가는 이런 상황은 쓰레기 문제를 넘어
지구 생태계 전체를 위협하고 있어. 플라스틱 오염의 문제점과 해결책을 알아보자.

학습 키워드 #플라스틱 #환경오염 #재활용 #지속가능성 #생태계 #미세플라스틱 #대체재
교과 연계 중 〉 환경 〉 환경 문제와 쟁점
중 〉 사회2 〉 지속가능한 세계와 글로벌 시민

19세기 말, 그때는 자연 소재들로 물건을 만들었어. 상아로 만든 당구공, 거북이 등껍질로 만든 안경테, 멋지지? 그렇지만 상아나 거북이 등껍질은 귀한 재료라 당구를 치는 사람들이 늘어나면서 상아가 부족해졌어. 존 하이어트는 상아 대신 사용할 수 있는 재료를 찾다가 1869년 식물 섬유에서 셀룰로이드를 뽑아내 이 문제를 해결했어. 플라스틱의 시조격인 셀룰로오스로 당구공도, 안경테도, 심지어 영화 필름까지도 만들 수 있게 되었지. 이후 1907년에 뉴욕의 화학자인 레오 백랜드가 완전히 인공적인 첫 플라스틱 베이클라이트를 발명했어. 열과 화학 물질에 강하고 전기를 잘 전달하지 않는 특성을 이용해 전화기, 라디오 케이스 등에 사용해 대성공을 거둔 거야. 이때부터 '플라스틱의 시대'가 본격적으로 열리게 됐지. 그 후 2차 세계대전이 일어나 금속, 목재, 가죽 같은 재료들이

↑ 바다에 떠다니는 플라스틱

↑ 음료수 캔 포장 플라스틱이 거북이 몸에 끼어 등갑을 변형시킴 (미국 미주리주 자연보호국)

부족해지자 플라스틱이 그 자리를 차지했어. 전쟁이 끝나도 플라스틱의 생산은 오히려 폭발적으로 증가해 이제 플라스틱은 일상 곳곳에서 없어서는 안 될 재료가 되었지.

하지만 이러한 편리함과 함께 심각한 문제가 따라왔어. 플라스틱이 많이 만들어지고 마구 써서 쓰레기가 너무 많아졌거든.

매년 세계에서 약 3억 톤의 플라스틱이 생산되지만 재활용은 10%도 안 돼. 나머지는 재활용되지 않고 매립지나 바다로 흘러가게 되겠지. 특히 바다로 간 플라스틱은 해양 생물들이 먹거나 여기에 갇혀 죽는 사건이 자주 일어나고 있어서 심각해. 유엔환경계획**UNEP**은 매년 800만 톤의 플라스틱이 바다로 간대. 이건 1분마다 쓰레기차 한 대의 플라스틱이 바다에 버려진다는 것과 같아. 게다가 플라스틱은 바다에서 분해되지 않고 작은 조각으로 쪼개져서 미세 플라스틱이 돼. 바다를 오염시키고 해양 생물을 괴롭히다가 결국 사람이 물고기와 해조류를 먹으면서 우리 몸속에 들어오는 거야. 매주 신용카드 한 장 분량의 미세 플라스틱을 먹고 있다는 연구 결과가 있을 정도야.

플라스틱은 분해되는 데 수백 년이 걸려서 없어지지 않고 우리 주변

어딘가에 계속 쓰레기로 남아 있어. 일회용 플라스틱 제품들은 사용하자마자 쓰레기가 되니 얼마나 환경에 오랫동안 부담이 되는지 알겠지?

플라스틱 오염, 어떻게 해결할 수 있을까?

여러 가지 노력이 필요하지만 우선, 제로 웨이스트 정책이 중요해. 쓰레기를 만들어 내지 않기 위해 일회용 플라스틱 제품 사용을 줄이고 재사용이 쉽거나 생분해성이 높은 재료를 사용하는 거야. 제품을 만들 때도 소비자가 재활용을 쉽게 할 수 있도록 만들면 좋겠지.

친환경 대체 제품을 개발해 파는 것도 중요한 전략이야. 대나무로 만든 칫솔, 그릇, 종이 빨대 같이 재사용이 가능한 제품이 있으니까 그걸 사용하자.

교육하고 알리는 것도 필요해. 플라스틱 문제가 심각하다는 걸 알리고, 사람들이 행동을 바꾸도록 교육 캠페인을 하는 거야. 어린이와 청소년에게 환경 교육을 해서 앞으로 실천할 생활 방식을 추천해 주자.

법적 규제도 강하게 하는 게 좋겠어. 플라스틱 사용을 줄이는 정책과 법률을 정하고, 플라스틱 제품에 세금을 매겨서 꼭 필요할 때만 사용하도록 유도하는 거야. 플라스틱을 더 효율적으로 재활용하는 새로운 기술을 개발하고, 친환경적인 새로운 소재와 제품 개발을 지원하는 것도 좋은 방법이야.

플라스틱 문제를 해결하려고 지역 사회에서는 주민들의 참여를 유도해 지구를 더 깨끗하고 건강한 곳으로 만들도록 돕고 있어. 우리도 일상에서 플라스틱 사용을 줄이고 재활용을 생활화하며 친환경 제품을 선택하는 노력을 통해 지구를 지킬 수 있어. 함께 힘을 모아 플라스틱 오염 문제를 해결하고, 더 나은 환경을 만들어 나가자.

1. 다음 중 플라스틱 오염 문제의 심각성을 보여주는 설명으로 옳지 않은 것은?

　① 매년 약 800만 톤의 플라스틱이 바다로 흘러간다.

　② 플라스틱은 분해되는 데 수백 년이 걸린다.

　③ 재활용률이 10%를 넘는다.

　④ 해양 생물들이 플라스틱을 먹이로 착각해 죽는다.

　⑤ 우리는 매주 신용카드 한 장 분량의 미세 플라스틱을 섭취한다.

2. 다음 빈칸에 알맞은 말을 써 보자.

> 우리는 매주 신용카드 한 장 무게에 해당하는 ___________(을)를 섭취하고 있다.

힌트 초성: ㅁㅅ ㅍㄹㅅㅌ

3. 여러분이 일상생활에서 쉽게 줄일 수 있는 플라스틱 사용 세 가지를 구체적으로 적어 보자.

4. 플라스틱 오염 문제를 해결하기 위한 캠페인을 만든다면, 사람들의 관심을 끌기 위해 어떤 방법을 활용하고 싶은지 창의적으로 적어 보자.

더 알고 싶어 119

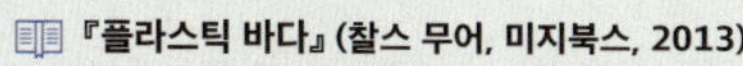

📖 『플라스틱 바다』(찰스 무어, 미지북스, 2013)
이 책은 해양 탐험가 찰스 무어가 우연히 북태평양 한가운데서 거대한 플라스틱 쓰레기 '거대 쓰레기 지대'를 발견하고, 플라스틱이 바다와 해양 생물에 미치는 위험과 문제를 과학적으로 조사하며 전 세계에 경고하는 환경 이야기야.

▷ 신의 선물인가?저주인가? 자연을 거쳐 인간마저 위협하는 플라스틱 (tvN벌거벗은 세계사)
이 영상은 플라스틱이 인류에겐 신의 선물 같았지만 지금은 환경과 인간 건강을 위협하는 재앙으로 변한 과정을 다루고 있어.

작은 섬나라 투발루가 사라진다고?

투발루와 기후난민의 미래

투발루라는 나라는 들어본 적 있어? 태평양에 있는 작은 섬나라야.
전 세계는 기후변화 때문에 투발루를 주목하고 있어. 오늘은 투발루의 이야기를 통해 기후변화
가 우리에게 어떤 영향을 미치는지, 그리고 우리가 무엇을 해야 하는지 알아보자.

학습 키워드　#투발루 #기후변화 #해수면상승 #기후난민 #지속가능성 #탄소배출 #섬나라 #환경보호
교과 연계　중 〉 환경 〉 환경 문제와 쟁점　　　　중 〉 사회2 〉 국제사회와 한반도
　　　　　　　중 〉 과학2 〉 수권과 해수의 순환

투발루는 남태평양에 위치한 아홉 개의 작은 섬들로 이루어진 나라
야. 나라 크기가 서울의 23분의 1밖에 안 되고, 인구도 1만 명 정도밖에
안 돼. 그런데 이 작은 나라가 왜 세계의 관심을 받고 있을까? 그 이유는
바로 기후변화 때문이야.

기후변화로 지구의 온도가 점점 올라가면서 북극과 남극의 얼음이
녹고 바닷물이 많아져서 해수면이 높아지고 있어. 투발루의 가장 높은
곳은 해발 4.6미터밖에 안 되거든. 그래서 바닷물이 조금만 올라가도 섬
이 잠길 위험이 커져.

이미 투발루는 기후변화의 영향을 심각하게 겪고 있어. 해안선이 점
점 사라지고, 농사를 짓기 어려워졌어. 또 바닷물이 지하수로 스며들어
서 식수원이 오염되고 있어. 과학자들은 이대로 가다간 50~100년 안에

투발루가 바다에 잠길 수도 있다고 경고하고 있어.

투발루 사람들은 이 문제를 해결하기 위해 여러 노력을 하고 있어. 바닷물이 들어오지 못하도록 방벽을 쌓고, 나무를 심어서 땅을 튼튼하게 만들기도 해. 하지만 기후변화는 투발루 혼자서 막을 수 있는 문제가 아니야. 그래서 투발루 정부는 세계 여러 나라에 도움을 요청하고 있어. 국제회의에 나가서 전 "탄소 배출을 줄여야 해요!"라고 외치고 있지.

탄소 배출은 공장을 돌리거나 자동차를 탈 때 나오는 이산화탄소 같은 기체야. 이 기체들 때문에 지구가 더 뜨거워지고, 기후변화가 심해져. 투발루 사람들은 "우리는 탄소를 거의 배출하지 않았는데, 왜 우리가 이런 피해를 봐야 하나요?"라고 묻고 있어.

투발루의 상황은 '기후 난민'이라는 새로운 문제를 만들고 있어. 기후 난민은 기후변화 때문에 살던 곳을 떠나야 하는 사람들을 말해. 투발루 사람들도 언젠가 섬이 바다에 잠기면 다른 나라로 이주해야 할지도 모른다고 걱정하고 있어. 이건 단순히 이사를 가는 문제가 아니라 자기

나라와 문화, 정체성을 잃을 수 있는 매우 심각한 문제거든.

투발루만이 이런 위험에 처해 있는 것은 아니야. 몰디브, 키리바시, 마셜 제도 같은 다른 태평양 섬나라들도 비슷한 문제를 겪고 있어. 또 방글라데시 같은 저지대 국가들도 해수면 상승 문제를 같이 가지고 있어. 이 나라들의 운명은 세계가 기후변화에 어떻게 대응하느냐에 달려 있어.

투발루가 우리에게 말하는 것들

투발루의 이야기는 우리에게 중요한 것을 알려 주고 있어. 첫째, 기후변화는 남의 나라 이야기가 아니라 우리 모두의 문제야. 둘째, 우리의 작은 행동 하나하나가 큰 변화를 만들 수 있어. 전기를 아껴 쓰고 가까운 거리는 걸어 다니고 쓰레기를 줄이는 것 같은 작은 행동들도 도움이 돼. 셋째, 우리가 함께 힘을 모아야 큰 문제인 기후변화를 해결할 수 있어.

국제 사회도 투발루 같은 나라들을 도우려고 노력하고 있어. 2015년에 세계 여러 나라가 파리기후협정을 맺어서 지구온도가 너무 오르지 않게 하자고 약속했어. 지구의 온도를 산업화 이전과 비교해 2도 낮게 제한하는 것을 목표로 한대. 선진국들은 개발도상국들도 기후변화에 대응할 수 있게 재정적으로 도와주기로 했어.

하지만 이 정도가 충분할까? 많은 전문가들은 더 빠르고 강력한 행동이 필요하다고 말해. 우리 모두가 탄소 배출을 줄이고 재생에너지를 쓰고 지속가능한 생활 방식을 해야 한다고 강조하고 있어.

투발루의 이야기는 우리에게 경고와 동시에 희망도 주고 있어. 우리가 지금 행동한다면 투발루 같은 나라들을 구할 수 있고 우리의 미래도 지킬 수 있어. 그러니 우리 모두가 안전하게 살아갈 수 있도록 함께 노력하자.

1. '기후난민'이란 무엇을 뜻하는가?

　① 기후변화로 인한 자연재해를 연구하는 학자

　② 기후변화 때문에 살던 곳을 떠나야 하는 사람

　③ 기후변화에 적응한 동식물

　④ 기후변화를 막기 위해 이동하는 과학자

　⑤ 기후변화와 무관하게 이주하는 사람

2. 다음 빈칸에 알맞은 말을 써 보자.

> 기후변화로 북극과 남극의 얼음이 녹고 바닷물이 많아져 _______________(이)가 높아지고 있다.

3. 남태평양의 섬나라 투발루는 지구온난화로 인한 해수면 상승 때문에 나라 전체가 사라질 위기에 처해 있다. 투발루가 해수면 상승으로 인해 겪는 가장 심각한 위기 두 가지와 이 위기가 우리나라와 같은 다른 나라들에게 주는 경고 메시지는 무엇인지 적어 보자.

-----

4. "우리는 탄소를 거의 배출하지 않았는데, 왜 이런 피해를 받아야 하나요?"라는 투발루 사람들의 질문을 바탕으로 기후정의의 관점을 떠올리며 이에 대한 자신의 생각을 적어 보자.

더 알고 싶어 119

📖 도서　▶ 영상　🔍 사이트

📖 **『투발루에게 수영을 가르칠 걸 그랬어』 (유다정, 미래아이, 2008)**
이 책은 남태평양에 있는 작은 섬나라 '투발루'와, 그곳 소녀 로자 그리고 고양이 투발루의 이야기를 통해 지구온난화로 가라앉아가는 섬의 현실과 환경 문제의 심각성을 전해줘. 로자가 투발루를 떠나야만 하는 슬픔과 후회, 그리고 환경 보호에 대해 함께 생각하게 하는 그림책이야.

▶ **하나뿐인 지구 - 지구의 경고 온난화 난민 (EBS 다큐)**
지구 곳곳에서 발생하는 기후 온난화의 심각한 영향과 그것으로 인해 삶의 터전을 잃고 떠돌아야 하는 난민들의 현실을 다룬 작품이야. 특히 물 부족과 생존 위기의 상황을 생생하게 보여줘 환경 문제의 긴급함과 해결의 중요성을 알려 줘.

🔍 **유엔 기후변화 협약 (UNFCCC)** UNFCCC는 지구온난화를 막기 위해 파리협정 같은 국제 협약을 이끌고 전 세계 국가들이 모여 기후변화 대응 전략과 실행 방안을 논의하는 유엔의 핵심 기구야.

동물들이 우리 곁에서 사라지고 있어

멸종위기동물의 이야기

'멸종'이라는 말을 들으면 공룡처럼 오래전에 사라진 생명체를 떠올리기 쉽지? 하지만 멸종은 지금도 계속되고 있어. 여섯 번째 멸종이 인간의 활동 때문에 더 빠르게 진행되고 있지. 지금 우리 생태계가 심각하게 위험에 빠졌다는 얘기야. 멸종위기로 동식물이 줄어들면 생물다양성이 감소하고 생태계 전체의 건강과 균형이 크게 망가져.

학습 키워드   #멸종위기 #생물다양성 #환경보호 #지속가능성 #생태계 #서식지파괴 #자연보호
교과 연계   중 > 환경 > 환경 문제와 쟁점

멸종위기 동물이란 자연 환경 파괴나 인간 활동으로 개체 수가 급격히 줄어 가까운 미래에 사라질 위험에 처한 종을 말해. 국제자연보전연맹(IUCN)은 전 세계 약 4만 종이 멸종위기라고 추정하고, 이 중 포유류의 26%, 조류의 14%, 파충류의 21%가 멸종위기에 놓여있어.

동물들이 왜 그렇게 빠르게 사라지는 걸까?

그 이유는 대부분 인간의 활동 때문이야.

첫 번째 원인은 서식지 파괴지. 숲을 베어내고 도시를 세우며 농지를 넓히는 과정에서 동물들의 집을 파괴하고 있어. 아마존 열대우림은 1분마다 축구장 크기만큼 사라지고 있는데, 이건 곧 그곳에 사는 수많은 생물들의 보금자리가 사라진다는 뜻이야.

↑ 산호초 백화 현상

↑ 급속도로 파괴되고 있는 아마존 열대우림

두 번째 이유는 밀렵과 불법 거래야. 코끼리 상아, 코뿔소 뿔, 호랑이 가죽과 뼈는 여전히 높은 값에 거래되고 있어. 아프리카 코끼리는 하루 약 100마리가 밀렵으로 죽고, 수마트라 코뿔소는 80마리도 남지 않았어. 이런 불법 야생동물 거래는 마약, 무기 밀매에 이어 세계 3대 국제 범죄 산업으로 불릴 만큼 규모가 크지.

세 번째는 기후변화야. 북극곰은 얼음이 녹아 먹이를 구하지 못하고 굶어 죽고 있어. 산호초는 수온 상승으로 하얗게 변하는 백화 현상이 심해지며 해양 생태계의 위기를 알리고 있지. 산호가 죽으면 산호를 터전으로 삼는 물고기와 생물들도 함께 사라지게 돼.

환경 오염도 무시할 수 없어. 매년 약 800만 톤의 플라스틱이 바다로 흘러들어가고, 그 결과 100만 마리 이상의 해양 새들이 죽어가고 있어. 바다거북은 비닐봉지를 먹이로 착각해 목숨을 잃고, 고래는 뱃속에서 플라스틱이 발견되기도 해. 농약이나 중금속 같은 오염물질도 생물의 건강에 직접적인 해를 끼치고 있어.

동물들이 사라지면 어떤 일이 벌어질까?

한 종의 멸종은 단순히 그 종만의 문제가 아니야. 생태계 안에서 모든 생물은 연결돼 있기 때문이지. 꿀벌이 사라지면 식물의 수분이 줄어 식량 위기가 오고, 상위 포식자인 호랑이나 늑대가 없어지면 초식동물이 급격히 늘어나 숲이 황폐해져. 이를 '영양 폭포trophic cascade' 현상이라고 해. 실제로 옐로스톤 국립공원에서는 늑대를 다시 도입한 후 생태계가 회복된 사례가 있어.

멸종위기 동물은 인류에게 의학적 가치를 줄 수 있어. 투구게는 백신 및 의료 기구의 안전성 검사에, 콘 달팽이는 중독성 없는 강력한 진통제 개발에 도움을 주고 있어.

세계 각국도 멸종위기 동물을 보호하기 위해 다양한 노력을 하고 있어. 1973년 '멸종위기에 처한 야생 동식물종의 국제거래에 관한 협약CITES'은 국제 거래를 규제하고 있고, 우리나라 역시 '멸종위기 야생생물 보호법'을 통해 267종을 보호 중이야. 반달가슴곰, 산양, 따오기, 두루미가 여기에 포함돼 있지. 그럼에도 북부흰코뿔소는 2018년 마지막 수컷이 죽으며 사실상 멸종됐고, 바키타vaquita라는 작은 돌고래는 이제 10마리도 남지 않았어.

그렇다면 우리가 할 수 있는 일은 무엇일까? 지속가능한 제품을 선택하고, 팜유 제품은 RSPO 인증을 확인하는 게 좋아. 육류 소비를 줄이면 온실가스를 줄이고 물을 절약할 수 있어. 하루만 채식해도 물 4,000리터를 아낄 수 있다는 연구도 있어. 또 동물원이나 수족관을 방문할 때는 동물 복지와 보전에 힘쓰는 기관을 고르고, 세계자연기금WWF나 국제자연보전연맹IUCN 같은 단체에 기부나 자원봉사로 참여하는 것도 큰 도움이 돼. 우리의 작은 실천들이 모이면 멸종을 늦추고 더 많은 종을 구할 수 있어. 멸종은 되돌릴 수 없지만 아직 늦지 않았어. 동물들의 경고는 결국 우리의 미래와도 연결된 이야기야.

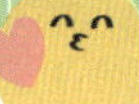

1. 다음 중 본문에서 언급된 멸종위기 동물의 주요 위협 요인이 아닌 것은 무엇일까?

① 서식지 파괴　　　② 밀렵과 불법 거래　　　③ 기후변화

④ 환경오염　　　⑤ 재생에너지 확대

2. 다음 빈칸에 알맞은 말을 써 보자.

> 꿀벌이 사라지면 식물의 ________(이)가 이루어지지 않아 식량 위기가 올 수 있다.

3. 여러분이 알고 있는 멸종위기 동물 한 종을 선택하여 그 동물이 멸종위기에 처하게 된 이유를 설명해 보자.

4. 기후변화가 북극곰과 산호초에 각각 어떤 영향을 미치는지 설명해 보자.

더 알고 싶어 119

📖 도서　▶ 영상　🔍 사이트

📖 『이게 마지막 기회일지도 몰라』 (더글러스 애덤스, 현대문학, 2024)
이 책은 더글러스 애덤스가 동물학자 마크 카워딘과 함께 전 세계를 돌아다니며 멸종위기에 처한 희귀 동물을 찾아다닌 경험을 유쾌하면서도 진지하게 담아낸 환경 논픽션 에세이야.

▶ 위기의 멸종위기종을 구하라! '지구의 친구들' 랜선 전시회 (기후에너지환경부)
이 영상은 환경부가 주최한 랜선 전시회로, 기후변화와 환경오염 등으로 서식지를 잃은 멸종위기 야생생물을 소개하고 이들이 건강한 자연에서 살 수 있도록 따뜻한 관심과 응원을 부탁하는 내용이야.

🔍 세계자연기금 (WWF) 세계자연기금(WWF)은 멸종위기종 보호, 자연서식지 보전, 불법 야생생물 거래 단속, 그리고 지속가능한 생산과 소비를 통해 사람과 자연이 조화롭게 공존하는 미래를 만들기 위해 활동하는 세계 최대 환경보전 단체야.

반려동물은 사랑하는데 고기는 먹고 싶어도 될까?

동물권과 동물복지

강아지나 고양이뿐 아니라 돼지, 소, 닭 같은 가축들, 그리고 동물원에 있는 동물들도 우리와 똑같이 고통을 느낄 수 있어. 하지만 우리는 이 동물들을 어떻게 대하고 있을까? 동물들의 고통을 충분히 생각하며 행동하고 있는지 고민해 보자.

학습 키워드 #동물권 #동물복지 #공장식축산 #동물원 #동물해방

교과 연계 중 〉 환경 〉 환경 문제와 쟁점
중 〉 도덕2 〉 사회·공동체와의 관계

반려동물은 키우고 싶으면서도 고기는 먹고 싶고, 강아지나 고양이는 가족처럼 여기면서 돼지, 소, 닭 같은 가축이나 동물원의 동물들은 무심하거나 때로는 무자비하게 대하기도 해. 왜 어떤 동물은 아끼고 보호하면서 다른 동물은 이용하고 소비하는 걸까?

'동물권'은 동물이 고통과 학대에서 자유로워야 한다는 기본적인 권리야. 자유롭게 움직이며 본능대로 살 권리, 고통받지 않고 살 권리가 여기에 포함돼. '동물복지'는 비슷한 개념인데 동물이 건강하고 행복하게 살 수 있는 환경을 만들어 주는 걸 목표로 해. 동물에게 필요한 충분한 공간, 적절한 음식, 그리고 친구들과 어울릴 기회를 주는 게 포함돼.

공장식 축산

하지만 현실의 동물들은 너무 좁은 공간에서 사육되고 있어. 닭들은 날개도 펴지 못한 채 평생을 보내지. 흙을 파고 날개를 푸드덕거리고 모래 목욕 같은 본능적인 행동을 전혀 하지 못해. 돼지들은 지능 무척

↑ 공장식으로 길러지는 닭 (그린피스)

높아 예민한데 몸조차 제대로 돌릴 수 없이 좁은 환경에 갇혀 살아. 이렇게 고통 속에서 살다가 우리 식탁에 오르는 거야.

공장식 축산으로 키우는 동물에게는 성장을 빠르게 하고 질병이 퍼지는 걸 막기 위해 항생제와 호르몬을 마구 쓰는데 그 동물을 먹은 우리 몸에도 해가 될 수 있어. 또 대규모 동물 사육은 똥오줌과 폐수를 만들어 내서 자연을 오염시키지. 동물의 권리와 복지를 무시하는 이런 공장식 축산 문제를 해결하려면 동물복지를 고려한 사육 방식을 도입하고 소비자도 동물복지 제품을 선택해 변화를 응원해야 해.

동물원의 동물들

동물들에게도 넓은 공간에서 활동하고 본능에 따라 자연스럽게 행동을 할 수 있는 환경이 필요해. 하지만 아무리 잘 만든 동물원이라도 야생을 완벽히 대체할 수는 없어. 동물원이 가진 문제들을 한 번 살펴보자.

첫째, 너무 좁은 공간이 문제야. 야생의 사자나 호랑이는 수백 킬로미터를 이동하며 사냥하지만 동물원에서는 몇 미터 안 되는 우리에 갇혀 있어. 동물들이 스트레스와 우울증을 겪을 수 있겠지?

↑ 체험동물원에 갇혀 있는 백사자 (동물권행동 카라)

둘째, 부자연스러운 환경이야. 동물들이 본능적으로 하는 행동을 하지 못하게 만들어. 가령 새들은 날아다니기를 좋아하지만 동물원에서는 제대로 날 수가 없지.

셋째, 사회적 상호작용의 부족이야. 많은 동물이 본능적으로 집단 생활을 하는데 동물원에서는 같은 종의 다른 동물들과 어울릴 기회가 부족해. 특히 사회적인 동물들에게 큰 스트레스를 줄 수 있지.

마지막으로, 관람객에게 받는 스트레스 문제도 있어. 동물원의 동물들은 매일 수많은 사람들에게 노출돼. 특히 관람객이 큰 소리를 내거나 먹이를 주는 건 상당한 스트레스야.

동물원들은 동물들의 복지를 개선하고 자연 서식지와 비슷한 환경을 만들어 주려고 애쓰고 있지만 야생을 완전히 대신할 수는 없어. 그래서 많은 사람이 동물원을 비판적으로 생각하지. 어떤 사람들은 동물원에 갇힌 동물들을 자연으로 돌려보내야 한다고 주장하고 있어.

공장식 축산과 동물원에서의 동물 대우를 보면 동물권과 동물복지가 얼마나 중요한지 알 수 있어. 우리가 할 수 있는 일은 주변 사람들에게 이 문제에 대해 알려서 인식을 바꾸는 거야. 동물권리와 복지를 지지하는 단체를 후원하거나 관련 프로그램에 참여하는 것도 큰 도움이 될 거야.

반려동물에 대한 사랑과 가축이나 동물원 동물에 대한 태도 사이의 이중적인 시선은 우리 사회의 모순을 보여줘. 모든 동물의 가치를 인정하고 모든 생명을 존중하는 태도를 가지는 건 우리 모두의 책임이야.

1. 다음 중 공장식 축산이 환경에 미치는 영향으로 옳지 않은 것은?

    ① 대규모 항생제 사용으로 인한 내성균 발생
    ② 가축 분뇨로 인한 물·토양 오염
    ③ 가축이 배출하는 메탄가스가 기후변화를 가속화
    ④ 동물의 복지 향상을 위한 넓은 사육 공간 제공
    ⑤ 호르몬 사용으로 인한 식품 안전성 우려

2. 다음 내용이 의미하는 말은?

> 동물도 고통받지 않고 자유롭게 살아갈 권리가 있다고 주장하는 개념 ___________

3. 동물의 권리와 복지를 위해 실천할 수 있는 방법 중, 여러분이 가장 의미 있다고 생각하는 하나를 선택하고, 그 이유를 구체적으로 설명해 보자.

4. 동물권과 복지를 지지하는 단체(예: 동물자유연대, 카라, 케어 등)의 웹사이트를 방문하고, 그 활동이나 정보를 보고 느낀 점을 작성해 보자.

더 알고 싶어 119

📖 도서　▷ 영상　🔍 사이트

📖 『**동물권을 묻는 십대에게**』 (전범선, 서해문집, 2023)
　가수 겸 환경운동가인 전범선이 동물권에 대해 궁금증을 가진 십대들의 눈높이에 맞춰 공장식 축산, 비건, 동물실험, 동물원 등 복잡하고 다양한 동물권 이슈를 쉽게 설명해 주는 입문서야.

▷ **동물에게는 권리라는 것이 없는 것일까 (EBSi)**
　이 영상은 도구를 사용하고 감정을 느끼는 동물들을 인간과 마찬가지로 '삶의 주체'이자 본래적 가치를 지닌 존재로 보고, 식용이나 실험 등 그 어떤 방식으로도 수단이 되어서는 안 된다고 말하고 있어.

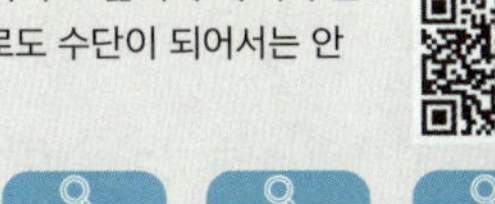

🔍 **동물자유연대** 동물의 권리 보호 활동
　동물권행동 카라 동물복지 인식 제고를 위한 교육 프로그램 운영
　동물권단체 케어 동물권 법률 개정 캠페인 활동

인간의 이익을 위해 동물을 희생시킬 수 있을까?

동물실험

1957년 소련은 세계 최초로 동물을 우주로 보내는 실험을 했어. 그 주인공은 '라이카'라는 개였지. 라이카는 '스푸트니크 2호'라는 우주선을 타고 지구 궤도를 돌았지만 안타깝게도 그 과정에서 죽고 말았지. 과학 발전을 위해 동물을 희생시키는 것이 과연 옳은 일일까?

학습 키워드 #동물권 #동물복지 #과학의윤리 #동물실험 #대안

교과 연계 중 〉 환경 〉 환경 문제와 쟁점
중 〉 도덕2 〉 사회·공동체와의 관계

동물실험에 대해 들어본 적 있지? 동물실험은 오랜 역사를 가지고 있고 과학과 의학의 발전에 큰 도움을 줬어. 예를 들어 소아마비 백신 같은 중요한 치료제와 약품들이 동물실험을 통해 개발되었어. 우리가 사용하는 화장품, 약품, 식품 등도 동물실험을 통해 안전성을 확인받았지. 하지만 이 과정에서 수많은 동물들이 고통을 겪고 희생되었어.

동물실험이 과학 발전에 중요한 역할을 한 건 맞아. 소아마비 백신은 원숭이를 이용한 실험으로 만들어졌고, 암 치료제나 심장병, 파킨슨병 같은 치료법과 약물도 동물실험 덕분에 개발되었어.

하지만 동물실험에는 윤리적 문제가 많아. 동물들도 우리처럼 고통을 느끼고 감정을 가지고 있어. 그런데도 실험실에서는 동물들이 심한 고통을 겪어야 해. 예를 들어 화장품 마스카라의 안전성 테스트를 위해

토끼의 눈에 화학물질을 발라. 이런 실험은 토끼가 얼마나 고통스러울까? 게다가 동물과 인간은 생물학적으로 차이가 있어서 동물실험 결과가 항상 인간에게 맞는 건 아니야. 동물에게 안전한 약물이 사람에게는 심각한 부작용을 일으킬 수 있거든.

다행히 동물실험을 줄일 수 있는 다양한 방법들이 개발되고 있어.

인간의 피부 세포를 실험실에서 길러 만든 인공 피부로 '체외 실험'을 해서 화장품의 안전성을 테스트할 수 있어. '컴퓨터 시뮬레이션'으로 생물학적 과정을 재현해 약물이 인체에 미치는 영향을 수학적으로 예측할 수 있어. 인공 장기를 이용한 실험 방법도 있어. 인간의 장기를 작게 재현한 '장기 칩'을 이용해 약물의 효과와 독성을 테스트해 더 정확한 결과를 얻을 수 있어. 직접 사람을 대상으로 실험하는 방법도 있어. 직접 사람을 대상으로 하는 임상시험은 매우 조심스러워야 하지만 동물실험보다 더 정확한 결과를 얻을 수 있어.

이런 방법들은 동물의 고통을 줄이고 연구 효율성을 높여 더 정확한 결과를 얻을 수 있는 좋은 대안이야. 아직 모든 동물실험을 대체하기는 어렵지만 과학자들이 계속해서 새로운 대안을 연구하고 있으니 기대해 보자.

우리도 동물실험을 줄이기 위해 할 수 있는 일들이 있어. 먼저 동물실험을 하지 않은 제품을 사는 거야. 화장품 회사들은 동물실험을 하지 않았다는 '크루얼티 프리Cruelty-free' 제품을 만들고 있어. 크루얼티 프리는 잔인

↑ '크루얼티 프리'의 다양한 인증마크

함이 없다는 뜻이야.

또 동물권 단체를 후원하거나 봉사활동에 참여하는 것도 좋은 방법이야. 이런 단체들은 동물실험의 문제점을 알리고 대안을 찾는 연구를 지원해. 주변 사람들에게 동물실험의 문제점과 대안을 알려줄 수 있어. 학교에서 발표를 할 때나 SNS에서 이 주제를 이야기하는 것도 좋아.

동물들도 우리처럼 고통을 느끼고 행복하게 살고 싶어해. 과학의 발전과 동물의 권리 사이에서 균형을 찾는 건 쉽지 않지만, 앞으로의 과학 발전은 동물의 희생을 최소화하면서도 인류에게 도움이 되는 방향으로 나아가야 해. 많은 사람들이 이 문제를 알고 실천하면 큰 변화를 만들어 낼 수 있을 거야.

1. 다음 중 동물실험의 문제점으로 옳지 않은 것은?

① 동물에게 고통을 주어 윤리적 문제가 발생한다.

② 동물과 인간의 생물학적 차이로 인해 실험 결과가 사람에게 항상 적용되지 않는다.

③ 동물실험은 다양한 대체 방법으로 완전히 대체되어 있어 동물 희생이 전혀 없다.

④ 동물실험에는 높은 비용과 오랜 시간이 소요된다.

⑤ 동물의 고통이 과소평가되어 실제 고통 수준을 알기 어렵다.

2. 다음 빈칸에 알맞은 말을 써 보자.

> 동물실험을 하지 않은 화장품이나 제품을 ____________ 제품이라고 부른다.

3. 동물실험의 장단점을 표로 정리해 보자.

4. 위에 정리한 표를 보고 나의 의견을 써 보자.

더 알고 싶어 119

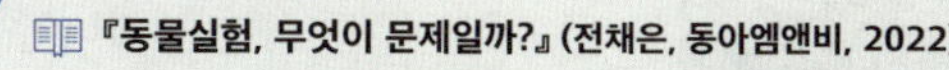
📑 도서　▷ 영상　🔍 사이트

📖 『**동물실험, 무엇이 문제일까?**』 (전채은, 동아엠앤비, 2022)
십대 독자들이 동물실험을 둘러싼 복잡한 윤리적, 과학적, 법적 쟁점을 다각도로 살펴보고, 동물실험을 대체할 수 있는 대안 기술과 미래의 모습을 탐구하며 주체적으로 이 문제에 대해 고민해 볼 수 있도록 돕는 청소년 교양서야.

▷ **동물실험 (EBS 지식채널e)**
동물실험의 역사와 필수적 역할, 하지만 동물 고통과 윤리적 문제, 그리고 대체 실험법 개발 필요성을 핵심적으로 다루면서 균형 있게 보여주는 프로그램이야.

🔍 **한국실험동물협회** 동물실험의 과학적이고 윤리적인 운영을 돕고, 실험동물 복지 향상을 위해 교육과 검사, 법적 절차 지원 등을 수행하는 국내 대표 단체야.

멸종위기 동물들의 든든한 수호자
야생동물 보호관

멸종위기로 위험한 상황인 반달가슴곰을 지키기 위해 산속을 누비고, 북극곰이 살아남을 수 있게 기후변화를 연구하고, 밀렵꾼한테 코끼리를 지키려고 사바나를 순찰하는 직업이 있다면 어떨까? 야생동물 보호관은 동물을 사랑하는 것을 넘어서 자연의 균형을 지키고 생태계의 다양성을 지켜주는 현대의 멋진 영웅이야.

야생동물 보호관은 어떤 일을 할까?

야생동물 보호관은 멸종될 위험에 처한 동물들과 그 동물들이 사는 곳을 지키고 연구하는 사람이야. 이들은 국립공원이나 야생동물 보호구역, 자연 보전 지역에서 일하면서 동물들이 건강하게 잘 살고 있는지 개체 수를 모니터링하고, 서식지를 관리하며 위험한 상황으로 부터 동물들을 보호해.

야생동물 보호관의 하루는 어떨까? 거의 매일이 모험이야. 아침에는 멸종위기 동물이 얼마나 있는지 확인하려고 정글이나 산을 탐사하고, 오후에는 다친 동물을 구조하거나 치료하기도 해. 때로는 밀렵꾼들이 설치한 덫을 없애러 위험한 곳에 들어가거나, 서식지가 파괴되는 것을 막으려고 현장에서 텐트를 치고 머물기도 하지.

영화 〈정글북〉에 나오는 모글리의 수호자 바기라처럼 야생동물 보호관은 동물들의 수호자 역할을 해. 하지만 실제 야생동물 보호관은 단순히 동물을 지키는 일만 하는 건 아니야. 과학자이기도 해서 동물의 행동과 생태를 연구하고, 동물의 크기와 건강 상태를 확인하며, 멸종을 막기 위한 계획도 세워.

↑ 영화 〈더 로스트 필름 오브 다이앤 포시〉 중 고릴라와 같은 포즈를 취하는 다이앤 포시

예를 들면 제주도에 있는 야생동물 보호관들은 천연기념물인 제주 흑돼지의 생태를 연구하고 개체 수를 관리해. 지리산의 야생동물 보호관들은 반달가슴곰 복원 프로젝트를 진행하는데 곰의 목에 GPS 목걸이를 달아서 곰이 어디에서 먹이를 먹고 쉬는지 어떤 위험에 노출되어 있는지 조사하고 있어.

야생동물 보호관들은 첨단 기술도 많이 써. 드론으로 넓은 지역을 살펴보거나, 적외선 카메라로 밤에 활동하는 동물들의 모습을 찍고, DNA를 분석해서 동물들이 유전적으로 얼마나 다양한지 연구하기도 해. 특히 최근에는 '생물음향학'이라는 새로운 분야가 주목받고 있어. 숲에 녹음기를 설치해서 동물들의 소리를 모으고, 그 소리를 분석해서 어떤 동물이 얼마나 살고 있는지 알아보는 방법이야. 예를 들어 열대우림에서 원숭이 울음소리가 자주 들리면 그 지역 원숭이가 몇 마리나 되는지 추정할 수 있지.

야생동물 보호관들은 지역 주민들과도 잘 지내야 해. 왜냐하면 지역 주민들의 도움 없이는 동물들을 제대로 지키기 어렵거든. 인도네시아 보르네오 섬에 있는 야생동물 보호관들은 마을 주민들과 함께 오랑우탄을 보호해. 주민들에게 지속가능한 농사 방법을 알려 주고, 자연 보전의 중요성을 교육해서 생태관광 가이드로 일할 기회를 만들어 주기도 해.

야생동물 보호관이 되려면 어떤 준비가 필요할까?

야생동물 보호관이 되려면 무엇보다 동물과 자연을 사랑하는 마음이 중요해. 동물을 이해할 수 있게 생물학, 생태학, 야생동물 관리학 같은 공부가 큰 도움이 돼. 체력도 중요해. 험한 산을 오래 걸어야 하고 때로는 극한 날씨에도 밖에서 일해야 하거든. 그리고 오랫동안 조용히 기다리는 인내심과 관찰력도 필요해. 야생동물을 관찰하려면 몇 시간씩 가만히 숨어 있어야 때도 있으니까.

이렇게 힘든 일이 많지만 야생동물 보호관은 보람도 커. 보호관이 되어 지킨 동물이 늘어나고 다친 동물이 건강을 되찾아 다시 야생으로 돌아가는 모습을 보면 정말 기뻐.

세계 곳곳에서 활동하는 영웅들

야생동물 보호관은 한국뿐 아니라 전 세계에서 활동해. 우리나라에서는 국립공원관리공단, 야생동물구조센터, 생태보전연구소 같은 곳에서 일하고, 해외에서는 세계자연기금WWF, 국제자연보전연맹IUCN 같은 국제 기구에서 활동할 수 있어.

고릴라를 연구하고 지킨 '다이앤 포시'는 아주 유명한 보호관이야. 그녀는 아프리카 산속에서 20년 동안 고릴라를 연구했고, 그 이야기는 '안개 속의 고릴라'라는 영화로도 나왔어. 우리나라에도 지리산 반달가슴곰 복원 프로젝트를 이끈 박종길 박사 같은 멋진 야생동물 보호관들이 있어.

요즘은 기후위기와 서식지 파괴 때문에 멸종위기의 동물들이 늘어나고 있어서 야생동물 보호관의 역할이 더 중요해지고 있어. 유엔환경계획UNEP에 따르면 지금 전 세계에서 약 100만 종의 동식물이 멸종될 위험에 처해 있대. 이런 상황에서 야생동물 보호관은 생물다양성을 지키는 '자연의 소방관' 같은 직업이라고 할 수 있지.

야생동물 보호관이 되고 싶다면 지금부터 준비할 수 있어. 자연사 박물관이나 동물원에서 하는 교육 프로그램에 참여하거나 야생동물 관찰 동아리 활동을 해 보는 것도 좋아. 주말에 국립공원이나 생태공원을 다녀오면서 자연 관찰 일지를 써 보는 것도 도움이 될 거야.

대학에서는 생물학, 생태학, 수의학, 환경과학 같은 전공을 추천해. 또 국립공원이나 야생동물 보호 단체에서 인턴 활동, 자원봉사 활동을 해보면 실제 현장 경험과 인맥도 쌓을 수 있어.

야생동물 보호관은 단순한 직업이 아니야. 지구의 다양한 생명들을 지키는 사명이고 다음 세대에게 자연의 아름다움을 물려주는 중요한 역할이야. 어쩌면 그분들의 헌신적인 노력 덕분에 멸종위기에 놓인 어떤 동물이 살아남을 수도 있어. 동물과 자연을 사랑하고 모험과 도전을 좋아하는 여러분이라면 야생동물 보호관은 꿈의 직업이 될 수 있을 거야.

4부
기후위기,
지구가 아프다는
신호야
기후위기와 기후행동

기후위기?
지구온난화랑 뭐가 달라?

지구온난화 VS 기후변화 VS 기후위기

날씨가 이상하게 변하고 있다는 얘기 들어본 적 있어? 어떤 사람들은 지구온난화가
빨라지고 있다고 하고, 또 어떤 사람들은 기후변화가 심각하다고 해.
그렇다면 지구온난화, 기후변화, 기후위기는 같은 말일까? 비슷해 보이지만 사실은
조금씩 다른 뜻이야. 오늘은 이 세 가지가 무슨 뜻인지, 왜 중요한지 알아보자.

학습 키워드　#지구온난화　#기후변화　#기후위기　#온실가스　#온실효과　#이산화탄소

교과 연계　중 > 환경 > 기후위기와 기후 행동　　　　중 > 과학2 > 재해, 재난과 안전
　　　　　　　중 > 사회2 > 사회변동과 사회문제

지구온난화는 지구의 평균 온도가 점점 올라가는 걸 말해. 주로 사람들이 활동하면서 내뿜는 온실가스 때문인데, 산화탄소^{CO_2}, 메탄^{CH_4}, 아산화질소^{N_2O} 등이 있지. 이 가스들이 대기에 남아서 지구의 열을 가두거든. 쉽게 말하면 지구온난화는 우리가 에너지를 쓰고 생활하는 방식 때문에 지구가 점점 뜨거워지고 있다는 뜻이야. 특히 산업혁명 이후 화석연료 사용이 엄청 늘면서 이산화탄소 농도가 많이 증가했어. 1750년쯤에는 이산화탄소 농도가 약 280ppm이었는데, 2023년에는 420ppm을 넘었대. 이건 지난 80만 년 동안 가장 높은 수치야. 이것 때문에 지구의 평균 기온이 산업화 시대 이전보다 약 1.1°C 올랐어.

기후변화는 지구온난화보다 더 넓은 개념이야. 지구온난화가 단순히 지구의 기온이 올라가는 걸 말한다면 기후변화는 기온뿐만 아니라 비 오

는 양, 바람 방향, 해수면 높이 같은 여러 가지 기후 요소들이 변하는 걸 뜻해. 그래서 지구온난화는 기후변화의 중요한 원인 중 하나라고 볼 수 있어. 기후변화로 우리가 전에 경험하지 못한 이상한 현상들이 많이 생기고 있어. 북극의 얼음이 녹아서 북극곰의 서식지가 줄어들고, 해수면이 올라가 태평양에 있는 작은 섬나라들이 물에 잠길 위험에 처했어. 또 세계 곳곳에서 폭염이나 산불 같은 극단적인 날씨들이 늘 있지. 2023년 여름, 유럽과 북미에서는 기록적인 폭염이 있었고 그리스에서는 큰 산불이 나서 사람들이 많이 대피했어.

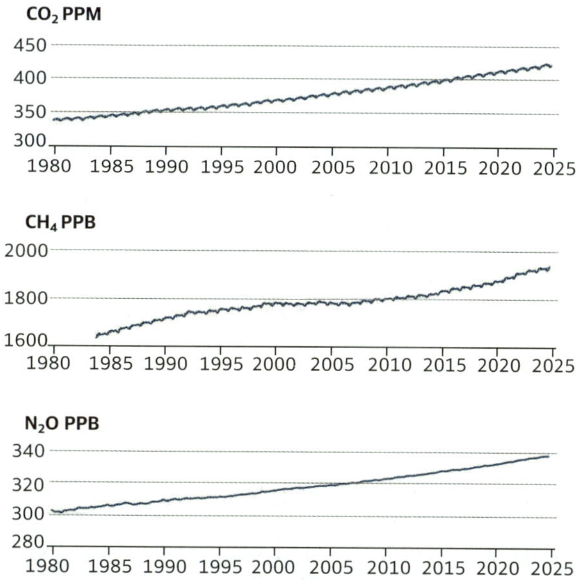

대기 중 온실가스(이산화탄소, 메탄, 이산화질소) 농도 변화 (NOAA 지구시스템연구실)

마지막으로 기후위기는 기후변화가 매우 심각해져서 이제 바로 행동하지 않으면 큰일 나는 상황을 말해. 기후변화가 점점 더 빨라지고 강해지면서 단순히 변화가 아니라 위기 상황이라는 걸 강조하려고 쓰는 단어이야. 기후위기는 지구온난화와 기후변화로 자연재해, 식량 부족, 생물 멸종 같은 문제들이 심각해지면서 사용되었어. 유엔 정부 간 기후변화 위원회IPCC는 2018년 보고서에서 지구 평균 기온 상승을 1.5°C 이내로 막아야 한다고 경고했는데, 이걸 넘으면 돌이킬 수 없는 피해가 생긴대. 이런 위기 상황을 강조하기 위해 '기후위기'라는 말을 더 자주 쓰고 있는 거야.

이 세 단어를 시간 순서로 보면 더 이해가 쉬워. 제일 처음에는 '지구온난화'라는 단어가 나왔어. 기온이 올라가는 현상 자체를 말하는 거지. 그 다음엔 '기후변화'라는 단어가 등장했는데 이건 기온 상승뿐만 아니라 다양한 환경 변화를 다 포함하는 말이야. 그리고 최근에는 '기후위기'라는 단어가 많이 쓰이는데, 이건 우리가 예상한 것 보다 기후변화의 속도와 영향이 훨씬 심각하고 긴급하기 때문이야.

또 개념의 범위도 달라. 지구온난화는 주로 온도가 올라가는 것에 초점을 맞췄고, 기후변화는 기온뿐만 아니라 여러 기후 요소의 변화를 포함해. 기후위기는 이런 변화들이 인간과 생태계에 미치는 심각한 영향까지 포함하는 가장 넓은 개념이야.

이 세 단어를 이해하면 우리가 점점 더 심각한 환경 문제를 겪고 있다는 걸 알 수 있어. 최근 뉴스에서 기후위기라는 표현이 자주 나오는 것도 심각하다는 또다른 표현이지. 그렇지만 희망도 있어. 세계가 함께 기후위기에 맞서고 있어. 2015년에는 파리기후협정이 체결되면서 많은 나라가 기후변화에 대응하기로 약속했고, 많은 나라가 2050년까지 탄소중립을 이루겠다고 선언했어. 재생에너지 사용도 점점 늘고 있어. 우리 개인들도 기후위기 대응에 함께할 수 있어. 에너지를 아끼고 재활용을 실천하고 친환경 제품을 선택하는 작은 실천들이 모이면 큰 변화를 만들 수 있거든. 또 기후위기에 대해 더 많이 배우고 친구나 주변 사람들과 이야기를 나누는 것도 중요한 일이야.

지구온난화, 기후변화, 기후위기는 우리가 꼭 해결해야 할 문제야. 이 세 가지를 제대로 이해하고 지금 우리의 상황을 아는 게 첫걸음이야.

1. 지구온난화, 기후변화, 기후위기의 차이점을 자신의 말로 한 문장으로 표현해 보자.

지구온난화:

기후변화:

기후위기:

2 다음 중 '기후변화'의 정의로 옳은 것은?

① 지구 평균 기온이 올라가는 현상

② 강수량, 바람 방향, 해수면 높이 등 다양한 기후 요소의 변화를 모두 포함하는 개념

③ 기후변화가 심각해져 위기 상황을 강조하는 표현

④ 산업혁명 이전과 이후의 온실가스 농도를 비교하는 지표

⑤ 기후변화 대응을 위해 맺은 국제 협약

3 기후변화가 매우 심각해져 지금 당장 행동하지 않으면 돌이킬 수 없는 위기 상황을 강조하는 용어는?

4. 만약 여러분이 기후위기 해결을 위한 청소년 대표라면, 세계 지도자들에게 전하고 싶은 메시지를 상상하며 편지를 작성해 보자.

더 알고 싶어 119

📖 도서 ▶ 영상 🔍 사이트

📖 『기후위기인간』 (구희, 알에이치코리아, 2023)
구희 작가가 일상 속에서 기후위기를 체감하며 환경 문제의 심각성을 객관적 데이터와 귀여운 웹툰으로 친근하게 풀어내고, 개인과 사회가 함께 실천해야 할 지속가능한 삶의 방식을 고민하게 하는 책이야.

▶ 기후위기가 불러온 우울증 (EBS 지식채널)
급격한 기후변화로 인해 미래에 대한 만성적인 불안과 무력감을 느끼는 '기후 우울증 (Climate Depression)'을 소개하고 특히 MZ세대가 겪는 정신적 고통과 출산 파업과 같은 사회적 현상을 다루며 기후위기 대응의 시급성을 강조하는 영상이야.

🔍 기상청 기후정보포털 기후변화 감시 정보, 국가 기후변화 표준 시나리오, 기후변화 예측 및 영향 정보, 그리고 기후 분석·예측 자료 등을 통합적으로 제공하여 기후위기에 대한 이해를 높이고 정책 결정과 연구에 활용하도록 돕는 대한민국 공식 웹사이트야.

날씨가 요즘 이상한 이유, 지구가 보내는 신호야

기후변화의 영향

요즘은 한여름에 갑자기 우박이 떨어지거나 겨울인데도 꽃이 피고 갑작스럽게 폭우가 내리고 이상할 때가 많아. 오늘은 이 '기후변화'라는 거대한 문제가 우리 일상을 어떻게 바꾸고 있는지, 그리고 왜 이게 모두의 문제인지 알아보자.

학습 키워드   #기후변화 #지구온난화 #이상기후 #생태계변화 #해수면상승 #식량위기 #건강위협

교과 연계   중 〉 환경 〉 기후위기와 기후 행동   중 〉 과학2 〉 재해, 재난과 안전
중 〉 사회2 〉 사회변동과 사회문제

기후변화는 단순히 날씨가 조금 더워지거나 추워지는 문제가 아니야. 지구 전체의 기후 시스템이 바뀌면서 일상에 영향을 주고 있어.

가장 쉽게 느낄 수 있는 게 온도가 계속 올라가고 있는 거야. 여름은 더 덥고 길어지고 겨울은 점점 짧아져. 2023년 여름엔 유럽과 북미에서는 역사상 가장 뜨거운 날이 기록됐어. 이런 심한 더위는 그냥 불편한 걸 넘어서 목숨이 위험할 수 있어. 특히 어린이, 노인, 몸이 약한 사람들에게는 더 위험하지.

기온이 오르면 생기는 문제들

기온이 오르면 또 다른 문제이 생겨. 바로 빙하가 녹는 거야. 북극과 남극의 빙하가 녹으면 바닷물의 높이가 올라가는데 그러면 낮은 지

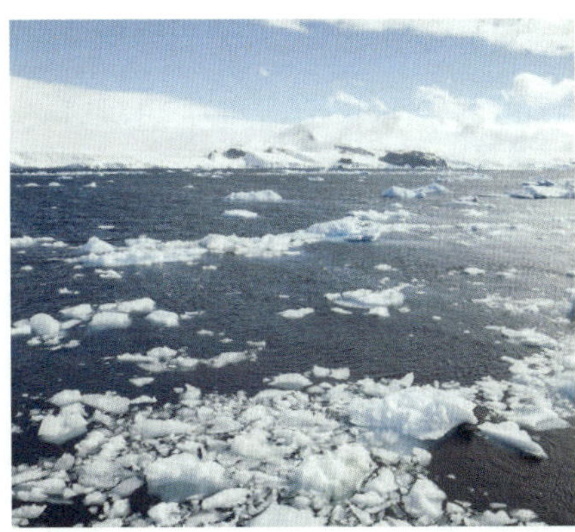
남극 빙하가 빠른 속도로 녹고 있다. (그린피스)

2025년 1월 9일, 캘리포니아 소방대원들이 산불 진화 작업을 하고 있다. (그린피스)

대에 살고 있는 사람들은 집이 물에 잠겨서 살기가 어려워. 태평양의 작은 섬나라 투발루는 벌써 국토의 많은 부분이 바다에 잠길 위기에 처했대. 어쩌면 투발루 사람들은 기후 난민이 되어 다른 나라로 가서 살아야 할지도 몰라.

기후변화는 북극곰만 먹을 게 없어지는 게 아니야. 우리가 먹는 음식에도 영향을 줘. 농작물은 날씨에 민감한데 더위나 가뭄, 홍수가 심해지면서 생산량이 줄어들고 있어. 생산량이 줄어들면 가격이 비싸지겠지. 2023년엔 인도에서 가뭄으로 쌀 생산량이 줄어서 세계의 쌀 가격이 크게 올랐어. 자연재해도 점점 더 자주 더 강하게 일어나고 있어. 태풍, 허리케인, 산불 같은 재해가 더 많아질 거야. 2023년 미국 캘리포니아에서는 큰 산불 때문에 수천 명이 대피해야 했어. 이런 재해는 사람들의 생명뿐만 아니라 집이나 일자리까지 위협해.

생태계도 위험에 처했어. 많은 동식물들이 기후변화로 서식지를 잃었어. 멧돼지도 숲이 없어져 집도 없고 먹을 것도 없어져 할 수 없이 사람들이 사는 도시에 나타나는 거야. 북극곰은 빙하가 녹아 사냥할 곳이 없어져 사람들이 사는 동네로 와서 쓰레기통을 뒤졌대. 물고기들의 아지트인 산호초는 바다 온도 상승으로 죽어가고 있어. 생태계가 변하면 결국 사람들의 생활도 영향을 받게 돼.

건강 문제도 심각해질 수 있어. 너무 더운 날씨에 열사병이 생기고, 공기가 더러워져서 숨쉬기 힘든 사람도 많아졌어. 기후변화로 새로운 감염병들이 생길 가능성도 높아지고 있대. 세계보건기구**WHO**는 기후변화가 21세기 가장 큰 건강 위협이 될 거라고 경고했어.

경제적으로도 피해가 크겠지. 자연재해로 직접적인 피해를 보기도 하고, 농업이나 관광업으로 시작해 거미줄 같이 얽인 여러 산업들이 타격을 받을 거야. 세계은행은 기후변화 때문에 2050년까지 전 세계 나라별 GDP가 연간 평균 18%가 줄어든다고 예측했어.

지구가 보내는 경고는 무섭지만 우리에게는 함께 해결할 수 있는 방법들이 있어. 전세계 사람들이 새로운 아이디어로 기후변화에 맞서고 있으니까. 어떤 나라들은 석탄이나 석유 대신 바람과 햇빛으로 전기를 만들어서 더 이상 오염물질을 만들어 내지 않는대. '스마트 농업'이라고 해서 식물을 적은 물과 에너지로 키워 농작물을 수확하기도 해. 이런 기술 덕분에 농작물 생산도 늘이고 환경도 보호할 수 있어.

우리도 탄소를 많이 만들어 내는 고기를 먹는 대신 채식을 즐기고 자가용 대신 버스나 지하철을 타면 탄소발자국을 줄일 수 있어. 친구들과 만났을 때 기후위기에 대한 대화도 하고 일회용 컵 대신에 텀블러를 쓰면 실천하는 모습에 친구가 멋지다고 생각할 수도 있어.

기후변화는 우리 모두의 문제이고 책임이야. 지구는 우리의 유일한 집이고 이 집의 주인이 되어 깨끗한 집을 만들자.

1. 다음 중 이 글에서 언급된 기후변화의 영향이 아닌 것은?

   ① 극심한 폭염으로 열사병 환자 증가　　② 빙하가 녹아 해수면 상승
   ③ 농작물 생산량 증가로 식량 가격 하락　④ 산불 발생 빈도와 규모 증가
   ⑤ 산호초 백화로 해양 생물 서식지 파괴

2. 다음 빈칸에 알맞은 말을 써 보자.

   > 자가용 대신 대중교통을 이용하거나 식단에서 육류 소비를 줄여
   > ___________(을)를 줄이면 기후변화 대응에 도움이 된다.

3. 기후변화로 나타나는 여러 영향 중, 여러분이 가장 심각하다고 생각하는 한 가지를 선택하고, 그 이유를 구체적으로 설명해 보자.

4. 지구온난화로 해수면이 상승하면서 국토 일부가 물에 잠길 위험이 있는 아시아의 방글라데시를 조사하고, 그곳 사람들이 해수면 상승으로 인해 현재 일상생활에서 겪고 있는 어려움을 생각하여 적어 보자.

더 알고 싶어 119
📖 도서　▶ 영상　🔍 사이트

📖 『**기후변화 쫌 아는 10대**』 (이지유, 풀빛, 2020) 기후변화 감시 정보, 국가 기후변화 표준 시나리오, 기후변화 예측 및 영향 정보, 그리고 기후 분석·예측 자료 등을 통합적으로 제공하여 기후위기에 대한 이해를 높이고 정책 결정과 연구에 활용하도록 돕는 대한민국 공식 웹사이트야.

▶ **대체 이런 일이 왜? 지구 곳곳 '이상 현상'** (YTN 사이언스)
기후변화로 인한 지구 평균 기온 상승과 해양 온도 증가가 해수면 상승, 자연재해, 생물다양성 감소 등 심각한 위기를 초래하며 특히 한반도에서도 잦은 폭염과 집중호우, 이상기후가 빈발해 인류 생존을 위협하는 상황을 경고하고 있어. 

🔍 **청소년기후행동** 청소년기후행동(청기행)은 기후위기의 위험을 줄이고, 모두가 안전한 삶을 누릴 수 있게 사회 구조와 공공성을 바꾸기 위해 행동하는 청소년 중심의 기후운동 단체야. 기후결석시위, 헌법소원, 교육 프로그램 등 다양한 활동을 하며, 청소년과 시민이 함께 기후위기에 대응하도록 이끌고 있어. 

내 탄소발자국, 얼마나 클까?

탄소발자국 이야기

'탄소발자국'은 우리가 일상에서 하는 행동들이 환경에 끼치는 영향을 나타내는 말이야.
진짜 발자국처럼 우리 눈에 보이지는 않지만 지구에는 큰 영향을 넘겨.
오늘은 탄소발자국에 대해서 알아 보고, 우리가 어떻게 줄일 수 있는지 생각해 보자.

학습 키워드 #탄소발자국 #온실가스 #지속가능성 #에너지절약 #저탄소생활 #생태발자국 #탄소중립 #재생에너지

교과 연계 중 > 환경 > 기후위기와 기후 행동

탄소발자국이 뭔지 자세히 알고 싶어? 탄소발자국은 쉽게 말하면 우리가 일상에서 사용하는 물건들과 행동이 환경에 미치는 영향을 숫자로 나타낸 거야. 물건의 원료를 채취하고 만들고 사용하고 버려지는 과정을 포함해. 이 숫자는 보통 이산화탄소CO_2의 배출량을 기준으로 계산되고 kg 단위로 표시해. 또 우리가 심어야 하는 나무의 수로도 환산할 수 있어. 친숙하게 하려고 '발자국'이라고 표현한 거야.

이 개념은 1996년 캐나다의 웨케네이겔과 리스의 책 『Our Ecological Footprint』에서 처음 쓰였고 2006년 영국 의회 과학기술처^{POST}에서 공식적으로 도입하면서 전 세계에 알려졌어.

탄소발자국은 왜 중요할까? 탄소발자국은 지구온난화에 우리의 행동이 얼마나 영향을 미치는지 보여주는 객관적인 지표야. 탄소발자국이

크다는 건 우리가 환경에 더 큰 부담을 주고 있다는 뜻이니까 얼만큼인지 알면 줄여 볼 수도 있겠지? 예를 들어 우리집에서 매달 350kWh(킬로와트)의 전기를 사용한다면 1년 동안 약 163.2kg의 이산화탄소가 배출돼. 이 정도면 30년 된 소나무 약 24.7그루가 1년

↑ 환경부 탄소발자국 인증 마크 (한국환경산업기술원)

동안 흡수해야 하는 양이래. 생각보다 탄소발자국이 엄청 크지?

탄소발자국은 어떻게 계산하냐고? 우리가 사용하는 전기, 교통수단, 음식, 쓰레기 등 일상 활동의 데이터를 모아서 각 활동이 배출하는 이산화탄소를 계산해. 이렇게 나오는 모든 활동의 수치를 다 합치면 나오는 숫자가 바로 우리의 총 탄소발자국이야.

탄소발자국을 줄이는 방법

최근에는 탄소발자국 인식이 높아져서 많은 분야에서 탄소발자국을 표시해. 매사추세츠대학교 애머스트캠퍼스UMass는 미국 최초로 교내 식당 메뉴에 탄소발자국을 표시했어. 학생들이 환경에 친화적인 메뉴를 선택하기 쉽게 도와주는 거야. 메뉴판에 탄소발자국을 써 주면 사람들은 환경에 덜 해로운 메뉴를 선택한다는 연구 결과도 있대.

또 탄소배출권 거래제ETS, Emissions Trading System라는 제도도 있어. 이건 온실가스를 배출할 수 있는 권리를 사고파는 시장이야. 1997년 교토 의정서에서 처음 도입했는데 기업들이 탄소 배출을 줄이고 저탄소 기술을 개발하도록 유도하는 역할을 해.

일상에서 탄소발자국을 줄이는 방법은 생각보다 다양하고 실천하기 쉬워. 먼저, 에너지 절약이야. 밝지만 에너지를 덜 소모하는 LED 전구를 사용하고 안 쓰는 전자기기의 전원 코드를 뽑는 습관도 큰 도움이 돼. 이동할 때도 탄소발자국을 줄일 수 있어. 혼자 자동차를 타는 것보다 여럿이 이동하는 버스나 지하철 같은 대중교통을 타거나 자전거를 이용하고 가까우면 걷는 것도 좋아.

식습관을 바꾸는 것도 좋아. 일주일에 하루 정도 채식을 해 보자고 가족에게 제안해 보는 건 어떨까? 고기가 밥상에 오르기까지 많은 탄소발자국이 배출되기 때문에 하루 채식도 환경에 큰 도움이 되거든. 지역에서 생산된 제철 식재료를 선택하면 먼 거리에서 가져오느라 생기는 탄소 배출, 즉 푸드 마일리지를 줄일 수 있어.

재활용과 업사이클링도 잊지마. 물건을 재활용하거나 아이디어를 내 새로운 용도로 활용하면 쓰레기는 줄이고 자원을 절약할 수 있어.

2023년에 전 세계 탄소배출량이 사상 최고였다는 최근 뉴스를 보면 우리 행동이 더 적극적이어야 한다는 생각이 들어. 다행히 많은 기업들이 100% 재생에너지를 쓰겠다는 RE100 캠페인에 참여하면서 기업 차원의 탄소발자국 감소에도 희망이 보여. 우리나라도 노력 중이야. 서울시가 '2050 탄소중립'을 목표로 세우고, 대중교통을 더 많이 이용할 수 있게 하며 친환경 건축물을 지원하는 정책을 추진하고 있어.

탄소발자국을 줄이는 건 개인의 책임이면서 지구 전체의 숙제야. 우리가 지구에 남기는 흔적은 생각보다 무거울 수 있지만, 모두의 작은 노력이 모이면 큰 희망을 만들어 낼 수 있을 거야.

1. 다음 중 탄소발자국 계산에 포함되지 않는 것은?

　① 가정에서 사용하는 전기 사용량

　② 자동차나 대중교통 이용 시 발생하는 배출량

　③ 음식의 생산, 운송, 폐기 과정에서 발생하는 배출량

　④ 쓰레기 처리 및 재활용 과정에서 발생하는 배출량

　⑤ 개인의 키와 체중 변화

2. 다음 빈칸에 들어갈 말은?

> 온실가스를 배출할 수 있는 권리를 사고파는 시장을 ＿＿＿＿＿＿＿＿(이)라고 한다. 이는 기업들이 탄소 배출을 줄이도록 경제적으로 유도하고 저탄소 기술 개발을 장려하는 역할을 하고 있어.

3. 일상에서 실천할 수 있는 탄소발자국 줄이기 방법 두 가지를 찾아 보고 각 방법이 환경에 어떤 도움을 주는지 설명해 보자.

4. 만약 여러분이 탄소발자국을 줄이기 위한 캠페인을 만든다면 사람들의 관심을 끌기 위해 어떤 창의적인 방법을 사용할지 설명해 보자.

더 알고 싶어 119

📖 도서　▶ 영상　🔍 사이트

📖 『오늘 먹은 바나나의 탄소발자국은?』 (쾬케 칼젠, 책읽는곰, 2024)

탄소발자국(Carbon Footprint) 개념을 중심으로, 우리가 일상에서 소비하는 음식, 제품, 이동 수단들이 지구온난화에 미치는 영향을 구체적인 숫자를 들어 설명하며 기후위기 시대의 현명한 소비를 고민하게 하는 환경 교양서야.

▶ [지구툰05] 밥상으로 미래를 바꾸는 상상 (옥이샘)

우리가 먹는 음식이 내는 온실가스 양인 탄소발자국을 통해 어떻게 기후위기에 대응할 수 있는지 쉽고 재미있게 알려 주는 영상이야. 특히 고기보다 채소나 과일이 탄소발자국이 작고, 가까운 곳에서 나는 제철 식품을 먹는 로컬 푸드 실천이 중요하다는 점을 강조하고 있어. 이렇게 밥상을 바꾸는 작은 행동이 지구를 살리는 큰 변화를 만든다는 메시지를 담고 있어.

🔍 탄소발자국 계산기 한국기후환경네트워크에서 제공하는 이 탄소발자국 계산기는 우리가 일상생활에서 사용하는 전기, 가스, 수도, 교통 등의 정보를 입력하면 개인 또는 가정에서 배출하는 연간 이산화탄소량을 수치로 알려 주고, 탄소 감축 목표를 세울 수 있게 돕는 공식 온라인 도구야.

스마트폰이
지구를 아프게 한다고?

디지털 탄소발자국

침대에 누워 유튜브 보는 게 환경을 파괴할 수 있을까? 놀랍지만 사실이야.
우리가 매일 들고 다니는 스마트폰은 지구에 '디지털 탄소발자국'이라는
보이지 않는 흔적을 남기고 있어. 어떻게 그런 일이 생길까?

학습 키워드 #디지털탄소발자국 #스마트환경지킴이 #지구온난화 #데이터센터 #친환경IT #그린테크
#디지털다이어트

교과 연계 중 〉 환경 〉 기후위기와 기후 행동

디지털 탄소발자국이란 디지털 기기를 사용할 때 발생하는 이산화탄소의 양을 말해. 전화 통화, 문자 메시지, SNS 스크롤, 게임, 동영상 시청, 심지어 충전까지 우리의 모든 디지털 활동은 작지만 분명한 탄소발자국을 남기고 있어. 예를 들어 우리가 이메일 하나를 보낼 때마다 약 4g의 이산화탄소가 배출되고, 스마트폰으로 HD 품질의 동영상을 10분을 볼 때 약 0.2g의 이산화탄소가 발생한대. 넷플릭스에서 HD 품질로 영화 한 편을 시청하면 약 1.6kg의 이산화탄소가 배출된다는 거지. 1시간 동안 자동차를 운전할 때 배출되는 양과 비슷해.

"잠깐, 근데 스마트폰 보는 게 어떻게 탄소를 배출해?" 궁금한 친구들도 있을 거야. 그 비밀은 바로 '데이터센터'에 있어. 데이터센터는 엄청 큰 컴퓨터 창고라고 생각하면 돼. 우리가 보는 유튜브 영상, 인스타그램

↑ 구글의 하미나 데이터센터 (구글 데이터센터)

↑ 강원도 춘천에 건립된 네이버의 데이터센터
(네이버 레터)

사진, 카톡 메시지가 모두 데이터센터에 저장되어 있어. 이 많은 데이터를 저장하고 주고 받으려면 많은 전기가 필요해. 게다가 이 컴퓨터들이 24시간 내내 돌아가면서 열이 많이 나기 때문에 이걸 식히기 위해 냉각 시스템에도 많은 전기가 들어가. 다행인 건 많은 IT 기업들이 이 문제를 해결하려고 노력하고 있어. 페이스북은 아일랜드 클로니**Clonee**에 100% 풍력 발전으로 운영되는 친환경 데이터센터를 구축하고 있어. 핀란드 하미나**Hamina**에 위치한 구글의 데이터센터 역시 지역의 풍부한 바닷물을 냉각 시스템에 활용하고 있어.

우리나라의 네이버도 2013년 강원도 춘천에 '각'이라는 데이터센터를 지었는데, 춘천의 낮은 평균기온과 차가운 바람을 활용해 자연 냉각 시스템을 갖추고 있어. 이런 설계 덕분에 에너지 효율을 극대화하면서 환경영향은 최소화할 수 있게 됐지.

나도 할 수 있는 디지털 친환경 미션

디지털 탄소발자국을 줄이기 위해 우리가 할 수 있는 일들이 있어. 조금 더 의식적으로 디지털을 사용하는 것만으로도 큰 차이를 만들 수 있지.

1. **디지털 미니멀리즘 실천하기:** 불필요한 이메일이나 중복된 사진, 필요 없는 문서나 파일을 정기적으로 삭제하고 클라우드에 저장하는 데이터의 양을 줄여보자. 이것만으로도 탄소 배출을 줄일 수 있어.

2. **스트리밍 품질 조절하기:** 넷플릭스나 유튜브를 볼 때, 굳이 4K나 HD 품질이 필요하지 않다면 표준 화질로 시청하자. 해상도를 낮추면 데이터 사용량이 줄어들고, 그만큼 탄소 배출도 줄어들어.

3. **다크 모드 사용하기:** OLED 화면을 사용하는 기기에서는 다크 모드가 배터리 소모를 줄여서 에너지 사용량도 줄어들 수 있어.

4. **불필요한 동영상 자동 재생 끄기:** SNS에서 동영상이 자동으로 재생되는 설정을 끄면 데이터 사용량을 크게 줄일 수 있어.

5. **환경 친화적인 검색 엔진 사용하기:** 에코시아^{Ecosia}와 같은 검색 엔진은 검색으로 발생한 수익의 일부를 나무 심기에 사용해.

디지털 탄소발자국의 문제는 심각하지만 희망적인 변화도 있어. 기술 발전과 함께 데이터센터의 에너지 효율은 계속 향상되고 있고 재생 에너지를 활용한 데이터센터의 수도 늘어나고 있어. 아이슬란드나 스웨덴은 지열이나 수력 발전으로 운영되는 친환경 데이터센터를 유치하기 위해 노력하고 있어. 구글은 이미 자사 데이터센터의 전력 중 상당 부분을 재생에너지로 대체했고 페이스북도 비슷한 노력을 기울이고 있어.

우리가 디지털 생활이 환경에 미치는 영향을 인식하고 조금 더 의식적으로 행동한다면 기술과 환경이 공존하는 미래를 만들어갈 수 있을 거야.

1. 디지털 기기 사용으로 인해 발생하는 온실가스 배출량을 무엇이라고 할까?

힌트 초성 ㄷㅈㅌ ㅌㅅㅂㅈㄱ

2. 다음 중 디지털 탄소발자국을 줄이는 방법으로 옳지 않은 것은?

① 이메일과 파일을 정리해 저장 데이터를 줄인다.

② 스트리밍 품질을 HD에서 SD로 낮춘다.

③ 다크 모드를 사용해 배터리 소모를 줄인다.

④ 데이터센터를 화석연료가 아닌 재생에너지로 100% 운영한다.

⑤ 인터넷 사용을 완전히 중단한다.

3. '디지털 친환경 미션' 중 지금 당장 내가 할 수 있는 것 세 가지를 골라 쓰고 직접 실천해 보자.

4. 디지털 기기 사용 시간을 줄이면서도 즐겁게 시간을 보낼 수 있는 방법을 창의적으로 생각하여 적어 보자.

더 알고 싶어 119

▤▤ 도서　▷ 영상　🔍 사이트

▷ **디지털 탄소발자국은 무슨 발자국이래? (한화솔루션)**
디지털 기기 사용이 만들어 내는 이산화탄소 배출, 즉 '디지털 탄소발자국'의 의미와 이를 줄이기 위한 생활 속 실천 방법을 쉽고 재미있게 알려 주는 친환경 캠페인 영상이야.

🔍 **디지털 탄소발자국 줄이기 (탄소중립녹색성장위원회)**
디지털 탄소발자국 줄이기 카드뉴스는 디지털 기기 사용으로 발생하는 탄소 배출량의 심각성을 알리고, 일상에서 쉽게 실천할 수 있는 저탄소 디지털 습관을 알려 주는 내용이야.

탄소중립이 기후위기를 멈출 수 있을까?

탄소중립과 넷제로

탄소중립을 달성하는 것은 선택이 아닌 필수입니다. 이제 우리는 말이 아닌 행동이 필요한 때입니다. 기후변화에 대응하기 위해 모두가 나서야 할 때입니다. 그렇지 않으면 우리는 미래를 잃게 될 것입니다.

학습 키워드　#탄소중립 #넷제로 #기후변화 #재생에너지 #지구온난화 #온실가스감축 #지속가능발전 #그린뉴딜 #순환경제 #기후행동

교과 연계　중 〉 환경 〉 기후위기와 기후 행동　　　중 〉 사회2 〉 사회변동과 사회문제
　　　　　　　중 〉 과학1 〉 과학과 인류의 지속가능한 삶

탄소중립**Carbon Neutrality**과 넷제로**Net Zero**는 기후변화를 막기 위해 꼭 알아야 하는 중요한 개념이야. 이 두 용어는 비슷해 보이지만 뜻이 조금 달라.

탄소중립은 사람들이 활동하면서 나오는 이산화탄소 같은 온실가스 배출을 최대한 줄이고 그래도 어쩔 수 없이 남은 온실가스는 숲이나 기술로 흡수하거나 없애서 실제 배출량을 '0'으로 만드는 거야. 예를 들어 하루에 100kg의 이산화탄소를 배출했다면 나무를 심거나 다른 방법으로 100kg의 이산화탄소를 흡수하거나 제거하는 거야.

넷제로는 이산화탄소뿐만 아니라 메탄, 아산화질소, 과불화탄소 같은 다른 온실가스도 다 포함돼. '모든 온실가스'의 배출량과 흡수량을 똑같이 만들어서 순**Net** 배출량을 0이 되게 하는 거야. 그래서 넷제로는 탄

소중립보다 더 넓은 개념이야.

<table>
<tr><td colspan="3">지구온도상승1.5℃와2℃ 주요 영향 비교 (대한민국 2050 탄소중립 전략)</td></tr>
<tr><td>구분</td><td>1.5℃</td><td>2℃</td></tr>
<tr><td>생태계 및 인간계</td><td>높은 위험</td><td>매우 높은 위험</td></tr>
<tr><td>중위도 폭염일 온도</td><td>3℃ 상승</td><td>4℃ 상승</td></tr>
<tr><td>고위도 한파일 온도</td><td>4.5℃ 상승</td><td>6℃ 상승</td></tr>
<tr><td>산호 소멸</td><td>70~90%</td><td>99% 이상</td></tr>
<tr><td>기후영향·빈곤 취약 인구</td><td colspan="2">2℃에서 2050년까지 최대 수억 명 증가</td></tr>
<tr><td>물 부족 인구</td><td colspan="2">2℃에서 최대 50% 증가</td></tr>
<tr><td>대규모 기상이변 위험</td><td>중간 위험</td><td>중간~높은 위험</td></tr>
<tr><td>해수면 상승</td><td>0.26~0.77m</td><td>0.3~0.93m</td></tr>
<tr><td>북극 해빙 완전소멸 빈도</td><td>100년에 한 번</td><td>10년에 한 번</td></tr>
</table>

전 세계는 기후변화를 막기 위해 함께 노력하고 있어. 그 시작은 1997년에 만든 '교토의정서'야. 하지만 미국이 빠졌고 개발도상국은 지켜야 할 의무가 없어서 큰 효과는 없었어. 그래서 2015년에는 '파리기후협정'이라는 새로운 약속이 만들어졌어. 파리기후협정의 목표는 지구 평균 기온이 산업화 이전보다 2℃ 이상 오르지 않도록 하고 가능하면 1.5℃ 안에서 막자는 거야. 이 목표를 이루려면 2050년까지 전 세계가 탄소 순배출량을 0으로 만들어 '탄소중립 사회'가 되어야 해. 파리기후협정의 특징은 각 나라가 스스로 목표를 세우고 실천하는 방식이라는 거야. 이걸 '상향식 접근법'이라고 해. 또 5년마다 실천한 걸 확인하고 목표를 더 높여가는 '래칫 메커니즘'을 도입했어.

넷제로 달성하기 위한 방법

탄소중립과 넷제로를 달성하기 위해서는 어떤 방법이 있을까?

첫째, 재생에너지를 더 많이 써야 해. 태양광, 바람, 물을 이용한 에너지는 공해가 없고 다시 쓸 수 있어서 석유 같은 화석연료를 쓰지 않을 수 있지. 덴마크는 2023년 전기 생산을 60% 이상을 풍력, 즉 바람으로 만든대. 요즘 태양광은 기술이 발전해서 비용은 적게 들지만 에너지 생산은 많이 되고 있어. 건물 바깥 벽이나 창문에 붙일 수 있는 투명 태양전지나 도로에 설치하는 태양광 도로 같은 똑똑한 기술들이 계속 나오고 있어.

둘째, 에너지를 효율적으로 쓰는 게 중요해. LED 조명이나 전기를 덜 쓰는 가전제품 쓰기, 안 쓰는 전기 끄기 같은 작은 습관이 큰 절약을 만들어. 유럽 연합은 2023년부터 새로 짓는 건물에 '제로 에너지 빌딩' 기준을 적용하고 있어. 전 세계 에너지 30%가 건물에서 사용되는데, 독일의 패시브하우스는 기존 주택보다 에너지를 90% 이상 아낄 수 있대. 패시브하우스는 에너지를 거의 쓰지 않아도 겨울엔 따뜻하고 여름엔 시원한 집을 말해.

셋째, 자연의 힘을 활용하는 것도 중요해. 나무는 이산화탄소를 흡수하고 산소를 내뿜는 천연 공기정화기야. 에티오피아는 2019년 하루 동안 3억 5천만 그루의 나무를 심었대. 숲은 생물다양성을 유지시키는데 특히 맹그로브 숲은 일반 숲보다 더 많은 탄소를 저장할 수 있어서 '블루 카본'이라고 불러.

넷째, 친환경 교통수단을 이용해야 해. 자전거 타기, 대중교통 이용, 전기차 타기는 온실가스를 훨씬 줄일 수 있어. 노르웨이는 2023년 새로 판매되는 차의 80%가 전기차래. 전기 버스, 수소차, 전동 킥보드도 모두 도움이 돼.

다섯째, 저탄소 식생활을 실천하는 것도 중요해. 고기 소비를 줄이고 채식 중심으로 먹으면 이산화탄소를 훨씬 적게 내보낼 수 있어. 소고기 대신 콩으로 만든 고기를 먹어 보자. 또 같은 지역에서 생산한 제철 식재료를 사면 식재료가 이동하는 동안 생기는 탄소도 줄일 수 있어. 그리고 음식물 쓰레기를 줄이는 것도 꼭 필요해.

여섯째, 자원을 다시 쓰는 순환경제로 바꾸자. 쓰고 버리는 게 아니라, 다시 쓰고 고쳐 쓰는 사회를 만드는 거야. 스웨덴의 H&M은 헌 옷을 모아서 새 옷의 재료로 쓰고 있어.

일곱째, 탄소를 포집하고 저장하는 기술CCS도 기대돼. 이건 공기 중의 이산화탄소를 모아서 땅속에 저장하거나 없애는 기술이야. 지금은 돈이 많이 들지만 앞으로 기술이 발전하면 효과가 더 좋아질 거야.

유럽 연합, 일본, 한국 등 많은 나라들이 2050년까지 넷제로로 목표를 달성하겠다고 약속했어. 우리나라는 2020년에 '2050 탄소중립'을 선언했고, 2021년에 '탄소중립기본법'을 만들었어. 2030년까지 온실가스 배출량을 2018년 보다 40% 줄이겠다는 목표도 세웠지.

이런 목표를 실천하려면 넘어야 할 산도 많아. 재생에너지를 설치 공간과 전기를 멀리 보내는 송전선, 에너지를 저장하는 기술, 철강·시멘트 같이 탄소가 많이 나오는 산업을 바꾸는 일, 그리고 일자리를 지키는 공정한 전환과 사회적 형평성 보장이 필요해.

탄소중립과 넷제로를 향한 노력은 지구를 지키는 것뿐 아니라 새로운 기술과 일자리를 만들 수 있는 기회가 되기도 해. 더 깨끗하고 지속 가능한 사회를 만들어 미래 세대에게 더 깨끗한 지구를 물려줄 수 있게 노력해 보자.

1. 다음 중 모든 온실가스의 순배출량을 '0'으로 만드는 개념은?

① 탄소중립(Carbon Neutrality) ② 넷제로(Net Zero)

③ 기후위기(Climate Crisis) ④ 기후변화(Climate Change)

⑤ 지구온난화(Global Warming)

2. 다음 중 탄소중립과 넷제로를 달성하기 위한 방법이 아닌 것은?

① 화석연료에서 재생에너지로 전환한다.

② 건물 단열을 강화하고 고효율 가전제품을 사용한다.

③ 이산화탄소를 포집·저장하거나 활용하는 기술(CCUS)을 개발한다.

④ 대기 중 메탄을 인공적으로 배출량보다 더 많이 방출한다.

⑤ 숲을 조성하고 복원하는 자연 기반 해결 책을 활용한다.

3. 넷제로와 탄소중립의 차이를 설명하고 두 개념 중 여러분이 더 중요하다고 생각하는 것을 선택하여 그 이유와 함께 써보자.

더 알고 싶어 119

📑 도서　▷ 영상　🔍 사이트

📑 『탄소 중립 쫌 아는 10대』 (오승현, 풀빛, 2024)
　10대 눈높이에 맞춰 기후위기의 핵심인 탄소 중립 개념을 쉽고 최신 정보로 설명하며, 지구를 살리기 위한 개인과 사회의 실천 방법과 정책을 함께 알려 주는 과학교양서야.

▷ 탄소중립 생활 실천, 오히려 좋아! (기후에너지환경부)
　가정, 학교, 기업 등 일상 속에서 에너지 절약, 친환경 소비, 대중교통 이용, 자원 재활용, 지역 식품 활용 등 구체적이고 실천 가능한 방법들을 제시하여 탄소 배출을 줄이며 기후위기에 대응하도록 권장하고 있어.

🔍 탄소중립 정책포털 기후변화에 대한 원인과 영향, 국제 사회의 노력에 대한 정보를 제공하고, 탄소중립의 정의와 추진 배경, 관련 법령, 국가 및 지자체의 감축 목표(NDC)와 계획 등 국내외의 탄소중립 정책 및 통계 정보를 한 곳에 모아 제공하는 전문 웹사이트야.

내가 바꾸면 세상도 바뀔 수 있어

기후행동

15세 소녀가 학교에 가지 않고 혼자 의회 앞에서 피켓을 들었을 때 그게 전 세계로 퍼지는
큰 운동이 될 줄은 아무도 몰랐어. 그레타 툰베리는 우리에게 중요한 걸 알려줬지.
나이는 중요하지 않고 꼭 거창하게 해야만 의미 있는 건 아니라는 거야.
진짜 중요한 건 바로 용기내서 시작하는 거야.

학습 키워드 #청소년기후혁명 #불복종의힘 #기후긴급행동 #틱톡환경운동 #생존을위한반란
#10대의목소리 #행동하는Z세대

교과 연계 중 〉 환경 〉 기후위기와 기후 행동   중 〉 도덕2 〉 사회·공동체와의 관계
중 〉 사회1 〉 정치과정과 시민 참여

그레타 툰베리의 이야기는 이제 너무 유명해져서 식상하게 들릴 수도 있지만 잠깐 생각해 봐. 15살에 대부분의 학생은 시험 걱정하고 친구들과 놀고 있었을 거야. 그런데 그레타는 달랐어. 스웨덴 의회 앞에 홀로 앉아 "지구가 불타고 있는데 왜 아무도 구하려 하지 않나요?"라는 메시지를 들었지. 이 단순한 행동은 전 세계를 뒤흔들었어. 왜? 이건 기성세대에 대한 '불복종'이었거든. 어른들이 제대로 못 하면 우리가 하겠다는 거지. 이것이 바로 '프라이데이스 포 퓨처Fridays For Future'의 시작이었고 7,000개 이상의 도시에서 수백만 명의 학생들이 참여하는 글로벌 운동으로 발전했어.

그레타는 유엔 기후행동 정상회담, 세계 경제 포럼 같은 국제 무대에서 연설하면서 세계 지도자들에게 현재의 기후위기를 똑바로 보고 "지금

↑ 전 세계 청소년들이 함께하는 Fridays For Future 기후운동 (Inhabiting the Anthropocene)

↑ 국회 앞에서 기후운동중인 청소년 기후행동 (청소년 기후행동)

당장 행동해야 한다!"고 강하게 요구했어. 그래서 많은 사람들이 기후위기의 심각성을 알고 행동하게 되었어.

우리나라 청소년들도 가만히 있지 않았어. '청소년 기후행동'은 2020년에 정부와 국회를 상대로 헌법소원을 냈어. 이건 그냥 항의가 아니라 법적 싸움을 시작한 거야! 그들의 주장은 단순했어. "기후위기는 우리의 생존권을 위협해요. 이건 헌법에 보장된 우리의 기본권 침해입니다."

특히 인상적인 건 이 단체가 처음에는 그냥 카페에 모인 평범한 10대들의 작은 모임이었다는 거야. 그런데 이들이 시작한 운동은 이제 정부의 기후 정책에 영향을 미치는 수준으로 성장했어. 우리가 시작한 작은 모임이 국가 정책을 바꿀 수 있다고 상상해 봐. 가능한 일이야.

일상에서 시작하는 기후 행동

기후 행동가가 되기 위해 꼭 피켓을 들어야 할까? 모든 청소년이 시위에 참가하거나 헌법소원을 낼 필요는 없어. 실제로 가장 효과적인 기후 행동은 일상에서 시작돼. 하지만 뻔한 '재활용 하세요', '물 아껴 쓰세요' 같은 얘기는 식상하지? 대신 요즘 청소년들이 실제로 하고 있는 색

다른 기후 행동들을 소개할게.

틱톡·인스타로 만드는 환경 혁명: 세계적으로 유명한 '에코 인플루언서'들이 등장하고 있어. 예를 들어 16살의 미야 스타인이 시작한 '#TrashTag 챌린지'는 전 세계 수백만 청소년들이 쓰레기로 뒤덮인 지역을 청소하고 비포&애프터 사진을 공유하게 만들었어. 한국에서도 '제로웨이스트 챌린지'가 틱톡과 인스타그램에서 인기야. 일회용품 없이 일주일 살기, 플라스틱 없는 생활 인증하기 같은 도전이 유행이야. 이건 단순한 SNS 놀이가 아니라 친구들에게 영향을 주는 작은 혁명이야.

기후 친화적인 패션 혁명: 빠르게 변하는 트렌드를 쫓아 옷을 사는 '패스트 패션'은 환경에 엄청난 피해를 줘. 이를 알게 된 청소년들 사이에서는 헌 옷을 리폼해서 새로운 스타일로 만드는 '업사이클링'이 대세가 됐어. 서울의 한 고등학교에서는 '쿨한 건 새 옷이 아니라 지구를 생각하는 마음'이라는 모토로 '빈티지 마켓'을 열어 더 이상 입지 않는 옷을 교환하거나 판매하고 있어. 멋지지 않아?

기후정의를 위한 디지털 액티비즘: 많은 청소년들이 온라인에서 기후정의, 특히 '기후 불평등'을 위한 목소리를 내고 있어. 기후변화는 모든 사람에게 똑같이 영향을 미치지 않거든. 주로 가난한 나라들이 더 심각한 피해를 입어. 한 중학생 그룹은 '기후정의 뉴스레터'를 만들어 매주 이런 이슈에 대한 정보를 공유하고 있고 또 다른 그룹은 환경 파괴와 관련된 대기업들의 명단과 그 기업의 제품들을 알리는 앱을 개발했어. 이런 행동은 환경을 보호하는 차원을 넘어서 사회 정의까지 생각하는 거야.

음식물 쓰레기와의 전쟁: 우리가 버리는 음식은 얼마나 많은 온실가스를 발생시킬까? 한 고등학생 팀이 '음식물 쓰레기 제로' 프로젝트를 시작했어. 그들은 가정에서 버려지는 음식물을 줄이기 위해 '냉장고 관리 앱'을 개발했지. 이 앱은 냉장고에 있는 식재료의 유통기한을 추적하고 소진 전에 알림을 보내 줘. 또 남은 재료로 만들 수 있는 레시피도 추천해 주지. 이 학생들은 자신들의 앱을 통해 참여 가정의 음식물 쓰레기를 30% 이상 줄이는 데 성공했어. 이것이 바로 실용적인 기후 행동이야!

정치적 압력 행사하기: 청소년들은 투표권이 없지만 그렇다고 정치적 영향력이 없는 건 아니야. '청소년 기후 로비단'이라는 그룹은 국회의원들을 직접 만나 기후변화 관련 법안에 대해 논의해. 그들은 국회의원들에게 어떤 정책을 지지하는지 묻고 그 답변을 온라인에 공개해.

미래를 위한 불복종: 기후 행동은 그냥 환경을 보호하는 것 이상의 의미가 있어. 이건 기성세대의 실패에 대한 젊은 세대의 '불복종'이야. 지금의 10대들은 이전 세대가 만든 문제를 물려받았지만 그렇다고 수동적으로 받아들이지는 않아. 이런 행동들이 모여서 실제 변화를 만들어 내고 있어. 청소년들의 목소리 덕분에 많은 학교가 채식 메뉴를 도입했고, 일부 도시는 자전거 도로를 확장했으며 기업들은 친환경적인 실천을 약속하고 있어. 프랑스의 유명한 작가 생텍쥐페리는 이렇게 말했어. "미래를 예측하는 최선의 방법은 그것을 창조하는 것이다." 지금의 청소년들은 바로 그 일을 하고 있어. 그들은 기다리지 않아. 그들은 행동해. 여러분도 이 움직임에 동참할 준비가 됐어?

1. 다음 중 본문에서 소개된 청소년들의 기후 행동이 아닌 것은?

   ① 'TrashTag 태그 챌린지'로 쓰레기 청소 후 비포&애프터 사진 공유

   ② 헌 옷을 리폼해 판매하는 '업사이클링 빈티지 마켓' 운영

   ③ 기후정의 관련 내용을 매주 공유하는 '기후정의 뉴스레터' 발행

   ④ 가정의 음식물 쓰레기를 줄이는 '냉장고 관리 앱' 개발

   ⑤ 학교 울타리 주변에 과일 나무를 심는 '과일 나무 심기' 활동

2. 다음 빈칸에 알맞은 말을 써 보자.

> 스웨덴 청소년 그레타 툰베리가 시작한, 학생들이 학교 대신 기후 행동을 하는 글로벌 운동은 ___________이다.

힌트 초성 ㅍㄹㅇㄷㅇ ㅍ ㅍㅊ

3. SNS를 활용해 환경 캠페인을 만든다면 주제와 구체적인 진행 방식(사용할 해시태그, 진행할 챌린지 등)을 계획하고, 이 캠페인이 어떤 환경 문제 해결에 기여할 수 있는지도 함께 설명해 보자.

더 알고 싶어 119

📖 도서　▶ 영상　🔍 사이트

📖 『**우리의 목소리를 공부하라**』(청소년 기후행동, 교육공동체벗, 2020)
청소년 기후행동 활동가들이 기후위기의 현실을 청소년의 눈높이에서 생생하게 고발하고, 기성세대의 무책임한 기후 정책을 비판하며, 청소년들의 기후정의 실현을 위한 목소리와 행동의 필요성을 담아낸 책이야.

▶ **그레타는 할 수 없다 (청소년기후행동)**
단 한 사람의 기후 활동가가 아닌 모두가 함께 행동할 때 기후위기를 극복할 수 있다는 메시지를 담아, 정치권과 사회 전반에 실질적인 기후정치 실현을 촉구하는 캠페인 영상이야.

🔍 **기후행동 네트워크** 전 세계 130여 개국, 1,900개 이상의 시민사회단체가 모여 기후위기에 맞서 싸우고 사회 정의를 실현하기 위한 전 지구적인 네트워크야.

세계의 약속,
지구를 지키는 방법은?

환경 관련 국제협약

우리가 살고 있는 지구는 하나의 거대한 생태계야. 그래서 한 국가의 환경 문제가
전 세계에 영향을 미칠 수 있어. 환경 문제를 해결하려면 국제적인 협력이 정말 중요해.
함께 하자고 약속한 게 바로 환경 관련 국제협약이야.

학습 키워드　#국제환경거버넌스 #기후외교 #파리기후협정 #녹색기후기금 #국가감축목표 #국제공조
교과 연계　중 > 환경 > 기후위기와 기후 행동
　　　　　　　중 > 사회2 > 국제사회와 한반도

환경 문제의 가장 어려운 점은 그 영향이 국경을 넘어서 온다는 거야. 예를 들어 중국의 대기오염이 한국의 미세 먼지가 되고, 미국에서 나오는 탄소가 태평양 섬나라의 해수면 상승으로 이어져. 그런데 각 나라는 자기 나라 경제나 산업을 먼저 생각하지. 이런 긴장 속에서 생겨난 게 바로 '국제환경협약'이야.

국제협약은 단순한 약속이 아니라 과학, 돈, 정치가 다 얽혀 있는 복잡한 외교 협상의 결과물이야. 환경협약이 제대로 되려면 과학적 증거가 있어야 하고 경제적인 현실도 반영해야 하고 정치 지도자들의 의지도 필요해. 이 세 가지가 균형을 이뤄야 성공할 수 있어.

주요 국제협약 알아보기

대표적으로 환경과 관련된 국제협약은 유엔기후변화협약**UNFCCC**, 교토의정서, 파리기후협정, 그리고 최근의 COP28 같은 당사국총회가 있어. 하나씩 살펴보자.

유엔기후변화협약**UNFCCC**은 1992년 브라질 리우에서 열린 큰 환경회의에서 만들어졌어. 그때는 세계가 "아, 기후가 변하고 있구나."라는 걸 깨닫기 시작했던 때야. 이 협약은 모두에게 책임이 있지만 책임의 크기는 다르다는 원칙이었어. 쉽게 말해 오래 전부터 오염을 많이 일으킨 선진국이 더 큰 책임을 져야 한다는 말이야.

1997년에 만들어진 교토의정서는 한 걸음 더 나아갔어. "선진국들은 이만큼 온실가스를 꼭 줄이자"고 구체적인 숫자를 정했지. 그런데 문제가 생겼어. 미국은 "왜 중국 같은 나라들은 안 하는데 우리만 해야

교토의정서와 파리기후협정 비교

	교토의정서	파리기후협정
목표	온실가스 배출량(1차: 5.2%, 2차: 18%)	2℃ 목표, 1.5℃ 목표 달성 노력
범위	주로 온실가스 감축에 초점	온실가스 감축안이 아니라 적용, 재원, 기술이전, 역량배양, 투명성 등을 포함
감축 의무국가	주로 선진국	모든 당사국
목표 설정방식	하향식	상향식
목표 불이행 시 징벌 여부	징벌적 (미 달설량의 1.3배를 다음 공양 기간에 추가)	비징벌식
목표 설정 기준	특별한 언급 없음	진전 원칙
지속가능성	공약 기간에 종료 시점이 있어 지속가능한지 의문	종료 시점을 규정하지 않아 지속가능한 대응 가능
행위자	국가 중심	다양한 행위자의 참여 독려

출처: 환경부, 2016

해?" 하면서 빠졌고 캐나다도 나중에 탈퇴했어. 이건 마치 반 청소 당번을 정했는데 인원이 너무 적으면 효과가 없고, 너무 많이 하라고 하면 아예 하기 싫어지는 것과 비슷해.

그래서 2015년 파리기후협정에서는 방법을 바꿨어. 각 나라가 스스로 "우리는 이만큼 줄일게요." 하고 정하는 방식이야. 그리고 5년마다 다시 점검해서 목표를 더 높여가자는 방식이지. 또 지구 온도 상승을 1.5도 이하로 막자는 목표도 처음 세웠어. 이렇게 하면 각 나라의 사정도 고려하면서 점점 더 나은 목표를 세울 수 있다고 생각한 거야.

최근에는 2023년 아랍에미리트 두바이에서 열린 COP28이 큰 진전을 보여줬어. COP는 'Conference of the Parties'의 줄임말인데, 매년 열리는 유엔기후변화협약 당사국 총회를 말해. COP28에서는 역사상 처음으로 화석연료를 '줄여 나가자transition away'는 내용이 합의문에 들어갔어. 예전에는 화석연료를 직접 언급하는 합의가 없었으니 작지만 중요한 발전이야. 또 2030년까지 재생에너지를 3배로 늘리고 에너지 효율도 2배로 높이자는 목표도 세웠어.

하지만 COP28도 아쉬운 점이 있었지. 회의 의장이 석유회사 CEO였다는 점이 논란이 되었고, 환경단체들은 '화석연료를 완전히 없애자phase-out'대신에 '줄여 나가자transition away'는 약한 표현이 쓰인 것도 비판했어. 그래도 이런 국제회의가 열릴수록 조금씩 앞으로 나아가고 있다는 건 분명해.

국제협약의 어려움

많은 사람들이 국제협약을 그냥 '멋있는 말만 있는 종이'라고 생각할 수도 있어. 그런데 진짜로 많은 변화가 일어났어. 파리기후협정 이후에 많은 나라가 "2050년까지 탄소를 0으로 만들겠다!"고 약속했어. 기업들도 환경과 사회에 더 신경 쓰는 ESG 경영을 시작했고, 세계 금융시장에서는 환경을 보호하는 사업에 투자하는 '녹색채권'이 인기야. 반대로 석유나 석탄에 투자하는 건 점점 힘들어지고 있지.

우리나라도 2020년에 2050년까지 탄소를 0으로 만들겠다고 약속하고 법도 만들었어. 2030년까지 온실가스를 2018년보다 40% 줄이겠다는 중간 목표도 세웠어. 이런 변화는 모두 국제협약의 영향이라고 볼 수 있어. 하지만 국제협약에도 여러 어려움이 있어.

첫째, 각 나라의 이해관계가 다 달라. 예를 들어 석유를 많이 파는 나라와 바닷물에 잠길 위험이 있는 섬나라는 생각이 완전히 다를 수 밖에 없어. 또 오랫동안 공장을 돌려온 선진국과 이제 막 발전하려는 개발도상국 사이에도 의견 차이가 커.

둘째, 기술과 돈이 부족한 나라들도 있어. 태양광이나 풍력 같은 친환경 에너지나 에너지를 적게 쓰는 기술을 개발하고 모든 나라가 쉽게 쓸 수 있게 하려면 엄청난 돈이 필요해.

셋째, 정치 문제도 있어. 미국 대통령이 바뀌면서 파리기후협정에서 탈퇴했다가 다시 들어왔어. 정치 지도자가 바뀌면 환경 정책도 크게 바뀌는 게 문제야. 이런 정치적 불안정성은 장기적인 기후 목표를 달성하는 데 큰 장애물이 돼. 30년 넘게 이어져야 할 환경 목표는 한 나라의 정치 변화에도 전 세계가 흔들릴 수 있어.

국제협약이 완벽하진 않지만 이런 약속이 없다면 어떻게 될지 상상해봐. 모든 나라가 자기 이익만 생각한다면 환경 문제는 훨씬 더 빨리 나빠질 거야. 국제협약은 조금 느리더라도 우리가 함께 나아갈 방향을 정해 주고 있어.

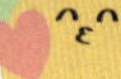

1. 파리기후협정의 핵심적 특징은?

　① 선진국만 의무적으로 온실가스 감축 목표를 부여한다.

　② 모든 가입국이 스스로 감축 목표를 설정하고 5년마다 점검한다.

　③ 의무 불이행 시 경제 제재를 가한다.

　④ 온실가스 감축 대신 배출권 무상 배분을 약속한다.

　⑤ 개발도상국은 감축 의무에서 완전히 면제된다.

2. 국제환경협약이 마주한 주요 어려움으로 옳지 않은 것은?

　① 각국의 산업·경제 우선 정책으로 협약 이행이 지연된다.

　② 재생에너지 등 탈탄소 기술 개발에 필요한 막대한 재정이 들어간다.

　③ 정치적 리더십 교체에도 불구하고 일관된 환경 정책이 유지된다.

　④ 선진국과 개발도상국 간 책임 분담 수준에 대한 이견이 크다.

　⑤ 국가 간 이해관계 충돌로 구속력 있는 조항 마련이 어렵다.

3. 국제환경협약이 실제로 효과가 있다고 생각하는지, 아니면 단순한 형식적 약속에 불과하다고 생각하는지, 그 근거를 함께 적어 보자.

4. 만약 여러분이 우리나라 환경부 장관이 된다면, 국제환경협약을 더 잘 이행할 수 있도록 어떤 정책을 만들고 싶은지 적어 보자.

 더 알고 싶어 119　　　📖 도서　▷ 영상　🔍 사이트

📖 『지구는 괜찮아, 우리가 문제지』 (곽재식, 어크로스, 2022)
이 책은 지구가 수많은 위기를 겪으면서도 스스로 회복해 온 역사를 보여주며, 현재의 위기가 결국 지구를 위협하는 것이 아니라 인간의 생존을 위협하는 것임을 강조하고, 우리가 취해야 할 실질적인 행동의 방향에 대해 과학적이고 유쾌하게 접근하는 내용이 담겨 있어.

▷ COP28 개막, 유엔기후변화협약 당사국총회란? (YTN)
이 영상은 2023년 두바이에서 열린 제28차 유엔기후변화협약 당사국총회(COP28)의 주요 내용과 성과, 그리고 앞으로의 기후변화 대응 방향을 간결하게 소개하며, 전 세계가 기후위기 극복을 위해 협력해야 함을 강조하는 영상이야.

🔍 국립생태원-국제환경협약 지구적 차원의 환경 보전을 위해 체결된 다양한 국제협약, 특히 우리나라가 가입한 UN 3대 국제환경협약(생물다양성 협약, 기후변화협약, 사막화방지협약)과 람사르 협약 등 주요 협약들의 개요, 발효일, 주요 내용, 우리나라 가입일 같은 핵심 정보를 제공하는 곳이야.

기후위기가 모두에게 공평하지 않은 이유

기후정의

지구를 77억 명의 사람들이 타고 있는 배라고 생각해 봐.
그런 상황에서 기후변화라는 거대한 폭풍이 다가온다고 해 보자. 모두가 위험하겠지만
갑판 위에 있는 사람들은 구명보트에 먼저 탈 수 있을 거고 배 밑에 있는 사람들은 먼저 물에
잠기게 될 거야. 이런 불공평한 상황을 바로잡자는 것이 '기후정의'의 핵심이야.

학습 키워드　#기후정의 #환경불평등 #탄소채무 #기후취약국 #환경인종차별 #기후책임
교과 연계　중 〉 환경 〉 기후위기와 기후 행동
　　　　　　　중 〉 사회1 〉 인권과 기본권

"기후변화 때문에 생기는 문제를 누가 책임지고 그 피해를 누가 감당해야 할까?" 이 질문이 기후정의의 시작이야.

현실을 보자. 태풍, 홍수, 가뭄 같은 자연재해가 닥쳤을 때 더 큰 피해를 입는 사람들은 누구일까? 바로 가난한 사람들이야. 2005년 미국 뉴올리언스에 허리케인 카트리나가 왔을 때 같은 도시 안에서도 부자 동네는 금방 복구가 되었지만 가난한 동네는 몇 년이 지나도 다 회복되지 못했어. 왜 그랬을까? 이건 우연이 아니야. 부자들은 튼튼한 집에 살고 보험도 있고 위험하면 다른 곳으로 피할 수 있는 능력도 있었기 때문이야.

전 세계를 보면 더 충격적이야. 기후변화로 가장 심각한 피해를 입는 나라들은 온실가스를 거의 배출하지 않는 나라들이거든. 투발루, 키리바시 같은 태평양 섬나라들은 해수면이 올라가서 나라가 물에 잠길

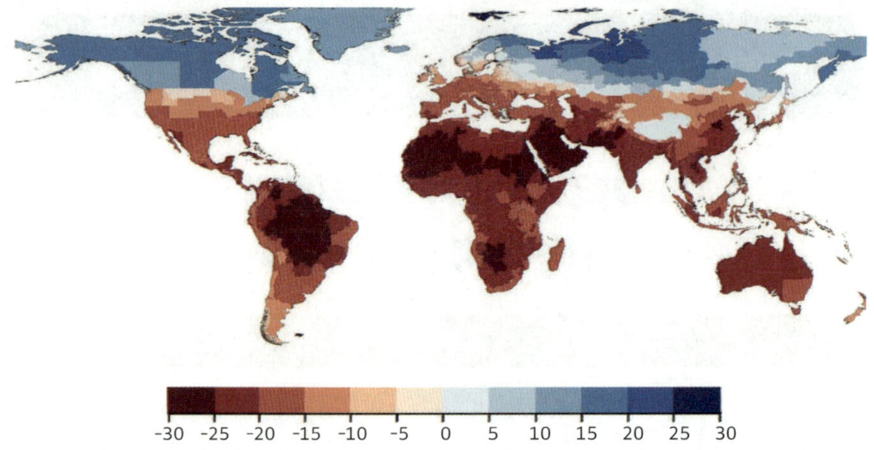

🔼 기후위기에 따른 국가별 소득 변화를 색깔로 시각화한 지도. 붉은색으로 칠해진 국가는 2050년 내에 소득 감소가 나타날 것으로 예상되며 색깔이 짙을수록 소득 감소가 크다. ©PIK (그리니엄)

수 도 있는 상황이야. 하지만 이 나라들이 지금까지 배출한 이산화탄소는 전 세계 배출량의 0.1%도 안 돼. 반면 미국, 중국, 유럽연합, 일본 같은 나라들은 전 세계 온실가스의 70% 이상을 배출했어.

기후변화에 대한 책임

기후정의에서 중요한 개념은 '역사적 책임'이야. 기후변화는 갑자기 생긴 문제가 아니라 200년 전 산업혁명부터 지금까지 영국, 미국, 독일 같은 선진국들이 석탄과 석유를 마구 써서 생긴 문제야. 그런데 이제 와서 "모두 함께 온실가스를 줄입시다"라고 말하는 건 불공평해 보이지 않아? 그래서 환경 활동가들은 선진국이 개발도상국에게 빚을 졌다고 말해. 이걸 '탄소 채무'라고 불러. 이 '빚'을 갚는 방법 중 하나가 바로 '그린 클라이밋 펀드GCF'야. 이건 부자 나라들이 돈을 모아서 가난한 나라들이 기후 문제에 대응할 수 있게 돕는 국제 기금이야. 이 기금으로 방글라데시는 바닷가 마을에 태풍 대피소를 지었고 이집트는 태양광 발전소를 만들었어. 아직 충분하진 않지만, 적어도 "우리가 문제를 일으켰으니 해결하는 데 책임을 지겠다"는 인식의 변화가 시작된 거야.

기후정의를 실천하는 다양한 움직임

기후정의는 나라끼리만의 문제가 아니야. 한 나라 안에서도 불공평한 일이 생겨. 미국에서는 '환경 인종차별'이라는 말까지 있어. 유색인종이 사는 지역에 공장이 더 많고, 그래서 공기나 물이 더 오염되어 있어서 건강 문제가 생

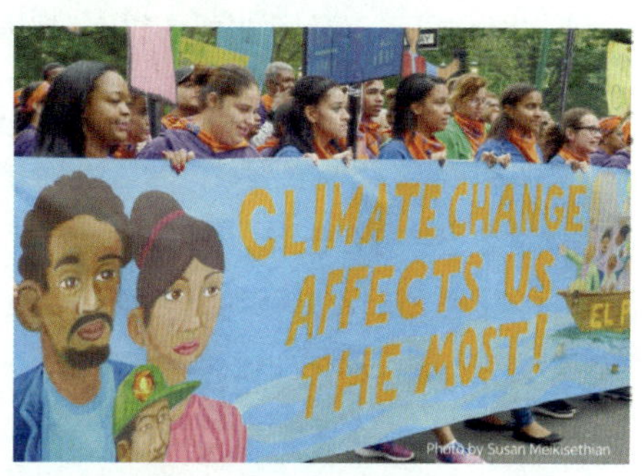

↑ 환경인종차별에 반대운동을 하고 있는 모습
(기후사회연구소)

기기 쉽다는 거야. 한국도 마찬가지야. 공장이 많은 지역 근처에는 소득이 낮은 사람들이 살고 폭염이 닥쳤을 때 에어컨이 없는 취약계층이 더 큰 피해를 입어. 기후변화는 이미 존재하는 사회적 불평등을 더 강하게 만들어. 그럼 우리는 기후정의를 어떻게 실천할 수 있을까?

첫째, 기후위기의 불평등한 영향이 누구에게 더 크게 미치는지 알고 그걸 알리는 거야. 기후변화 정책이 취약계층을 고려하는지 확인하고 그렇지 않다면 고려해 달라고 요구하자.

둘째, 기후 취약국과 취약계층을 도와주는 단체에 기부하거나 봉사할 수 있어. 셋째, 우리 자신이 내뿜는 탄소발자국을 줄이려고 노력해 보자. 특권을 가진 사람들일수록 더 많은 탄소를 배출하는 경향이 있거든.

기후정의는 환경 문제이면서 인권과 사회정의의 문제야. 깨끗한 공기, 안전한 물, 안정된 기후에서 살 권리는 모든 사람에게 있어. 이 권리가 부자냐 가난하냐, 어느 나라에 사느냐에 따라 달라져서는 안 되겠지?

1. 기후변화의 책임과 비용 분담, 피해 보상을 '공평하게' 묻는 개념을 뜻하는 말은?

힌트 초성: ㄱㅎㅈㅇ

2. 기후변화로 가장 큰 피해를 입는 사람들은 누구인가?

① 투발루, 키리바시 같은 태평양의 작은 섬나라 주민

② 미국, 중국 등 온실가스를 많이 배출하는 국가의 산업계 종사자

③ 선진국 중산층 도시 거주자

④ 환경 기술 개발자

⑤ 탄소배출권 거래제 참가자

3. 기후변화는 모든 사람에게 똑같이 영향을 주지 않아. 주변에서 그 차이를 관찰하고, 무더위가 왔을 때 경제적 상황이 다른 사람들이 어떤 방식으로 대응하는지 구체적으로 적어 보자.

4. 선진국이 개발도상국에 그린 클라이밋 펀드(GCF)와 같은 자금을 지원하는 이유와, 그 것이 기후정의 측면에서 왜 중요한지 설명해 보자.

더 알고 싶어 119

📑 도서　▶ 영상　🔍 사이트

📑 **『우리가 만드는 내일은』** (바네사 나카테, 양철북, 2024)

이 책은 기후변화가 단순한 환경 문제를 넘어 식량 불안, 성차별, 인종 차별 등 사회적 불평등을 심화시키는 '기후정의'의 문제임을 지적하고, 아프리카를 비롯한 글로벌 사우스 지역 청소년들의 목소리를 대변하며 더 많은 사람이 기후 운동에 참여해야 한다고 촉구하는 내용이 담겨 있어.

▶ **부유한 국가에서 배출한 온실가스가 가난한 국가에 미치는 영향** (사피엔스 스튜디오)

이 영상은 부유한 국가들이 온실가스를 많이 배출했음에도 가난한 국가들이 그 피해를 더 크게 겪고 있는 불평등한 기후위기 상황을 조명하며, 정의로운 기후 대응과 공정한 국제 협력이 필요함을 강조하는 메시지를 전해.

기후위기 시대,
어떤 직업이 새롭게 생겨날까?

기후위기가 만든 신기한 미래 직업

"우리가 지금 당장 행동하지 않으면 우리의 미래는 없습니다." 그레타 툰베리의 이 충격적인 말은 전 세계를 깜짝 놀라게 했어. 하지만 너무 걱정하지 마! 기후위기는 또 다른 기회이기도 하거든. 상상해 봐. 여러분의 미래 명함에 '우주 태양광 기술자' 또는 '버려진 패션 재생 디자이너'라고 적혀있다면 얼마나 쿨할까?

학습 키워드 #녹색일자리 #기후기술 #탄소중립직업 #미래직업 #그린뉴딜 #친환경산업

교과 연계 중 〉 환경 〉 기후위기와 기후 행동
중 〉 사회2 〉 지속가능한 세계와 글로벌 시민

10년 뒤 오랜만에 고향 친구를 만났어. "요즘 뭐해?"라고 물었더니 친구가 "난 도시 수직 농장의 드론 농부야. AI랑 드론으로 빌딩 외벽에서 자라는 채소들을 돌봐. 넌?" 여러분은 이렇게 대답할 수도 있어. "난 해양 플라스틱 재활용 패션 디자이너야. 바다에서 건진 쓰레기로 옷을 만들어."

이런 대화가 웃기게 들릴지 모르지만 진짜로 생길 수 있는 일이야. 국제노동기구는 2030년까지 전 세계에서 2,400만 개의 새로운 녹색 일자리가 생길 거라고 했어. 반면 석탄이나 석유 산업에서는 600만 개의 일자리가 사라질 거래.

초특급 녹색 일자리 다섯 가지를 소개할게.

재생에너지 분야: 재생에너지 전문가인 태양광 패널 설치 기술자는

미국에서 가장 빨리 성장하는 직업 중 하나야. 그런데 미래엔 그냥 태양광이 아니라 물에 띄우는 '부유식 태양광 전문가'나 '우주 태양광 스테이션 관리자' 같은 더 쿨한 직업이 생길 거야. 충주호나 합천댐에 이미 부유식 태양광 발전소가 설치되어 있고 앞으로는 바다 위에도 만들 계획이래.

탄소 사냥꾼: '탄소 포집 엔지니어'라는 직업을 들어봤어? 공기 중의 이산화탄소를 빨아들이는 거대한 기계를 만들고 다루는 사람이야. 스위스의 클라임웍스라는 회사는 공기 중 탄소를 빨아들이는 '인공 나무'를 개발했어. 이산화탄소를 빨아들인 다음에 소다수, 연료, 심지어 다이아몬드로도 만들 수 있대.

기후변화 요리사: 소고기 패티 하나를 만들려면 2,400리터의 물이 필요해. 그래서 등장한 게 '기후변화 요리사'야. 콩이나 버섯, 해조류 같은 친환경 재료로 고기맛 나는 요리를 개발해. 덴마크의 '미래 음식 연구소'에서는 곤충으로 맛있는 요리를 만드는 방법도 연구하고 있어. "오늘의 메뉴는 귀뚜라미 리조또입니다!" 상상이 되니?

도시 정글 전문가: '수직 숲 건축가'는 건물을 설계할 때부터 벽과 옥상에 나무와 식물을 키울 수 있게 만들어. 실제로 이탈리아 밀라노에는 '보스코 베르티칼레'라는 수직 숲 빌딩이 있어. 이 빌딩 두 개에는 총

900그루의 나무가 살고 있대. 비슷한 직업으로 '도시 농부'도 있어. 옥상 정원이나 수직 농장, 실내 농장에서 채소를 키워. 서울에 있는 '파크원' 빌딩의 옥상에는 직원들이 가꾸는 텃밭이 있고 거기서 자란 채소로 직원 식당에서 음식을 만든대.

멸종위기 DNA 지키미: '생물다양성 유전자 은행 관리자'라는 직업도 생겼어. 이 직업은 멸종위기 동식물의 DNA를 보존하고 나중에 복원할 수 있게 관리해. 마치 노아의 방주 같지만 동물 대신 DNA를 모으는 거야. 한국의 국립생물자원관에서도 이런 일을 하고 있어.

그렇다면 미래의 녹색 직업을 준비하려면 어떻게 해야 할까?

- 과학S, 기술T, 공학E, 예술A, 수학M 같은 STEAM 분야를 열심히 공부하자. 특히 재생에너지, 지속가능한 농업, 생태계 복원 같은 분야에 관심을 가져봐.
- 서로 다른 분야를 조합해 봐. 예를 들어 생물학+디자인=생체모방 디자이너, IT+농업=스마트팜 개발자처럼 서로 다른 분야를 결합하면 더 특별한 직업이 탄생해!
- 지속가능한 라이프스타일을 실천해. 관심 있는 녹색 산업의 제품과 서비스를 직접 써보고, 관련 뉴스를 팔로우해 봐.
- 환경 문제에 참여해. 환경 동아리 활동이나 기후행동에 참여해보면 실제 경험도 쌓고 인맥도 만들 수 있어.

기후위기는 무서운 일이지만 그래도 새로운 기회가 기다리고 있어. 우리 환경을 지키면서 재미있는 일도 하는 미래를 잘 준비해 보자.

1. 멸종위기 동식물의 DNA를 보존하고, 나중에 복원할 수 있게 관리하는 직업은?

2.공기 중 이산화탄소를 빨아들여 포집·저장·활용하는 '탄소 사냥꾼' 같은 직업은?

3. 기후위기로 생겨난 새로운 직업 중 가장 흥미로운 하나를 선택하고, 그 직업이 생긴 이유, 수행하는 업무, 그리고 그 일을 하려면 어떤 공부나 경험이 필요한지 설명해 보자.

4. 자신이 좋아하는 취미나 관심사를 떠올리고, 그것이 미래에 어떤 녹색 직업으로 발전할 수 있을지 적어 보자. (예:게임을 좋아하면 가상현실 자연보존 게임 개발자)

더 알고 싶어 119

📑도서　▷영상　🔍사이트

📖 『그린잡』 (박경화, 양철북, 2016)
기후변화 시대에 환경 분야에서 어떤 직업을 가질 수 있는지 구체적인 사례를 통해 알려 주며, 환경 문제 해결에 기여하는 동시에 미래를 준비하는 진로에 대한 정보를 제공하는 내용이 담겨 있어.

▷ 기후위기시대, 새로 등장한 직업들 (14F 일사에프)
그린잡(Green job)이 뭔지, 왜 중요한지, 그리고 전 세계에서 어떤 그린잡이 생기고 있는지 알려 줘. 환경을 지키는 일자리가 전 세계에서 폭발적으로 늘고 있고, 한국도 다양한 그린잡이 생기고 있어. 앞으로는 그린잡이 우리 삶과 경제에 더 큰 영향을 줄 거야.

기후변화로 위험해진 동물의 세계

"우리가 원하든 원하지 않든 자연은 항상 균형을 찾는다."는 환경운동가 데이비드 브라워의 말처럼 자연은 오랜 시간 균형을 유지해 왔어. 하지만 지금은 기후변화가 이 균형을 깨뜨리고 있어. 봄꽃은 더 일찍 피고 철새들의 이동 시기는 바뀌고 북극곰의 집은 녹아내리고 있지.

학습 키워드　#생물계절학　#서식지변화　#생태계교란　#먹이사슬　#해양산성화　#산호백화

교과 연계　중 〉 환경 〉 기후위기와 기후 행동
　　　　　　　중 〉 과학1 〉 생물의 구성과 다양성

　지구의 평균 기온이 겨우 1℃ 올랐을 뿐인데 생태계는 이미 큰 변화를 겪고 있어. 가장 눈에 띄는 변화는 바로 '생물계절학적 변화'야. 이건 식물이 언제 꽃을 피우고 철새들이 언제 이동하는지 같은 생물의 계절 활동을 말해.

　최근 30년 사이 한국에서는 개나리, 진달래, 벚꽃이 피는 시기가 5~10일이나 빨라졌대. 서울 남산의 벚꽃은 1970년대엔 4월 중순쯤 피었는데 지금은 4월 초에 활짝 피는 경우가 많아졌어. 이는 사실 생태계 전체가 흔들릴 수 있는 큰 문제야. 왜 문제일까? 식물과 동물은 서로 맞물려 살고 있거든. 예를 들어 꽃이 피는 시기와 꿀벌이 활동하는 시기가 맞아야 꽃가루받이가 잘 이루어져. 만약 꽃은 일찍 피는데 꿀벌이 아직 겨울잠을 자고 있다면 꽃은 씨앗을 못 만들고 꿀벌은 먹이를 못 구해 굶

게 될 거야. 이런 걸 '생태적 불일치'라고 해.

기후변화는 생물의 사는 곳도 바꾸고 있어. 특히 북극과 높은 산 같은 추운 곳에 사는 동물들은 갈수록 살 곳이 줄어들고 있지. 북극곰은 대표적인 피해자야. 북극해의 얼음이 녹으면서 바다표범을 사냥할 기회가 줄어들고, 그만큼 굶는 날도 많아졌대. 과학자들은 2050년이면 북극곰 수가 30% 이상 줄어들 거라고 걱정하고 있어.

지구가 따뜻해지면서 많은 생물들이 더 시원한 곳으로 이동하고 있어. 유럽의 나비와 잠자리는 지난 40년 동안 평균 35~240km 북쪽으로 옮겨갔고, 우리나라에서도 예전에는 남부 지방에만 보이던 무당거미가 이제는 중부 지방에서도 나타나고 있어.

기온이 1℃ 올라가면 생물들은 약 160km를 이동해야 한대. 하지만 모든 생물이 쉽게 이동할 수 있는 건 아니야. 도시나 도로 때문에 갈 수 있는 길이 끊긴 경우에는 이동이 더 어려워서, 더 살기 적합한 곳을 못 찾고 멸종위기에 놓이기도 해.

↑ 산호초 백화현상 (그린포스트)

바닷속 생태계도 큰 위험에 처했어. 바다는 공기 중 이산화탄소의 약 30%를 흡수하는데, 이 과정에서 바닷물이 산성화돼. 바다가 산성화되면 특히 조개, 산호, 성게처럼 껍데기를 만드는 생물에게 치명적이야. 바닷물 온도가 올라가면 산호는 체내의 공생 조류를 내쫓게 되는데, 그러면 산호가 하얗게 변해. 이걸 '산호 백화 현상'이라고 해. 이 상태가 오래가면 산호는 결국 죽게 되지. 호주의 그레이트 배리어 리프는 지난 5년 동안 세 번의 큰 백화 현상을 겪었고, 산호의 절반 이상이 죽었대.

물고기들도 수온 변화를 피해 이사를 가고 있어. 우리나라 바다에선 차가운 물을 좋아하는 명태, 대구는 점점 줄고, 따뜻한 물을 좋아하는 오징어, 멸치, 참다랑어는 많아지고 있어. 명태는 1980년대만 해도 연간 10만 톤 넘게 잡혔는데 지금은 거의 볼 수 없는 '귀한 생선'이 됐어.

그래도 희망은 있어. 일부 생물들은 기후 변화에 적응하고 있거든. 북극의 순록은 먹이가 줄어들자 몸집이 작아지는 방향으로 진화하고 있고 영국의 딱새는 부리 모양을 바꿔 새로운 먹이를 먹을 수 있

↑ 생태통로는 도로 건설 등으로 단절된 서식지를 연결한다.
(한국도로공사)

게 진화 중이래. 과학자들도 이런 적응을 돕고 있어. '생태통로'를 만들어 동물이 안전하게 이동할 수 있게 도와주고 '기후 피난처'를 지정해 특별히 보호해 주기도 해. 또 스스로 이동하기 어려운 생물들은 사람이 더 적합한 곳으로 직접 옮겨주는 '지원 이주'도 하고 있지.

결국 생물들의 운명은 우리의 선택에 달려 있어. 우리가 지금 당장 행동한다면 많은 생물들이 기후변화에 적응하거나 이주할 시간을 벌 수 있을 거야. 하지만 계속해서 현재의 방식대로 살아간다면 수많은 생물이 사라질 위험에 처해지겠지. 기후변화를 늦추고 생태계를 지키기 위한 노력, 지금 바로 시작해야 하지 않을까?

1. 다음 빈칸에 알맞은 말을 써 보자.

> 1) 기후변화로 바닷물 온도가 올라가 산호가 하얗게 변하는 현상을 산호 ______현 상이라고 한다.
> 2) 도로 건설 등으로 단절된 서식지를 연결해 동물들이 안전하게 이동할 수 있도 록 만든 길을 _________ (이)라고 한다.

2. 여러분이 사는 지역에서 기후변화로 나타난 변화를 하나 적고(예: 꽃이 더 일찍 피거나 평소에 보지 못하던 곤충이 새로 나타나는 것), 이 변화가 주변 자연이나 생물에게 어떤 영향을 줄지도 함께 적어 보자.

3. 기후변화로 집을 잃거나 생활 방식이 달라진 동식물 하나를 선택하고, 그 생물이 겪은 이야기를 짧은 만화나 글로 표현해 보자.

 **더 알고 싶어 119**

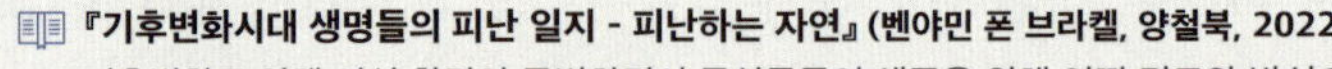

📖 도서   ▶ 영상   🔍 사이트

📖 『**기후변화시대 생명들의 피난 일지 - 피난하는 자연**』(벤야민 폰 브라켈, 양철북, 2022)
기후변화로 인해 서식 환경이 급변하면서 동식물들이 생존을 위해 어떤 경로와 방식으로 피난하고 있는 지에 대한 생생한 기록과 과학적 분석을 담은 책이야. 이 책은 단순히 환경 변화를 보여주는 것을 넘어, 이들이 겪는 고난을 통해 생물다양성이 처한 위기와 인간의 책임을 성찰하게 하는 내용이야.

▶ **기후변화에 따른 동물의 진화는 어떻게 이루어 졌을까? 기후변화에 생물들이 적응하는 방 법 (최재천의 동물대탐험)** 기후변화가 동물들의 진화와 적응을 어떻게 촉진하는지 다양한 사례와 자연선택 이론을 통해 알기 쉽게 설명하며, 아이들이 자연과 친밀한 관계를 맺고 생 태계의 중요성을 배우도록 돕는 교육 콘텐츠야.

협상 테이블에서 지구의 미래를 결정하는 기후 정책 전문가

27개국 협상가들이 밤을 새워 토론하고 있어. 마침내 새벽 4시, 의장이 망치를 탕 치며 "파리 기후협정이 채택되었습니다!"라고 말했어. 회의장은 박수와 환호성으로 가득 찼지. 한 장의 합의문이 수많은 생명의 운명을 바꾼 거야. 이런 중요한 일을 하는 사람이 바로 기후 정책 전문가야. 나라와 나라, 오늘과 미래 사이에 다리를 놓는 역할을 해.

기후 정책 전문가는 기후변화를 막기 위한 정책과 제도를 만들고 연구하는 사람이야. 그중에서도 '국제 기후협상가'는 여러 나라가 모여 기후위기를 해결하려고 회의할 때 자기가 사는 나라를 대표해서 협상에 나서는 일을 해. 환경뿐만 아니라 경제, 정치, 사회, 과학처럼 여러 분야를 함께 생각해야 해서 진짜 복잡한 문제들을 다루게 돼.

이 사람들의 하루는 어떻게 흘러갈까?

보통은 정부나 연구소에서 일하면서, 아침에는 최신 기후 과학 연구를 검토하고, 오후에는 탄소를 줄이는 방법이나 태양광 같은 에너지 정책을 짜기도 해. 그리고 '유엔기후변화협약UNFCCC 당사국총회COP' 같은 국제회의가 열릴 때는 엄청 바빠져. 회의 전에는 자국의 입장을 정리하고, 다른 나라랑 협상할 전략도 세워야 하거든. 회의가 열리면 다른 나라 대표들과 몇 시간, 어떤 때는 하루 넘게 계속 이야기를 주고받으며 한 줄 한 줄 합의안을 만들어. 2015년 파리기후협정도 이런 과정을 거쳐 나온 거야. 197개 나라가 모여서 지구의 온도를 2℃ 이하, 가능하면 1.5℃ 이하로 낮추기로 합의했거든. 이건 수천 명의 협상가들이 몇 년간 준비해서 만든 결과야.

기후위기는 어느 한 나라만 열심히 한다고 해결되는 문제가 아니야. 모든 국가가 함께 노력해야 해. 하지만 나라마다 경제 수준이 다르고, 온실가스를 많이 낸 역사적 책임도 달라. 자연 환경도 달라서 각각 다른 방법으로 노력해야 해.

그래서 기후 정책 전문가는 과학적 사실을 바탕으로 각 나라의 이익을 조율해서 공정하고 효과적인 해결책을 찾아야 해. 자기 나라의 이익도 지키면서 지구 전체의 미래도 함께 생각해야 하니까 진짜 어려운 일이야.

최근에는 '기후정의'가 아주 중요해졌어. 왜냐하면 기후변화의 영향은 모두에게 똑같지 않거든. 온실가스를 적게 배출한 개발도상국이나 취약 계층이 오히려 더 큰 피해를 입는 경우가 많아. 작은 섬나라 투발루나 몰디브 같은 나라는 바닷물에 나라가 잠겨 없어질 위기에 있어. 그래서 2022년 COP27에서는 피해를 입은 나라를 도와주기 위해 '손실과 피해' 기금을 만들기로 합의했어. 이건 기후 정책 전문가들이 오래전부터 열심히 주장해서 이루어낸 성과야.

이 직업을 꿈꾼다면 어떤 걸 준비해야 할까?

먼저 기후과학에 대한 이해가 필수야. 경제학, 국제관계학, 법학 같은 지식도 필요해. 왜냐하면 기후 정책은 에너지, 교통, 산업, 무역, 농업 같은 다양한 분야와 모두 연결되어 있기 때문이야.

사람들과 잘 대화하고 설득하는 능력도 필요해. 서로 다른 나라 사이에서 합의를 이끌어 내려면 인내심도 필요하고, 복잡한 과학 내용을 정책을 만드는 사람이나 일반 대중에게 쉽게 설명할 수 있어야 해. 기후 정책은 하루아침에 효과가 나타나지 않기 때문이야. 한국도 2020년 '2050 탄소중립'을 선언했고 2021년에는 '탄소중립·녹색성장 기본법'을 만들었어. 이처럼 기후 정책 전문가들은 법과 정책을 만들어 내고 실제로 실행하는 데 중요한 역할을 해. 예를 들어 COP에서 한국 대표로 협상에 참여했던 최진영 환경부 국제협력관은 한국을 대표하는 기후협상가 중 한 명이야. 개발도상국과 선진국 사이에서 한국의 특수한 입장을 설명하고 우리나라가 어떤 식으로 기후위기에 대응할 건지 제안하는 역할을 하지.

기후 정책 전문가는 어디에서 일할 수 있을까?

환경부, 외교부 같은 정부 부처와 국회, 시청이나 도청 같은 지방자치단체에서 일할 수 있고, 한국환경연구원 같은 국가 연구소나 대학 연구소에서도 일할 수 있어. 또 유엔기후변화협약 사무국, 유엔환경계획UNEP, 국제에너지기구IEA 같은 국제기구에서 일할 수 있고, 그린피스 같은 국제 환경단체나 국내 시민단체에서도 활동할 수 있어.

최근에는 기업에서도 기후 정책 전문가를 필요로 해. 기업들도 탄소중립 목표를 세우고 기후변화 관련 규제를 지키기 위해 전략을 짜야하기 때문이야.

이 직업에 관심이 있다면 기후변화와 국제 사회 문제에 관심을 갖고 공부해 봐. 외국어 실력도 키우고 대학에서는 환경학, 국제관계학, 법학, 경제학, 정치학 같은 과목을 전공하는 것이 도움이 돼.
모의유엔MUN 활동이나 기후변화 관련 동아리, 시민단체에서 경험을 쌓는 것도 좋은 방법이야. 환경부나 국제기구의 청소년 프로그램에 참여해 보는 것도 추천해.
기후 정책 전문가는 단순히 환경만 다루는 게 아니라 경제와 사회, 에너지, 사람의 삶까지 함께 고민하고 이끄는 중요한 직업이야. 산업혁명처럼 지구 역사의 변화를 만드는 일이라고 할 수 있지. 지구를 생각하는 마음과 사람을 이해하는 지혜가 있다면, 지구의 미래를 지키는 외교관으로서 정말 의미 있는 진로가 될 거야.

5부
지구를 오래 쓰는 법,
우리 손에 달렸어
지속가능성과 시민 참여
119

지구를 오래 쓰려면
뭘 해야 할까?

지속가능한 발전

지금 우리가 쓰는 에어컨 한 번, 물 한 방울도 모두 미래의 아이들에게서 빌려 쓰는 거래.
'지속가능한 발전'이라는 건 마치 타임머신을 타고 미래 세대와 현재의 우리가 협상하는
거랑 비슷해. "너희도 쓸 수 있게 우리가 조금 덜 쓸게!" 하고 약속하는 거지. 신기한 건 이런
약속이 지금 우리의 삶도 더 행복하게 만들어 준다는 거야. 왜 그런지 알아볼까?

학습 키워드　#지속가능발전　#SDGs　#환경지키기　#녹색경제　#미래세대　#창의적_해결책　#상생의 지혜
교과 연계　중 〉 환경 〉 지속가능성과 시민 참여
　　　　　　　중 〉 사회2 〉 지속가능한 세계와 글로벌 시민

지속가능한 발전이란 '미래 세대의 필요를 해치지 않으면서 현재
세대의 필요를 만족시키는 발전'이야. 그런데 난 '타임머신 경제학'이라
고 부르고 싶어. 지금의 우리랑 미래 세대가 같이 행복하게 사는 걸 고
민하는 거니까. 그러려면 환경, 경제, 사회, 이 3요소가 잘 어울려야 해.

환경적 지속가능성: 지구는 우리의 우주선

지구는 우주 속에 떠다니는 커다란 우주선이야. 그 안에 우리가 숨
쉬고, 물 마시고, 먹을 걸 얻는 생명 유지 장치들이 있어. 환경적 지속가
능성은 이 생명 유지 장치를 돌보는 거야.

네덜란드 암스테르담의 '드 크로멜' 건물은 화장실 물을 정화해서
쓰고 지붕에서는 채소를 키워. 태양광으로 전기를 만들고 폐수에서 에

너지도 뽑아내. 코스타리카는 국토의 25%를 보호구역으로 만들었어. 그랬더니 숲이 다시 살아나고 거기에 사는 동물들도 많아졌대. 게다가 관광객도 늘어서 나라 경제에도 도움이 됐지. 자연을 도우면 결국 우리가 더 잘 살게 되는 거야.

경제적 지속가능성: 미래도 쓸 수 있는 경제

경제적 지속가능성은 미래의 돈을 미리 땡겨 쓰지 않는 거야. 은행에 100만 원이 있다고 해 보자. 이자만 쓰면 계속 쓸 수 있지만 원금까지 써버리면 곧 바닥나겠지?

'파타고니아'라는 아웃도

⬆ 인터페이스사의 카펫타일 엔트로피
(인터페이스사 프레스룸)

어 회사는 옷을 고쳐서 오래 입는 법을 알려 줘서 중고 제품도 팔고 옷을 덜 사게 만들지. 얼핏 보면 손해 같지만 이런 철학 덕분에 오히려 이 브랜드를 더 좋아하게 됐대. 또 스웨덴에는 '리텐 쇼핑몰'이 있어. 여긴 수리하거나 재활용한 물건만 팔아. 버려질 뻔한 물건들이 새 생명을 얻고, 새 일자리도 생기고, 쓰레기도 줄여. 이게 바로 미래도 생각하는 경제야.

사회적 지속가능성: 아무도 뒤처지지 않는 세상

사회적 지속가능성은 모두가 함께 잘 살자는 거야. 아무리 돈이 많아도 상위 1%가 99%의 자원을 독차지하면 오래 갈 수 없어. 공정하게 혜택을 나눠야 진짜 지속가능하지.

방글라데시의 '그라민 은행'은 가난한 사람들, 특히 여성들에게 작은 돈을 빌려줘. 스스로 돈을 벌 수 있게 도와서 수백만 명이 가난에서 벗어났어. 브라질의 '볼사 파밀리아' 프로그램은 가난한 집에 돈을 주는 대신 조건이 있어. 아이들을 학교에 보내고 예방접종을 받게 하는 조건 이야. 이렇게 하면 가난도 줄고 아이들의 미래도 밝아져. 인도네시아 발 리의 '에코 바투' 학교는 학비를 돈이 아닌 플라스틱 쓰레기로 받지. 학 생들이 플라스틱을 모아오면 그걸 팔아서 학교를 운영해. 환경도 지키고 가난한 아이들도 공부할 수 있고 지역 환경도 깨끗해지지.

함께 만드는 미래

2015년 유엔은 '지속가능발전목표(SDGs)'라는 17개의 목표를 발표 했어. 예를 들어 라면 포장지를 분리수거하면 SDG 12번(지속가능한 생산 과 소비)과 14번(해양 생태계 보존)에 기여하는 거야. 하나의 행동이 여러 목 표를 동시에 이루는 거지.

↑ 지속가능발전목표(SDGs)의 17개 목표 (지속가능발전포털)

지속가능한 발전 은 혼자서는 못 해. '열 대우림 연합'은 기업, 농부, 환경단체, 소비 자가 힘을 모아서 아 마존 열대우림 파괴 를 80% 이상 줄였대. 또 '글로벌 콤팩트'에는 170개 나라의 1만 4,000개 이상의 기업들이 참여하고 있어. 우리에게는 선택권이 있어. 자원 전쟁 과 불평등으로 가득한 세상을 만들지, 아니면 모두가 잘 살면서도 미래 세대에게 풍요로운 지구를 물려줄 세상을 만들지. 약간의 창의성과 배려 만 있다면 우리는 놀라운 미래를 만들어갈 수 있을 거야.

1. 현재 세대의 필요를 충족시키면서도 미래 세대가 필요를 충족시킬 수 있는 능력을 해치지 않는 발전을 뜻하는 말은?

   힌트 초성 ㅈㅅㄱㄴㅎ ㅂㅈ

2. 다음 중 본문에서 소개한 지속가능한 발전 사례에 해당하지 않는 것은?
   ① 부탄의 숲 보호 정책으로 '탄소 네거티브' 달성
   ② 독일 프라이부르크의 재생에너지 활용
   ③ 방글라데시 그라민 은행의 소액대출 지원
   ④ 아마존 열대우림 파괴 확대 정책
   ⑤ 인도네시아 발리의 '플라스틱 교환 프로그램'

3. 지속가능한 발전의 세 가지 측면(환경, 경제, 사회)을 고려하여, 우리 학교나 동네에서 개선할 수 있는 문제 하나를 선택하고, 이를 해결할 수 있는 방법을 제안해 보자.

4. 본문에서 소개된 플라스틱 도로 사례를 보고, 이를 우리나라에 도입했을 때 어떤 긍정적인 효과가 있을지 적어 보자.

 **더 알고 싶어 119**　　　📑📖 도서　▷ 영상　🔍 사이트

📑📖 『**10대와 통하는 환경과 생태 이야기**』 **(최원형, 철수와영희, 2015)**
10대들이 환경과 생태계를 더 깊이 이해하고 자연과 더불어 살아가는 방식에 대해 고민하게 만드는 책이야. 멸종위기 동물, 에너지 문제, 공정 무역 등 다양한 환경 이슈들을 쉽고 친근한 이야기 형식으로 풀어내어, 청소년들이 환경 감수성을 키우고 실천적인 변화를 만들어갈 수 있도록 돕는 내용이 담겨 있어.

▷ **지속가능발전교육 (유네스코한국위원회, 2020)**
지속가능발전의 개념과 목표, 그리고 교육이 인류와 지구를 위한 지속가능한 미래를 만드는 데 왜 중요한지 알기 쉽게 설명하며, 개인과 사회가 지속가능한 변화를 실천하도록 이끄는 교육 의미와 사례를 소개하는 영상이야.

🔍 **UN 지속가능발전목표 (SDGs)** 2030년까지 전 세계가 함께 달성하기로 약속한 17가지의 범지구적 목표로, 빈곤 종식, 지구 보호, 모든 인류의 평화와 번영을 보장하기 위한 보편적인 행동 촉구이자 미래를 위한 청사진이야.

쓰레기 없이 사는 법, 제로 웨이스트부터!

지속가능한 삶의 예시, 제로 웨이스트

'지속가능한 삶'이라는 말이 좀 어려워 보일 수 있지만 사실은 지금 우리가 사는 방식을 조금만 바꾸면 지구를 더 오랫동안 건강하게 지킬 수 있다는 뜻이야. 우리가 자원을 많이 낭비하면 미래의 친구들은 쓸 자원이 없게 되겠지? 그래서 꼭 필요한 만큼만 쓰고 다시 쓸 수 있게 만드는 삶이 필요해. 그중 하나가 바로 '제로 웨이스트'야.

학습 키워드　#지속가능한 삶　#제로웨이스트　#생활혁명　#순환경제　#극소비주의　#자원재생　#생태중심생활

교과 연계　중 〉 환경 〉 지속가능성과 시민 참여 / 중 〉 사회2 〉 지속가능한 세계와 글로벌 시민

'지속가능한 삶'이란 뭘까? 유엔은 '미래 세대의 필요를 해치지 않으면서 지금 세대의 필요를 충족하는 발전'이라고 정의해. 좀 딱딱하지? 쉽게 말하면, 지금 우리도 잘 살고, 미래의 아이들도 잘 살 수 있도록 배려하면서 살아가는 삶을 뜻해.

지속가능한 삶의 세 기둥은 환경, 사회, 경제야. 지구를 아끼고, 모두가 공평하게 살고, 돈도 너무 낭비하지 않고 알뜰하게 쓰는 게 중요하지. 그런데 지금 세상은 어떤 줄 아니? 세계경제포럼에 따르면 지구가 감당할 수 있는 것보다 1.7배를 쓰고 있대. 마치 은행 통장에 100만 원씩 들어있는데 매달 170만 원을 쓰는 거랑 같아. 그럼 언젠가는 파산하겠지?

제로 웨이스트는 이런 '생태적 파산'을 막기 위한 멋진 전략이야. 독일의 한 연구에 따르면, 집에서 쓰레기를 절반만 줄여도 그 집의 탄소발

자국이 25%나 줄어든대. 단순히 쓰레기를 줄이는 게 기후변화와 생태계 파괴를 막는 데 이렇게 효과적이라니 놀랍지?.

제로웨이스트 5R 원칙

제로 웨이스트의 핵심은 비 존슨이 제안한 5R 원칙Refuse, Reduce, Reuse, Recycle, Rot이야. 이건 그 냥 쓰레기 관리가 아니라 자원이 순환하는 시스템을 만드는 거지.

↑ 1년 동안 버린 플라스틱 쓰레기를 들고 있는 비 존슨 (그린피스)

1. Refuse(거절하기): 필요 없 는 건 처음부터 "안 받아요."하고 말하는 거야. 환경운동가 그레타 툰베리는 멀리 가야 하는 데도 비행기를 타지 않기로 했어. 그녀의 '비행 거부flight shame' 운동 덕분에 유럽에서는 기차여행이 늘었대. 혼자 한 선택이 세상을 바꾼 거야.

2. Reduce(줄이기): 진짜 필요한 것만 쓰는 거야. 핀란드의 판누후오네 아파트에서는 주민들이 공구, 운동기구, 파티용품까지 함께 나눠서 쓰고 있어. 다 같이 쓰니까 개인 소유는 줄었지만 사용할 수 있는 자원은 오히려 늘어났어.

3. Reuse(재사용하기): 버리지 말고 창의적으로 다시 사용하는 거야. 암스테르담의 반 데 비크 가족은 쇼핑할 때 재사용 용기만 써. 그 가족은 한 달 동안 나오는 쓰레기가 작은 유리병 하나뿐이래. 어려워 보이지만, 습관이 되면 누구나 할 수 있다고 해.

4. Recycle(재활용하기): 우리가 가장 잘 아는 방법이지만 사실 한계

가 있어. 전 세계 플라스틱의 9%만 실제로 재활용되고 나머지는 땅에 묻거나 태워버린대. 그래서 앞의 세 가지가 더 중요한 거야.

5. **Rot(퇴비화하기):** 자연의 순환 시스템에 참여하는 거야. 도쿄의 한 아파트 단지에선 주민 모두 공동 퇴비장을 운영해. 음식물 쓰레기가 퇴비가 되고, 그 퇴비로 공동 텃밭을 가꾸고, 거기서 나온 채소를 다시 먹는 완벽한 순환 시스템을 만든 거야.

지구 곳곳에서 제로 웨이스트

제로 웨이스트는 '순환경제'의 일부야. 지금까지는 자원을 채취하고 사용하고 버렸다면 이제는 자원을 계속 돌려 쓰는 세상으로 바뀌고 있어. 네덜란드 암스테르담은 2050년까지 100% 순환경제 도시를 만들겠대. 건물을 지을 때부터 나중에 분해해서 다시 쓸 수 있게 설계하는 거야. 스마트폰 회사 '페어폰 **Fairphone**'은 부품을 필요한 부분만 쉽게 갈아 끼울 수 있도록 만들었어. 고장난 부분만 바꿔 쓰면 되니까 통째로 버릴 필요가 없는 거지.

우리나라의 '쓰레기 없는 마을'인 정릉천 마을에서는 주민들이 플라스틱 없는 가게를 운영하고 공동 텃밭을 가꾸며 중고 물품을 서로 바꿔 써. "물건은 줄었지만 이웃과는 더 가까워졌다"고 했대.

지속가능한 삶은 단지 지구를 위한 것만은 아니야. 우리 삶의 질과 행복에도 바로 연결되어 있어. 영국의 연구에 따르면 물건을 많이 사는 사람보다 경험이나 관계에 더 집중하는 사람들이 더 행복하대. 미니멀리스트 작가 조슈아 밀번은 "물건을 갖는 건 자유가 아니라 짐이 된다."고 말해.

일본의 '단순한 삶' 운동 선구자인 사사키 후미오는 물건을 55개로

⬆ 일본의 대표적인 미니멀리스트 사사키 후미오 (EBS 하나뿐인 지구)

줄였어. 그랬더니 "물건이 줄자 정신적 공간이 넓어졌다"고 했어. 스웨덴의 '라곰 Lagom' 철학은 '딱 적당함'을 추구해. 너무 많지도 너무 적지도 않은 균형 잡힌 삶이지. 이런 생각으로 사는 스웨덴은 세계에서 가장 행복한 나라 중 하나로 꼽히기도 했어.

"완벽한 제로 웨이스트는 불가능해." 이 말이 맞아. 완벽을 추구할 필요는 없어. 중요한 건 조금씩 바꾸려는 마음이야. 디자이너 안느 마리 보네코는 "제로 웨이스트는 완벽을 추구하는 게 아니라 더 나은 선택을 해가는 여정"이라고 말해.

브라질 쿠리치바시는 사람들이 열심히 재활용을 해서 쓰레기 매립량을 70%나 줄였어. 환경도 살리고 도시 살림도 좋아졌지.

이제 '지속가능한 삶'은 선택이 아니라 필수가 되어가고 있어. 이건 불편함이나 희생이 아니라 더 의미 있고 더 풍요롭고 더 행복한 삶으로 가는 길이야. 물건 보다 경험, 낭비보다 배려, 나 혼자보다 우리 모두, 이게 바로 진짜로 멋진 삶 아닐까?

1. 다음 중 본문에서 설명한 '5R 원칙'에 해당하지 않는 것은?

   ① 거절하기(Refuse)   ② 줄이기(Reduce)   ③ 재사용하기(Reuse)

   ④ 재활용하기(Recycle)   ⑤ 무단 투기하기(Random dump)

2. 세계에서 가장 행복한 나라 중 하나로 꼽힌 스웨덴의 ____________철학은 '딱 적당함'을 추구해. 너무 많지도 너무 적지도 않은 균형 잡힌 삶을 추구하는 이 철학의 이름은 무엇일까?

3. 한 달 동안 매일 환경 보호 습관을 실천하고, 실천 내용과 그로 인한 변화를 기록해서 '나만의 지속가능한 삶 캘린더'를 완성해 보자. (예: 첫 주는 일회용품 거절하기)

4. 우리 집(또는 교실)에서 나오는 쓰레기를 일주일 동안 종류별로 모아 가장 많이 나오는 쓰레기가 무엇인지 파악하고, 이를 줄이거나 대체할 수 있는 방법을 제시해 보자.

더 알고 싶어 119

📖 도서   ▷ 영상   🔍 사이트

📖 **『옷을 사지 않기로 했습니다』 (이소연, 돌고래, 2023)**
패션 산업의 환경 문제와 비윤리적인 노동 관행을 고발하며, 지속가능한 삶을 위해 1년 동안 새 옷을 사지 않는 도전을 실천한 저자의 경험과 깨달음을 담은 책이야. 필요 이상의 소비가 환경에 미치는 영향을 성찰하고, 오래 입고 고쳐 입는 삶의 태도 변화를 제안하는 내용이 담겨 있어.

▷ **제로 웨이스트 이렇게만 도전하면 나도 할 수 있다. (tvN 커버스토리)**
1년 동안 쓰레기 배출량을 딱 한 병으로 줄이는 실천 원칙 5가지를 쉽고 재미있게 소개하며, 거창하지 않아도 누구나 일상에서 쓰레기 줄이기에 도전할 수 있음을 보여주고 있어.

🔍 **제로 웨이스트 라이프**
플라스틱과 쓰레기를 줄이는 제품을 판매하는 오프라인 제로 웨이스트 상점들의 정보를 모아 소개하는 곳이야. 이 사이트의 목적은 '쓰레기 없는 삶'을 실천하고 싶은 사람들이 근처의 상점을 쉽게 찾고, 친환경적인 소비를 할 수 있도록 돕는 거야.

모빌리티의 혁명,
이동의 패러다임이 바뀐다고?

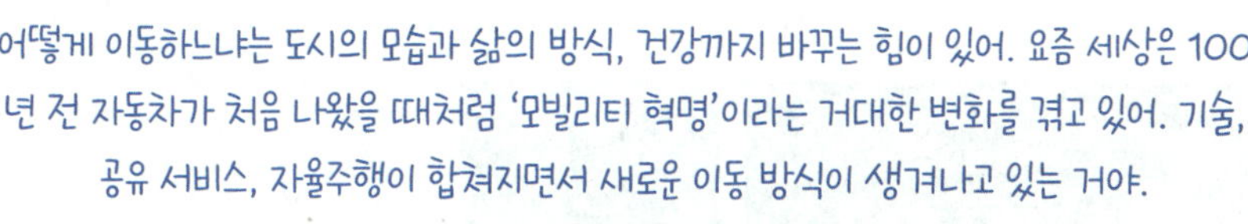

지속가능한 교통이 만드는 미래도시의 풍경

어떻게 이동하느냐는 도시의 모습과 삶의 방식, 건강까지 바꾸는 힘이 있어. 요즘 세상은 100년 전 자동차가 처음 나왔을 때처럼 '모빌리티 혁명'이라는 거대한 변화를 겪고 있어. 기술, 공유 서비스, 자율주행이 합쳐지면서 새로운 이동 방식이 생겨나고 있는 거야.
이런 변화는 우리의 삶을 어떻게 바꿀까?

학습 키워드　#모빌리티혁명　#스마트교통　#마이크로모빌리티　#15분도시　#메타버스이동　#자율주행
교과 연계　중 〉 환경 〉 지속가능성과 시민 참여　　　　중 〉 사회2 〉 지속가능한 세계와 글로벌 시민
　　　　　　　중 〉 과학1 〉 과학과 인류의 지속가능한 삶

　　교통은 도시의 모양과 사람들의 생활을 결정짓는 DNA 같은 존재야. 고대 로마는 수레가 지나갈 수 있는 폭의 도로를 기준으로 도시를 만들었고, 산업혁명 시대는 기차가 중심이 된 철도가, 그리고 20세기에는 자동차를 위한 고속도로로 도시 모습이 달라졌어. 요즘 도시는 또 한 번 큰 변화를 준비 중이야. 많은 도시들이 자동차를 중심으로 하는 설계에서 벗어나는 실험을 하고 있지. 파리는 '15분 도시'를 만들려고 걷거나 자전거로 15분 안에 학교, 병원, 마트, 놀이터 같은 필요한 곳에 갈 수 있게 만든대. 서울도 광화문과 종로 근처를 '걷기 좋은 도시'로 바꾸고 있어. 밀라노는 '오픈 로드**Open Roads**' 프로젝트도 도로 35km를 자전거 도로와 보행자 거리로 바꿨어. 신기하게도 이렇게 바꾸자 가게 손님도 늘고 사람들이 더 많이 걷고 건강해졌대.

예전에 교통은 버스, 지하철, 자가용 등의 하드웨어 중심이었지만 지금 교통은 '소프트웨어' 중심으로 변하고 있어. 교통수단이 아니라 '필요할 때 알맞은 수단'을 고르는 시대야. 바로 MaaS**Mobility as a Service**라는 개념이지. 하나의 앱에서 여러 교통수단을 연결해주는 서비스로 헬싱키의 'Whim' 앱이 대표적이야. 중요한 건 소유가 아닌 접근성이어서 자가용을 사서 대부분 주차장에 세워두기 보다는 필요할 때 자전거, 전기차, 지하철 같은 적절한 교통수단을 이용하는 게 똑똑한 선택이 된 거야.

↑ 제로셔틀이 운행중인 모습 (경기도자율주행센터)

우버나 리프트 같은 라이드헤일링 서비스부터 전기자전거, 전동킥보드 같은 마이크로 모빌리티까지 이동 방법은 점점 다양해지고 있어. 최근 서울 상암동에서는 자율주행 셔틀 '제로셔틀'이 다니기 시작했어. 이런 서비스들이 버스나 지하철과 잘 연결되면 차 없이도 어디든 편하게 다닐 수 있지.

가상현실**VR**, 증강현실**AR** 덕분에 물리적으로 움직이지 않아도 일을 하고 친구를 만나고 쇼핑도 할 수 있어. 코로나19 이후 원격 수업과 재택 근무가 많아졌던 거 기억하지? 앞으로는 회의, 수업, 놀이까지 이런 기술로 편하게 할 수 있을 거야.

온실가스 중 20%가 바로 교통 때문에 생긴대. 그래서 전기차가 점점 더 많이 쓰이고 있어. 노르웨이에서는 신차의 80% 이상이 전기차고, 우리나라에서도 점점 전기차가 늘고 있어. 하지만 전기차도 완벽한 건 아니야. 배터리를 만드는 재료인 리튬과 코발트 채굴은 또 다른 환경 문제를 만들거든. 그래서 전기차를 늘리는 것보다 아예 차 자체를 덜 쓰는 방향으로 도시를 바꾸는 게 중요해. 스웨덴 말뫼는 '자동차 없는 마을' 프로젝트로 주목받고 있어. 주민들은 카셰어링 서비스를 이용하고, 대부분의 이동은 자전거와 대중교통으로 해결해. 서울의 성대골 마을도 비슷한 실험을 하고 있지. 주민들이 함께 전기차를 공유하고, 마을버스 노선을 주민들이 직접 설계해 운영하고 있어.

이런 변화들은 우리 일상을 어떻게 바꿀까?

먼저, '이동 시간'의 의미가 달라질 거야. 자율주행차가 보편화되면 운전 대신 독서나 작업, 휴식을 즐길 수 있게 되지. 스마트 교통 시스템은 교통체증을 크게 줄여 시간이 절약될 거야. 또 현재 도시 공간의 30%가 주차장으로 쓰이고 있는데 자율주행 공유차량이 많아지면 차가 줄어서 주차장도 줄어들 거야. 이 공간은 공원, 주택, 문화시설로 바뀔 수 있지. 상상해 봐. 자동차와 주차장 대신 나무와 꽃, 사람들로 가득한 거리를.

건강에도 긍정적인 영향이 있어. 코펜하겐에서는 자동차 대신 자전거로 출근하는 사람의 사망률이 30% 낮았대. 걷거나 자전거를 타는 습관은 비만, 당뇨, 심장병 같은 만성질환 예방에 효과적이야. 그리고 가장 큰 변화는 '소유'에 대한 인식일 거야. Z세대와 알파세대는 자동차를 갖는 걸 덜 집착해. 미국에서는 운전면허를 따는 나이가 계속 늦어지고 있대.

지속가능한 교통이 만드는 미래는 친환경을 넘어 더 건강하고, 더 스마트하며, 더 평등한 사회를 만들어 줄 수 있어. 우리의 이동 방식을 바꾸는 건 그냥 교통수단을 바꾸는 게 아니라, 우리 삶과 도시, 그리고 지구의 미래를 바꾸는 일이야.

1. 코펜하겐에서 자전거 중심 도시가 되기 위해 시행한 정책으로 볼 수 없는 것은?

　① 자전거 전용도로를 350km 이상 촘촘히 연결함

　② 자전거가 신호등에 덜 멈추도록 '그린 웨이브' 시스템 도입

　③ 자전거 통근자에 대한 세금 혜택 제공

　④ 자전거로 이동 가능한 '5분 도시' 구조로 설계

　⑤ 자전거 통근자가 자동차 통근자보다 사망률이 낮다는 연구 결과 존재

2. 다음 중 지속가능한 교통이 우리 삶에 미치는 영향으로 알맞지 않은 것은?

　① 걷기와 자전거 이용 증가로 건강이 좋아진다.

　② 대중교통만 이용하면 자율주행 기술은 무용지물이 된다.

　③ 메타버스와 원격 업무 확산으로 물리적 이동이 줄어든다.

　④ 교통 체증 감소로 이동 시간이 효율적으로 사용된다.

　⑤ 자동차 소유보다는 서비스 접근성을 중요시하는 인식 변화가 있다.

3. 2050년 미래 도시에서 모든 사람이 이용할 '개인용 친환경 꼬마 이동체'을 상상해 보자. 이 이동체의 모습을 구체적으로 설명하고, 이로 인해 우리 동네의 매연과 소음 문제가 어떻게 해결될지 예측해 보자.

더 알고 싶어 119

📖 도서　▷ 영상　🔍 사이트

📖 **『모빌리티 쯤 아는 10대』 (서성현, 풀빛, 2023)**
미래의 이동 수단인 모빌리티(Mobility)의 개념부터 자율주행차, 도심항공교통(UAM), 스마트 물류, 공유 모빌리티 등 다양한 분야를 소개하며, 기술 발전이 우리의 삶과 도시를 어떻게 변화시킬지 보여줘.

▷ **눈앞으로 다가온 모빌리티 혁명 (JTBC 교양 Voyage)**
자율주행차와 공유 모빌리티, 전기차 등의 최신 기술과 플랫폼이 도시 교통을 어떻게 혁신하며, 미래의 이동과 연결 방식을 재설계하는지를 전문가와 실제 사례를 통해 생생하게 소개하는 교육 프로그램이야.

🔍 **한국교통연구원 (KOTI)**
도로, 철도, 항공, 물류, 도시 교통 등 모든 교통 분야에 걸쳐 국가 교통 정책을 연구하고 지원하는 국책 연구기관이야. 주요 역할은 AI 모빌리티, 자율주행, 탄소중립 녹색성장 교통 정책, 국가 교통 DB 구축 등 미래 교통 시스템과 관련된 연구를 수행하며, 국민 삶의 질 향상을 위한 교통 정책 수립의 길잡이 역할을 하는 거야.

우리 손으로
깨끗한 도시를 만들 수 있어

지속가능한 도시, 생태도시

산책로를 걸으며 새소리를 듣고 나무 향기를 느낄 수 있다면 얼마나 좋을까?
바쁜 도시 생활 속에서 자연과 함께 숨 쉴 수 있다면 정말 멋지겠지?
이런 게 실제로 가능한 곳이 바로 '생태도시'야. 생태도시는 환경을 보호하고 그 안에 사는
사람들이 건강하고 행복하게 살 수 있게 만들 도시를 말해.

학습 키워드 #생태도시 #도시생태계 #도시농업 #빗물순환 #생물다양성 #녹색건축 #도시숲
교과 연계 중 > 환경 > 지속가능성과 시민 참여
중 > 사회2 > 지속가능한 세계와 글로벌 시민

생태도시는 그냥 나무 몇 그루 더 심는 게 아니야. 이건 도시 전체를 하나의 살아있는 생명체처럼 설계하는 거야. 자연의 순환 원리를 따라 에너지, 물, 자원이 계속 순환하도록 만드는 거야.

독일 프라이부르크에 있는 '보봉Vauban 지구'는 생태도시가 어떤 건지 딱 보여줘. 이곳은 자동차 없이도 살 수 있게 설계됐어. 모든 집은 햇볕이 잘 들게 지어서 난방 에너지가 거의 안 들고 지붕마다 태양광 패널도 달려 있어. 집 사이사이 마다 텃밭도 있어서 직접 채소를 키우기도 해. 그 결과 보봉 주민들은 독일 평균보다 에너지를 60%나 덜 쓰면서도 더 건강하고 즐겁게 산대.

생태도시에서 물이 가장 중요해. 보통 도시는 비가 오면 아스팔트나 콘크리트에 막혀 물이 땅에 스며들지 못하고 하수도로 빠져 버려. 그

런데 생태도시는 달라. 중국 린강 신도시는 '스펀지 시티' 개념을 도입했어. 도시 전체가 큰 스펀지처럼 빗물을 흡수하고 저장했다가 필요할 때 꺼내 쓰는 구조지. 도로는 물이 스며드는 포장재로 만들어 물을 모으고, 건물 옥상은 정원이 있어서 빗물을 흡수해. 공원은 비가 많이 올 때 물을 잠시 저장하는 역할도 해. 그 결과 홍수 위험이 70% 줄었고, 물 부족 문제도 훨씬 나아졌대.

미국 포틀랜드엔 '빗물 정원**Rain Garden**'이 있어. 식물, 돌, 모래, 흙이 조화를 이룬 작은 정원인데 여기로 빗물이 흘러 들어와서 천천히 스며들면서 깨끗한 물로 다시 돌아가게 돼. 도시 경치를 예쁘게 바꾸고, 지하수도 채워주고, 장점이 많아!

또 생태도시는 사람만 잘 사는 곳이 아니야. 동물, 식물도 함께 사는 도시야. 싱가포르는 '정원 도시'를 넘어서 '도시 속의 정원'을 만들었어. '파크 커넥터'라는 녹색 통로가 도시 곳곳을 300km 넘게 이어 주는데 이 길을 따라 동식물이 자유롭게 이동하고 사람들도 자연 속을 걸으며 도시를 가로지를 수 있지. 덕분에 도시에서 사라졌던 수달, 천연기념물 새, 심지어 딱따구리까지 다시 돌아왔대.

생태도시는 환경만 좋은 게 아니야. 사람들도 더 건강하게 살 수 있어. 호주 멜버른은 도시 전체 나무 수를 두 배로 늘리는 '도시 숲 전략' 실천했어. 그랬더니 폭염 때 도시 열섬 현상이 5도나 좋고 사람들의 호흡기 질환도 크게 감소했대.

캐나다 토론토는 새로 짓는 건물마다 '녹색 지붕'을 의무화했어. 이 지붕들로 추가된 녹지 면적이 무려 109만m^2나 돼. 이런 지붕들은 1년에 258톤의 오염물질을 제거하고 도시 온도를 낮추고 냉난방 비용도 30%나 아껴 준대.

브라질 쿠리치바는 '지속가능한 대중교통'이라는 혁신적인 시스템을 도시 전체에 구축했어. 이건 자동차 사용을 줄이고 모든 시민이 효율적으로 이동할 수

있게 하는 네트워크야. 도시 곳곳에 전용 차로를 가진 버스 시스템, 자전거 도로, 그리고 보행자 친화적인 공간을 만들었어. 이런 시설들은 시민들이 빠르고 저렴하게 이동하면서도 환경 오염을 최소화하는 역할을 해. 이 시스템 덕분에 교통 혼잡이 줄어들고, 대기 오염이 감소했어. 또 도시가 더 평등해지고 저소득층도 쉽게 도시 전체를 이용할 수 있는 환경이 조성됐지.

우리나라도 세종시와 송도국제도시를 중심으로 생태도시를 만들기 위한 노력을 하고 있어. 특히 세종시는 자연 지형을 최대한 보존하면서 도시를 건설했고, 24m 폭의 대규모 보행자 전용 녹지축을 조성했지.

생태도시는 단순히 환경 문제의 해결책만이 아니야. 이건 우리가 도시를 바라보는 관점 자체를 바꾸는 패러다임의 전환이지. 도시와 자연을 대립해서 보는 게 아니라 하나의 통합된 생태계로 보는 거야. 자연의 원리를 도시 설계에 적용해서 자원 소비를 줄이고 환경 영향도 최소화하면서 사람들의 삶의 질은 오히려 높아질 수 있다는 걸 보여주고 있어.

우리가 살고 있는 도시도 조금씩 생태도시로 변화할 수 있어. 옥상정원을 가꾸고, 빗물을 모아 재활용하고, 생물다양성을 높이는 작은 실천들이 모여 도시 전체의 생태계를 바꿀 수 있을 거야.

1. 자연의 순환 원리를 도시 설계에 접목하여 사람과 환경이 조화롭게 살아가는 도시를 무엇이라고 하나? ____

2. 다음 빈칸에 알맞은 말을 써 보자.

> 독일 프라이부르크의 '보봉(Vauban)' 지구는 주택마다 __________(을)를 설치하고 주택 사이에 텃밭을 조성해 에너지를 절약하며 건강한 삶을 실현한 생태도시다.

3. 생태도시에서 '물의 순환'을 자연스럽게 하기 위한 방법으로 옳지 않은 것은?

   ① 옥상을 정원으로 꾸미기
   ② 투수성 포장재로 도로 포장하기
   ③ 저류지를 활용해 빗물 저장하기
   ④ 하수구를 크게 만들어 물을 빨리 배출하기
   ⑤ 보도블록과 정원으로 빗물 흡수 유도하기

4. 다음 중 생태도시가 도시 생물다양성에 미치는 긍정적인 영향으로 적절한 것은?

   ① 도시 면적을 줄여 동물의 이동을 제한함
   ② 아스팔트를 넓혀 야생동물 접근을 막음
   ③ 공장을 도심에 집중시켜 온실가스를 줄임
   ④ 도심을 녹색 네트워크로 연결해 서식지를 넓힘
   ⑤ 가로수를 제거해 조망을 확보함

 **더 알고 싶어 119**　　　　📖 도서　▷ 영상　🔍 사이트

📖 **『미래를 준비한 세계의 도시들』(이두현, 지식과감성, 2024)**
기후변화, 인구 문제, 기술 혁신 등 복잡한 미래 사회 변화에 대응하기 위해 전 세계 주요 도시들이 어떤 혁신적인 정책과 도시 계획을 실행하고 있는지 탐구하는 책이야. 특히 이 책은 탄소중립, 스마트시티, 지속가능한 교통 시스템과 같은 주제를 중심으로, 미래 도시의 모습과 그 성공 사례를 보여주며 우리 도시가 나아가야 할 방향을 제시하는 내용이야.

▷ **독일 프라이부르크가 환경도시로 거듭난 이유 (KBS 다큐)**
시민과 정부가 협력해 태양광 발전과 에너지 절약 건축, 보행자·자전거 중심 교통, 쓰레기 분리배출 및 바이오매스 에너지 활용 등 통합적 친환경 정책을 추진하며, 지속가능하고 깨끗한 도시를 만들어 온 과정을 보여주는 다큐멘터리야.

🔍 **지속가능한 도시를 위한 아이디어 : 15분 도시 (국가환경교육 통합플랫폼)** '15분 도시(15-Minute City)'라는 개념을 통해 지속가능한 도시의 미래를 제안하는 내용이야. 이 개념은 주거지에서 도보나 자전거로 15분 이내에 직장, 학교, 상점, 병원, 문화시설 등 삶에 필요한 대부분의 기능에 접근할 수 있도록 도시를 재설계함으로써, 교통량을 줄여 탄소 배출을 감소시키고 삶의 질과 커뮤니티 활성화를 높이는 도시 모델에 대한 내용을 다루고 있어.

맛있게 먹으면서
지구도 지키는 방법

지속가능한 먹거리

식탁에서 자연을 생각하는 것, 이게 바로 '지속가능한 먹거리'의 시작이야.
환경도 지키고 내 건강도 챙기면서 미래를 위해 우리가 할 수 있는 작은 실천이지.
지속가능한 먹거리, 우리 일상에서 어떻게 실천할 수 있을지 이야기해 보자.

학습 키워드 #지속가능한 먹거리 #푸드마일리지 #제철식품 #로컬푸드 #음식물쓰레기 제로
#채식지향 #생태농업 #푸드셰어링

교과 연계 중 〉 사회2 〉 지속가능한 세계와 글로벌 시민

식탁 위에 놓인 음식 하나하나에는 보이지 않는 가격표가 붙어 있어. 그건 돈이 아니라 '환경 비용'이야. 우리가 먹는 음식이 만들어지고, 포장되고, 멀리서 우리 집까지 오는 동안 지구는 많은 자원과 에너지를 써야 하거든. 이건 전 세계가 다 겪는 일이야.

온실가스의 1/3 정도가 음식 때문에 생긴다는 사실, 알고 있었어? 특히 고기를 만드는 데는 더 많은 에너지가 들어가. 소 한 마리를 키우는 데 15,000리터의 물이 필요해. 이건 6개월 동안 샤워를 매일 하는 양이래. 게다가 소고기 1kg을 만들려면 온실가스가 자동차로 80km를 달릴 때 나오는 만큼 배출된대.

문제는 음식의 이동 거리야. 한국의 푸드마일리지는 세계에서 가장 높은 수준이야. 유자는 제주도에서 나지만 중국에서 수입해오고 고

등어는 부산 근처에서 잡히는데 노르웨이에서 들여와. 칠레 포도, 뉴질 랜드 키위, 미국 오렌지…. 우리가 매일 먹는 음식이 지구 곳곳에서 오 고 있는 거야.

지속가능한 먹거리를 위한 실천

그럼 우리가 뭘 할 수 있을까? 바로 '지속가능한 먹거리'를 선택하 는 거야. 지속가능한 먹거리를 이용하면 환경에 미치는 영향도 줄이면서 우리 건강도 챙기고 문화적 다양성도 지킬 수 있어. 이건 지금 실천할 수 있는 구체적인 행동이야.

↑ 로컬푸드코너 (농협로컬푸드직매장)

첫째, 로컬 푸드를 선택 해. 가까운 곳에서 자란 음 식은 운송 거리도 짧고 탄 소발자국도 적어. 강원도 횡 성에서 자란 소고기를 서울 에서 먹는 것과 호주산 소 고기를 먹는 건 환경에 미 치는 영향이 완전 달라! 로컬 푸드는 신선도도 높고 지역 경제도 살리는 일석이조의 효과가 있어. 예를 들어 충북 옥천에는 '장날 협동조합'이 있 는데 지역 농부들이 직접 기른 농산물을 중간 유통 없이 소비자에게 직 거래로 팔아. 중간 유통 마진이 없으니 농부도 이익, 소비자는 더 신선한 음식을 저렴하게 먹을 수 있어. 이런 식품은 포장도 최소한이라 플라스 틱 쓰레기도 덜 생겨.

둘째, 제철 식품을 먹어. 제철 음식은 맛도 좋고 영양도 풍부해. 봄엔 냉이와 쑥, 여름엔 수박과 토마토, 가을엔 사과와 배, 겨울엔 무와 배추.

이렇게 계절에 따라 먹으면 계절도 느끼고 에너지도 덜 쓰게 돼. 제주도의 한 식당은 그날 아침 잡은 해산물과 채소만 써서 메뉴가 계절마다 바뀐대. 관광객들은 오히려 이런 게 더 재미있고 특별하게 느끼는데, 제주의 자연을 더 생생하게 경험하는 느낌이기 때문이야.

셋째, 고기 소비를 줄이자. 완전한 채식이 어렵다면 '플렉시테리언 **Flexitarian**'이 되어보는 건 어때? 이건 가끔은 고기를 안 먹는 식단이야. 일주일에 하루나 한 끼만 고기를 안 먹어도 환경에 큰 도움이 돼. 서울의 한 회사는 '고기 없는 월요일'을 실천했는데 직원들의 건강도 좋아지고 회사의 탄소발자국도 줄어드는 효과를 봤대. 식물성 단백질인 콩, 두부, 귀리 같은 식물성 단백질도 맛있는 요리를 할 수 있어.

맛있게 먹고 환경은 덜 오염되게

전 세계에서 생산되는 음식의 1/3은 그냥 버려진다는 거, 알고 있었니? 이건 매년 13억 톤에 가까운 엄청난 양이야. 한국에서도 하루에 약 1만 4천 톤의 음식이 쓰레기로 버려져. 이건 토지, 물, 에너지 낭비도 엄청난 거야.

서울의 한 대학가에서는 '푸드 셰어링**Food Sharing**' 앱이 인기래. 식당이나 카페에서 남은 음식을 할인해서 파는 거야. 가게는 음식물 쓰레기를 줄이고, 사람들은 저렴하게 맛있는 걸 먹고, 환경은 덜 오염되는 완전 윈-윈-윈이야!

집에서도 음식물 쓰레기를 줄일 수 있어. 장 보러 가기 전에 냉장고를 먼저 확인하고, 필요한 만큼만 사는 습관을 들이는 거야. 또 남은 재료로 요리하는 '레시피 업사이클링(냉장고 파먹기)'도 재미있는 방법이지. 남은 빵으로 맛있는 프렌치 토스트를 만들거나 시들어 가는 채소로 볶

음밥 만들기 어때?

현대의 농사는 더 많이 더 빨리 생산하게 되었지만, 토양 오염, 생물다양성 감소, 물 오염 같은 문제가 생겼어. 더 지속가능한 농사 방식이 필요해.

유기농업은 화학 비료나 농약을 주는 대신 자연의 순환을 활용해. 경기도 양평의 한 유기농 농장은 화학 비료 대신 천연 퇴비를 쓰고, 해충은 천적을 이용해 잡아. 수확량은 일반 농사보다 조금 적지만, 맛과 영양은 뛰어나고 환경에도 좋아.

'퍼머컬처Permaculture'는 농법도 있어. 아예 자연 생태계를 본떠 여러 작물을 심고 물도 순환시키는 방식이야. 제주도의 한 농장은 이런 방식으로 다양한 작물을 심어 병충해를 자연스럽게 방지하고, 물과 영양분의 순환이 잘되게 했어. 이런 방식은 생물다양성도 보존하고 땅도 건강하게 지켜 준대.

지속가능한 먹거리를 선택하는 건 단지 환경을 위한 게 아니야. 우리 건강과 맛있는 식문화를 지키는 일이기도 해. 화학 물질이 적은 음식은 더 맛있고 영양가도 높잖아. 그리고 지역의 다양한 전통 음식과 조리법은 우리의 문화적 유산이기도 하지.

지속가능한 먹거리를 사는 건 복잡하거나 어렵지 않아. 오늘 저녁, 로컬 마켓에서 제철 채소를 사서 요리해 보는 건 어때? 아니면 냉장고 속 재료로 새로운 요리에 도전해 봐도 좋지. 음식물 쓰레기를 줄여볼 수도 있고.

우리의 젓가락은 가장 강력한 환경 운동의 무기야. 하루 세 번, 어떤 세상을 원하는지 음식으로 투표하고 있으니까! 맛있게 먹으면서도 지구를 지키는 지속가능한 먹거리 혁명, 함께 시작해 볼까?

1. 지역에서 생산된 식품을 가까운 곳에서 소비하는 방식을 무엇이라고 하나?

2. 다음 중 지속가능한 먹거리를 실천하는 방법으로 옳지 않은 것은?

　① 지역에서 생산된 로컬푸드를 소비한다.　　　② 제철 식품을 골라 먹는다.

　③ 음식물 쓰레기를 줄이기 위해 필요한 만큼만 구매한다.

　④ 매 끼니마다 소고기를 섭취해 단백질을 충분히 섭취한다.

　⑤ 남은 음식을 활용한 요리로 재사용한다.

3. 다음 중 본문에서 언급된 '지속가능한 농업 방식'으로 옳은 것을 모두 고른 것은?

　① 유기농업　　　　　　② 퍼머컬처　　　　　　③ 고밀도 농약 살포

　④ 천적을 이용한 해충 방제　　⑤ 대형 화학비료 사용

4. 지속가능한 먹거리에 대한 설명으로 가장 적절한 것은?

　① 가격이 비싼 유기농 식품만을 고집하는 것을 의미한다.

　② 건강보다는 환경을 우선으로 고려한 식단이다.

　③ 환경에 미치는 영향을 줄이며 건강과 식문화까지 고려한 먹거리이다.

　④ 오직 채식만을 고집해야 실천 가능한 방식이다.

5. 냉장고 속 가장 빈번하게 남거나 폐기될 위기에 놓인 식재료를 최소 두 가지 이상 선정하고, 이를 100% 활용하여 '제로 웨이스트' 컨셉의 창의적인 신규 레시피를 개발해 보자.

더 알고 싶어 119

📑 도서　▷ 영상　🔍 사이트

📖 『비거니즘, 완벽하지 않아도 괜찮아』 (오지구요, 동양북스(동양문고), 2021)
비거니즘(Veganism)을 실천하는 사람들이 일상에서 겪는 고민과 현실적인 어려움을 다루면서, 완벽하지 않더라도 각자의 위치에서 비거니즘을 실천하는 것의 가치를 이야기하는 책이야. 비거니즘을 식단뿐 아니라 환경, 동물권, 윤리적인 삶의 태도로 확장해서 이해하도록 돕고, 부담감 없이 지속가능한 방식으로 비건 라이프를 시작할 수 있도록 격려하는 내용이 담겨 있어.

▷ 지속가능식단, 세계가 주목하는 식품은? (KBS 뉴스 부산)
고영양·저탄소 배출로 기후위기에 대응할 수 있는 '블루푸드' 수산식품의 중요성과 현재 국내외에서 수산물 소비가 줄고 있는 문제를 진단하며, 정책적 지원과 소비자 인식 개선의 필요성을 강조하는 뉴스야.

RE100, 100% 재생에너지도 가능해

지속가능한 에너지

아침에 일어나 밥을 먹고, 스마트폰으로 친구와 소통하고, 전기버스를 타고 학교에 갈 때 쓰는 에너지를 모두 깨끗한 재생에너지로 쓰는 건 불가능한 일일까? 불가능한 일이 아니야. 이미 전 세계 많은 기업들이 이 꿈을 현실로 만들기 위해 'RE100'이라는 이름으로 움직이고 있어. 오늘은 이 놀라운 녹색 혁명의 세계로 떠나 보자!

학습 키워드 #RE100 #재생에너지 #기후변화대응 #지속가능성 #기업책임 #탄소중립 #에너지전환
교과 연계 중 〉 환경 〉 지속가능성과 시민 참여
중 〉 사회2 〉 지속가능한 세계와 글로벌 시민

RE100은 'Renewable Energy 100%'의 줄임말이야. 기업들이 사용하는 에너지를 100% 재생에너지로 바꾸겠다는 세계적인 캠페인이야. 2014년 영국의 비영리 단체인 더 클라이밋 그룹**The Climate Group**이 탄소정보공개프로젝트**CDP**와 함께 시작했어. 지금은 427개가 넘는 글로벌 기업들이 참여하고 있는데 애플, 구글, 마이크로소프트부터 우리나라의 삼성전자, LG전자, SK하이닉스도 함께하고 있어. 이 기업들이 1년 동안 쓰는 전기 양은 약 378테라와트시**TWh**로 프랑스가 1년 동안 쓰는 전기 소비량과 맞먹는 엄청난 양이야.

우리가 평소에 쓰는 물건들은 만들어 질 때 엄청난 양의 에너지가 들어가. 지금 입고 있는 티셔츠, 손에 들고 있는 스마트폰, 아침에 먹은 시리얼까지 모두 에너지를 사용해 만들었어. 문제는, 이 에너지의 대부

분이 석탄이나 석유 같은 화석연료를 태워서 만들어진다는 거야. 그 과정에서 엄청 많은 온실가스가 나오고, 이게 바로 기후변화의 주범이 되는 거지. 전 세계 온실가스 배출의 70%가 에너지 사용에서 나온대.

그래서 RE100이 중요해. 이 문제를 해결하려고 석유나 석탄연료 대신 태양, 바람, 물처럼 자연에서 얻을 수 있는 재생에너지로 바꾸자는 거야. 재생에너지는 자연에서 계속 얻을 수 있고 사용해도 없어지지 않아. 환경도 오염시키지 않아. 그래서 더 깨끗하고 지속가능하지. 그럼 기업들이 왜 RE100에 참여할까? 그 이유는 다양해.

기업들이 RE100에 참여하는 이유

첫째, 기후변화에 대한 책임감 때문이야. 많은 기업 CEO들이 기후변화를 가장 큰 비즈니스 위험으로 생각해. 둘째, 소비자들의 요구 때문이야. 최근 MZ세대를 중심으로 환경을 생각하는 기업의 물건을 더 좋아하고 응원하는 사람이 많아졌거든. 셋째, 경제적인 이유도 있어. 요즘은 재생에너지 기술이 많이 발전해서 값이 싸졌어. 넷째, 글로벌 경쟁력에서도 이득이니까. RE100에 참여하지 않으면 국제 거래에서 불이익을 받을 수 있거든.

우리나라의 상황은 어떨까? 솔직히 아직 부족해. 2022년 기준으로 우리나라 재생에너지 발전 비율은 9.2% 밖에 안 돼. OECD 평균은 33%니까 한참 부족하지. 예를 들어 덴마크는 77%, 독일은 43%, 영국은 41%를 재생에너지로 만들고 있어. 우리나라도 2030년까지 30%를 목표로 태양광, 풍력발전소를 늘리는 중이야.

100% 재생에너지로 바꾸는 건 불가능하지 않아. 코스타리카와 아이슬란드는 이미 전기의 98% 이상을 재생에너지로 쓰고 있고, 스웨덴

과 노르웨이도 90% 이상이 재생에너지래. 물론 이 나라들은 수력 발전이나 지열과 같은 자연 조건이 좋긴 해. 하지만 우리나라도 노력하면 충분히 할 수 있어.

RE100과 재생에너지로 바꾸면 좋은 점

첫째, 온실가스를 줄여서 기후위기에 대응할 수 있어. 둘째, 새로운 일자리도 많이 생겨. 국제재생에너지기구IRENA에 따르면, 2019년 기준으로 전 세계 재생에너지 일자리가 1,150만 개나 된대. 셋째, 에너지 자립이 가능해져. 석탄이나 석유는 외국에서 수입하지만 태양이나 바람은 우리 땅에서 만들 수 있으니까. 넷째, 공기도 더 깨끗해져. 대기오염이 줄면 사람들의 건강도 좋아지겠지? 화석연료 때문에 생긴 대기오염으로 전 세계에서 매년 수백만 명이 일찍 죽고 있어.

물론 쉽진 않아. 재생에너지 시설을 만들려면 처음에 돈이 많이 들어. 태양과 바람은 24시간 계속 에너지를 생산하는 건 아니라서 에너지를 저장하는 기술이 필요해. 또 재생에너지 발전소는 주로 멀리 있어서 도시로 전기를 보내려면 송전망도 넓혀야 해. 그리고 재생에너지 시설을 설치하면서 생태계를 해치지 않게 신중해야 해.

RE100에 참여하는 기업들

기업들의 RE100 참여는 점점 활발해져 가. 애플은 이미 2018년부터 100% 재생에너지를 사용하고 있고 구글도 2017년에 100% 재생에너지 사용을 달성했어. 이 회사들은 자체 재생에너지 발전 시설을 만들었거나, 재생에너지 생산업체와 장기 계약을 맺어 전기를 공급받고 있어.

우리나라 기업들도 적극적이야. SK그룹과 삼성전자는 2050년까지

↑ RE100 가입 기업 (RE100정보플랫폼)

RE100을 달성하겠다고 선언했고, LG전자는 2025년까지 북미 지역에서, 2030년까지 전 세계 사업장에서 RE100을 달성하겠다는 목표를 세웠어. 이렇게 실행하려면 기업들은 직접 재생에너지 발전 시설을 세우거나, 재생에너지 전기를 사야해. 또 재생에너지 인증서를 구매하는 등 다양한 방법도 활용하면서 에너지 효율을 높이고 전기를 적게 쓰는 노력도 동시에 하고 있어.

우리 정부도 RE100 확산을 위해 노력 중이야. 2021년부터 'K-RE100' 제도를 시작해 기업들이 재생에너지를 쉽게 쓸 수 있도록 지원하고, 재생에너지 발전 시설을 만들 때 규제를 낮춰주고 기술 개발도 돕고 있어.

인류는 이제 에너지 혁명의 길목에 서 있어. 깨끗한 바람과 따뜻한 햇빛으로 움직이는 세상, 이건 공상과학 영화 속 이야기가 아니라 바로 지금 우리가 만들어가는 현실이야. 재생에너지로 바꾸는 건 단순히 전기를 바꾸는게 아니라 지속가능한 사회를 향한 큰 걸음이야.

1. 다음 빈칸에 알맞은 말을 써 보자.

> RE100은 기업들이 사용하는 에너지를 100% __________ (으)로 전환하겠다는 글로벌 캠페인이다.

2. RE100에 기업들이 참여하는 이유로 알맞지 않은 것은?

① 소비자의 친환경 요구에 부응하기 위해

② 국제 공급망 경쟁력을 갖추기 위해

③ 재생에너지 설비 투자로 빠르게 수익을 내기 위해

④ 기후변화 대응을 위한 책임감 때문에

⑤ 화석연료보다 재생에너지 비용이 낮아져서

3. 다음 중 재생에너지로의 전환이 가져오는 긍정적 변화로 알맞은 것은?

① 에너지 자립도 하락　　② 일자리 감소　　③ 화석연료 사용 증가

④ 온실가스 배출 감소　　⑤ 대기 오염 증가

4. RE100은 기업들이 쓰는 전기를 100% 재생에너지로 바꾸자는 약속이야. 이 RE100이 기후변화를 막는 데 왜 중요한지 적어 보자.

5. 우리나라가 RE100 약속을 지키려고 할 때 생기는 어려운 점이 무엇일 있을지 예상하고 적어 보자.

더 알고 싶어 119

📖 도서　▶ 영상　🔍 사이트

📖 『궁금했어, 에너지』 (정창훈, 나무생각, 2019)

우리가 매일 쓰는 에너지가 무엇인지, 어떻게 만들어지고 사용되는지, 그리고 원자력, 화석연료부터 태양광, 풍력 같은 신재생에너지까지 다양한 에너지원의 원리와 장단점, 환경 문제를 청소년의 눈높이에 맞춰 쉽고 재미있게 설명해 주는 책이야.

▶ 'RE100'의 경고.."한국, 세계 시장 잃을 수도" (MBC 뉴스)

한국이 이대로가면 세계 시장을 잃을 수도 있다는 경고가 나온 이유는 바로 "재생에너지 목표가 너무 낮고, 제대로 안 지키면 수출도 위험해진다"는 내용이야.

🔍 RE100 정보플랫폼 (한국RE100협의체)

기업들이 '재생에너지 100% 사용(RE100)' 목표를 달성할 수 있도록 RE100에 대한 정보, 교육, 컨설팅 및 재생에너지 매칭(PPA, REC 매칭) 서비스를 종합적으로 제공하여 한국 기업의 탄소중립 이행과 글로벌 경쟁력 강화를 지원하는 플랫폼이야.

옷 한 벌 사는 게 지구에 미치는 영향은?

지속가능한 패션 이야기

우리가 매일 입는 옷, 그 옷들이 어디서 어떻게 만들어져서 오는지
생각해 본 적은 별로 없을 거야. 패션 디자이너 알렉산더 맥퀸은
"패션은 우리가 사는 세상을 반영한다"고 했어.
그 말처럼 옷은 패션 그 이상으로 환경과 아주 깊은 관련이 있어.

학습 키워드 #지속가능한패션 #패스트패션 #윤리적소비 #재활용 #의류산업 #환경영향 #업사이클링
교과 연계 중 〉 환경 〉 지속가능성과 시민 참여
　　　　　 중 〉 사회2 〉 지속가능한 세계와 글로벌 시민

"와, 이 예쁜 청바지가 1만 9천 원이라니!" 몇 번 입다가 유행이 지나면? "이제 좀 질리네. 다른 거 사야겠다!" 요즘 이런식으로 옷을 자주 사고 쉽게 버리는 문화가 많아. 이런 걸 바로 '패스트 패션'이라고 해. ZARA, H&M 같은 SPA 브랜드들은 패션계의 맥도날드처럼 빠르고 값싸게 옷을 팔아. 옷이 햄버거처럼 '소비재'가 된 거지.

SPA는 'Speciality retailer(전문 소매업체)', 'Private label(자체 상표)', 'Apparel(의류)'의 줄임말이야. 디자인부터 판매까지 모든 과정을 직접 관리해서 유행하는 디자인을 초고속으로 매장에 들일 수 있지. 근데 이게 정말 멋진 일일까? 요즘 사람들은 예전보다 5배나 많은 옷을 갖고 있으면서도 한 벌당 입는 횟수는 4분의 1로 줄었대. 옷장은 터질 듯 꽉 찼는데 "입을 옷이 없어!"라고 말하는 이상한 일 벌어지고 있어.

패스트 패션, 왜 문제일까?

첫째, 물 낭비! 청바지 하나 만드는데 7,500리터의 물이 필요해. 이건 한 사람이 3년 동안 마실 수 있는 양이야.

둘째, 화학물질! 티셔츠에 색을 입히려면 많은 독성 물질을 써야 해. 이게 제대로 처리되지 않으면 강과 바다로 흘러가서 물을 더럽히지. 인도와 방글라데시의 강들은 패션 산업 때문에 형형색색으로 오염되어 있어.

셋째, 미세 플라스틱! 폴리에스터 같은 옷을 세탁할 때마다 70만 개의 미세 플라스틱이 물에 섞여 바다로 흘러가. 결국 그걸 먹은 물고기를 우리가 다시 먹게 되겠지.

넷째, 노동 착취! "이렇게 싼 가격에 옷을 어떻게 만들 수 있지?" 그 비밀은 이렇게 싼 옷을 만들기 위해 방글라데시, 캄보디아, 베트남 같은 나라의 노동자들이 하루 12~16시간씩 일하면서도 한 달에 겨우 10만 원 정도를 받기 때문이야. 위험한 환경에서 일하다가 죽는 경우도 많아.

↑ 패스트 패션 기업들이 버린 의류로 만들어진 쓰레기산 (패션인사이트)

다섯째, 쓰레기 산! 매년 800억 벌의 새 옷이 만들어지고, 그중 많은 옷들이 몇 번 입지도 않고 버려져. 미국에서만 매년 약 1,100만 톤의 옷이 쓰레기로 버려진대. 매 초마다 트럭 한 대 분량의 옷이 버려지고 있다니 놀랍다.

더 적게, 더 좋은 것을, 더 오래, 슬로우 패션

"그래서 어떡하라고?" 좋은 질문이야. 요즘 '슬로우 패션'이라는 멋진 움직임이 나타났어. '더 적게, 더 좋은 것을, 더 오래' 쓰자는 철학이야, 어떻게 슬로우 패션을 실천할 수 있을지 알려 줄게.

- **옷장 다이어트:** 6개월 동안 안 입지 옷은 과감하게 정리해 보자. 새 옷을 사기 전에는 "진짜 필요한가?" 세 번 생각해 보자.
- **중고 옷 사기:** 당근마켓이나 중고나라에서 예쁜 옷을 찾으면 새 옷을 만드는 데 필요한 모든 자원을 절약할 수 있어. 요즘은 빈티지 아이템이 완전 힙하잖아.
- **옷 교환 파티를 열기:** 친구들과 함께 자주 입지 않는 옷을 가져와서 교환하면 새 옷도 얻고 환경도 지킬 수 있어.
- **패션 대여 서비스 이용:** 정장처럼 자주 입지 않는 옷은 빌려 입는 것도 좋은 방법이야. '프로젝트앤', '클로젯셰어' 같은 서비스가 있어.
- **업사이클링에 도전:** 지루해진 청바지를 멋진 에코백으로 만들면 나만의 독특한 패션 아이템이 돼.
- **친환경 브랜드 응원하기:** 파타고니아, 리포메이션, 국내 브랜드 래코드, 플리츠마마 같은 브랜드는 친환경 소재를 쓰고 노동자에게 공정한 임금을 줘.
- **옷 잘 관리하기:** 세탁할 때 주의하고 필요하면 수선해서 옷을 오래 입으면 지구도 덜 힘들어 해. 옷을 9개월만 더 입어도 탄소발자국을 20~30% 줄일 수 있대.

우리가 입는 옷 한 벌 한 벌에는 지구의 환경, 노동자들의 삶, 그리고 우리의 선택이 담겨 있어. 멋도 중요하지만 그 안에 담긴 가치를 생각하면 훨씬 더 멋진 소비를 할 수 있어. '지속가능한 패션리더'가 되어보자.

1. 다음 빈칸에 알맞은 말을 써 보자.

> 1) 청바지 한 벌을 만드는 데에는 약 __________ 리터의 물이 들어가며, 이는 한 사람이 3년 동안 마실 수 있는 양이다.
> 2) "더 적게, 더 좋은 것을, 더 오래" 입자는 철학으로, 환경을 생각하는 지속가능한 패션 문화를 ______________(이)라고 한다.

2. 다음 중 패스트 패션이 환경에 끼치는 영향과 가장 거리가 먼 것은?

① 물 소비 증가　　　　② 미세 플라스틱 유출　　　　③ 의류 쓰레기 증가
④ 지역경제 활성화　　　　⑤ 독성 화학물질 유출

3. 옷의 낭비를 줄이고 오래 입을 수 있는 지속가능한 나만의 옷장 만들기 계획을 세워 보자.

4. 우리 동네 주변에서 중고 의류 매장이나 윤리적인 패션 브랜드를 찾아 보고 그 정보를 정리해 보자.

더 알고 싶어 119

📑 도서　▶ 영상　🔍 사이트

📖 『지구를 살리는 옷장』 (박진영, 창비, 2022)
패션 산업이 환경에 미치는 심각한 영향(패스트 패션, 의류 폐기물 등)을 고발하고 우리가 옷을 입고 소비하는 방식을 변화시켜 지구를 지키는 지속가능한 옷장을 만들 수 있는 실천적인 방법을 제시하는 책이야.

▶ 프랑스, 지속가능한 패션을 위한 '수선 보너스 제도' 도입 (YTN)
프랑스 정부가 2023년부터 패스트패션 소비를 줄이고 기존 의류의 재활용을 촉진하기 위해 의류 및 신발 수선 시 비용의 일부를 지원하는 '수선 보너스 제도'를 시행하며, 이를 통해 환경 보호와 경제적 가치 창출을 동시에 추구하는 정책을 소개하고 있어.

착한 소비, 진짜 착한 걸까?

윤리적 소비와 그린워싱

'윤리적 소비'라는 말을 들어본 적 있니? 우리가 물건을 사는 게 환경이나 사회에 좋은 영향을 줄 수 있다는 뜻이야. 예를 들면 플라스틱 대신 종이 포장을 한 제품을 사거나 공정무역 제품을 고르는 거지. 그런데 중요한 건 진짜 그 제품이 환경이나 사회에 좋은지 확인해야 한다는 거야. 요즘 회사들이 '그린워싱'이라는 걸로 사람들을 속이기도 하거든.

학습 키워드　#윤리적소비 #그린워싱 #공정무역 #환경보호 #착한소비 #소비자권리 #기업책임

교과 연계　중 〉 환경 〉 지속가능성과 시민 참여
　　　　　　　중 〉 사회2 〉 사회변동과 사회문제

윤리적 소비는 '착한 소비'라고도 불려. 우리가 물건을 살 때 사회와 환경에 도움이 되는 선택을 하는 거야. 예를 들면 공정 무역 초콜릿을 사면 카카오 농장에서 일하는 농부들이 정당한 대가를 받을 수 있어. 또 동물실험을 하지 않은 화장품을 고르면 동물 권리를 지키는 데 도움이 되지. 지역에서 생산된 식품을 사거나 플라스틱 대신 재사용 가능한 제품을 쓰는 것도 윤리적 소비야.

근데 요즘 많은 회사가 '그린워싱'이라는 방법으로 소비자들을 혼란스럽게 해. 그린워싱이란 뭘까? 이건 'green(친환경)'과 'whitewashing(겉만 번지르르하게 포장하기)'의 합성어로 회사가 환경에 좋지 않은 제품이나 활동을 마치 친환경적인 것처럼 포장해서 파는 거야. 쉽게 말해 환경 보호에 대한 거짓말이나 과장된 말로 소비자를 속이는 마케팅 전략이야.

그린워싱의 예는 정말 많아. 가장 흔한 방법은 제품에 '자연 친화적', '에코 프렌들리', '그린', '지속가능한' 같은 모호한 단어를 붙이는 거야. 이런 말들은 딱히 정해진 기준이 없어서 제대로 된 인증이 없다면 그냥 마케팅 문구에 불과해. 예를 들어 어떤 세제가 '자연에서 영감을 받은 성분'을 썼다고 광고하지만 실제로는 환경에 해로운 화학물질이 가득할 수 있지.

또 다른 그린워싱 방법은 제품의 일부분만 친환경적이라고 강조하고 나머지 부분은 말하지 않는 거야. 종이 포장은 재활용 가능하다고 홍보하지만, 그 안에 있는 제품은 여전히 환경에 안 좋을 수 있어. 아니면 플라스틱 병에 '재활용 가능'이라고 써 있어도 실제로 그 플라스틱은 재활용하기 어려운 재질이라 그냥 태워지는 경우도 많아.

가짜 인증 마크를 붙이는 것도 있어. 인증처럼 보이는 상표를 사용해서 소비자들이 진짜 인증이라고 착각하게 만들기도 해. 멀리서 보면 진짜 인증 마크처럼 생겼지만 자세히 보면 사실은 회사가 자체적으로 만든 로고인 경우가 많아. 이건 진짜 인증마크인 줄 알고 착각하기 쉬워서 더 나빠.

그리고 기업이 소수의 친환경 제품만 강조해서 회사 전체를 친환경인 것처럼 보이게 만드는 경우도 있어. 예를 들어 석유 회사가 재생에너지 프로젝트에 투자한다고 광고하지만 실제로는 그 투자액이 전체 예산의 아주 일부일 뿐이고 나머지는 여전히 화석연료에 쓰고 있을 수 있어.

이런 그린워싱은 소비자만 속이는 게 아니야. 진짜 환경 문제 해결을 방해하는 아주 심각한 문제야. 왜냐하면 사람들은 "나는 친환경 제품을 샀으니까 괜찮아"라고 안심하지만 실제로는 환경 문제가 달라진 게 없기 때문이야. 이건 마치 운동은 안 하고 다이어트 약만 먹는 것과 비슷해. 당장은 위안이 될지 몰라도 진짜 문제는 해결되지 않는 거지.

그린워싱에 속지 않으려면

그럼 어떻게 해야 그린워싱에 속지 않을 수 있을까?

첫째, 애매한 단어나 표현에 속지 말자. '에코 프렌들리'나 '그린' 같은 말만으론 충분하지 않아. 제품이 어떤 재료로 만들어졌는지, 제조 과정에서 어떤 친환경적인 방법을 사용했는지 구체적인 정보를 찾아봐야 해.

둘째, 진짜 친환경 인증 마크가 있는지 확인하자. FSC(산림관리협의회), USDA Organic(미국 농무부 유기농 인증), Energy Star(에너지 효율 인증)처럼 공신력 있는 기관에서 받은 인증은 믿을 수 있어.

↑ FSC (산림관리협의회 인증마크)   ↑ Energy Star (에너지 효율 인증마크)

셋째, 제품 하나만 보지 말고 기업 전체를 살펴보자. 그 회사가 실제로 탄소 배출을 줄이고 있는지, 재생에너지를 쓰는지, 폐기물을 줄이는 노력을 하는지 알아보자. 기업의 지속가능성 보고서나 웹사이트에서 알아볼 수 있어.

넷째, 제품의 '전체 수명 주기'를 생각하자. 제품을 만드는 과정, 쓰는 동안, 버릴 때까지 그 제품이 환경에 미치는 영향을 따져보는 거야.

어떤 제품은 만들 때는 친환경적일 수 있지만 사용 후 처리하기 어려울 수 있잖아.

다섯째, 믿을 수 있는 정보를 활용하자. 환경 단체나 소비자 권리 단체, 독립적인 연구 기관에서 알려 주는 정보를 참고하면 좋아. 그린피스, 환경정의, 소비자시민모임 같은 곳은 기업의 환경 성과를 평가하고 그린워싱을 폭로하는 활동을 해.

여섯째, '너무 완벽한 말'에선 한번 더 의심해 보자. 너무 좋은 것 같다면 아마도 사실이 아닐 가능성이 높아. '100% 친환경' 같은 말은 거의 불가능하니까 그런 과장된 주장을 조심해야 해.

현실적으로 완벽하게 윤리적인 소비는 어려운 일이야. 우리가 쓰는 거의 모든 제품은 어떤 식으로든 환경이나 사회에 영향을 주거든. 하지만 아무것도 안 하기 보단 조금이라도 더 나은 선택을 하는 게 중요해.

지식을 갖춘 소비자가 되는 것, 그게 바로 진짜 '착한 소비'의 첫걸음이야. 단순히 친환경 라벨만 보고 구매하는 게 아니라 그 제품과 기업에 대해 더 깊이 알아보고 결정하자. 그래야 기업들도 진짜로 환경과 사회에 좋은 영향을 미치는 방향으로 변화할 수 있을 거야.

1. 다음 빈칸에 알맞은 말을 써 보자.

> 1) 기업이 실제로는 환경에 도움이 되지 않으면서도 마치 친환경인 것처럼 광고하
>   거나 포장하는 행위를 ___________(이)라고 한다.
> 2) 윤리적 소비의 한 예로 카카오 농부들에게 정당한 보상을 보장하는 제도로
>   ___________ 인증 제품 구매가 있다.

2. 다음 중 그린워싱에 해당하는 사례로 가장 알맞은 것은?

① FSC 인증을 받은 종이컵 사용　　② 공신력 있는 유기농 인증 제품 판매

③ 제품 겉면에 '에코'라고 쓰여 있지만 구체적인 정보 없음

④ Energy Star 마크가 부착된 가전제품 사용

⑤ 재생에너지 100% 사용을 달성한 기업의 보고서

3. 윤리적 소비자가 되기 위한 올바른 태도는?

① 인증 마크가 예쁘면 구매　　② 제품 광고만 믿고 구매

③ 모든 제품이 100% 친환경이라고 믿기

④ 제품과 기업에 대해 비판적이고 깊이 있게 알아보고 결정

⑤ 값싼 제품만 고르는 것이 가장 경제적 소비

4. 우리 주변 제품의 포장, 광고 문구를 보고 그린워싱 사례를 찾아 보자. 해당 제품이 왜
   그린워싱인지 그 이유를 분석해 보자.

 더 알고 싶어 119

📖📖 도서　▷ 영상　🔍 사이트

📖📖 『그린워싱 탐정단, 기후양치기를 잡아라! (정종영, 부카, 2024)
기업들이 실제로는 환경을 보호하지 않으면서 친환경적인 것처럼 포장하는 행위인 '그린워싱
(Greenwashing)'을 10대 탐정단의 시각으로 파헤치는 환경 교육 만화야. 이 책은 어린이와 청소년들
이 가짜 친환경 정보에 속지 않고 올바른 소비를 할 수 있는 비판적 사고와 환경 감수성을 길러주는 내
용을 담고 있어.

▷ 겉으로만 친환경, '그린워싱' 과장 광고 잡는다 (KBS 뉴스) 공정거래위원회가 친환경 제품
을 가장해 허위·과장 광고하는 '그린워싱' 단속을 강화하기 위해 구체적 심사기준과 체크리
스트를 마련하고 법 집행의 일관성과 기업 예측 가능성 제고를 추진하는 내용이야.

투표로
지구를 바꿀 수 있다고?

지속가능한 삶을 위한 우리의 참여

우리가 사는 지구를 지키는 가장 강력한 무기는 무엇일까? 놀랍게도 그건 바로 투표야!
작은 행동이지만 투표를 통해서 지구를 지키고 지속가능한 미래를 만들어갈 수 있어.
오늘은 환경을 위한 투표와 정치참여가 얼마나 중요한지 어떻게 참여할 수 있는지 알아보자.

학습 키워드 #투표권 #정치참여 #환경정책 #지속가능한삶 #시민행동 #청소년활동 #기후변화대응
교과 연계 중 > 도덕2 > 3. 사회·공동체와의 관계 > 세계시민
　　　　　　　중 > 사회1 > 정치과정과 시민 참여

투표는 환경 문제 해결을 위한 핵심 수단이야. 왜냐고? 우리가 투표로 뽑은 정치인이 바로 환경 정책의 방향을 결정하기 때문이지. 실제 사례를 보자. 몇 년 전 독일에서는 녹색당이 큰 지지를 받았어. 그 결과 독일은 2038년까지 석탄 발전을 완전히 중단하기로 했어. 네덜란드에서는 시민들이 환경단체와 함께 정부를 상대로 소송을 해서 온실가스 감축 목표를 25%에서 40%로 높였어. 이건 모두 시민들의 적극적인 정치 참여 덕분이야.

"근데 난 아직 투표권이 없는데?" 맞아, 18세 미만이면 투표권이 없지. 그렇다고 할 수 있는 일이 없는 건 아니야. 오히려 창의적인 방법으로 참여할 수 있어. 학교 환경 동아리에 들어가서 환경 캠페인을 하거나 SNS나 이메일로 지역 정치인에게 질문을 보내거나 친구들과 환경 토론

회를 열어보고 정치인에게 결과를 전달하거나 온라인 청원에 서명하는 것도 좋은 방법이야.

정치 참여 방법은 생각보다 다양해. 먼저, 정치인 모니터링은 아주 효과적이야. 지역 국회의원이나 시장, 구청장이 어떤 환경 정책을 지지하는지 SNS나 뉴스를 통해 관심 있게 지켜봐. 이메일이나 SNS로 "저는 학생인데 플라스틱 쓰레기 문제에 대한 의원님의 입장이 궁금해요."라고 메시지를 보내볼 수도 있어.

환경 토론회를 개최해 보는 것은 어떨까? 친구들과 함께 각자 관심 있는 환경 문제를 조사해서 발표하고 이를 해결하기 위해 어떤 정책이 필요한지 논의해 봐. 그리고 그 결과를 지역 정치인들에게 편지로 보내거나 SNS에 공유하면 더 큰 영향력을 발휘할 수 있어.

소셜미디어도 강력한 수단이 될 수 있어. 인스타그램, 틱톡, 유튜브 등에서 환경 관련 정보를 공유해. "우리 시의 재활용률이 전국 최하위래. 시장님, 이 문제를 어떻게 해결하실 계획인가요?"라는 질문이 많이 공유되면 정치인들도 관심을 가질 수밖에 없어.

온라인 청원 참여도 놓치지 마. 국민청원이나 각종 환경단체의 청원에 서명해 보자. 충분한 서명이 모이면 정부나 국회가 공식 답변을 내놓아야 하는 경우가 많아. "○○해변의 쓰레기 문제를 해결해 주세요."라는 청원에 10만 명이 서명하면 정치인들이 무시하기 어려워져.

기업들도 정치적 압력에 민감하게 반응해. 환경을 중시하는 정치인들이 당선되면 기업들도 친환경 정책을 내세우기 시작해. 예를 들어 EU에서 일회용 플라스틱 규제가 강화되자 유명 음료 회사들이 재활용 플라스틱 사용을 늘리겠다고 발표했어. 정치적 결정이 기업의 행동을 바꾼 사례지.

최근 트렌드는 '투표하는 Z세대'야. 미국, 영국, 독일 등 여러 나라에

서 젊은 세대들이 환경 문제를 중요하게 생각하며 투표에 참여하고 있어. 그 결과 많은 정치인들이 젊은 유권자들의 지지를 얻기 위해 환경 공약을 강화하고 있어.

청소년들의 정치 참여가 실제로 변화를 만들어 낸 사례도 많아. 2019년 전 세계 150개국의 학생들이 참여한 '미래를 위한 금요일' 시위 덕분에 많은 도시와 국가들이 '기후 비상사태'를 선언했어. 스웨덴의 그레타 툰베리는 16살에 UN 기후정상회의에서 연설했고 전 세계적인 반향을 일으켰지. 한국의 '청소년 기후행동'은 정부를 상대로 기후변화 대응을 요구하는 헌법소원을 제기했어. 이런 행동들이 실제 정책에 영향을 미치고 있어.

정치 참여는 개인적인 성장에도 도움이 돼. 사회 문제에 대해 더 깊이 이해하게 되고, 비판적 사고력도 키울 수 있어. 또 같은 가치를 공유하는 친구들을 만날 수 있는 기회도 생기지. 더불어 대학 진학이나 향후 진로에도 도움이 될 수 있어. 투표와 정치참여는 단순한 의무가 아니라 변화를 만드는 효과적인 수단이야. 한 사람의 행동이 모여 큰 변화를 만들어 낼 수 있다는 점을 기억하자.

1. 다음 빈칸에 알맞은 말을 써 보자.

> 환경을 지키는 데 중요한 일 중 하나는 __________이다. 우리가 뽑은 정치인이 어떤 환경 정책을 펼치느냐에 따라 우리의 미래가 달라질 수 있기 때문이다.

2. 다음 중 환경을 지키기 위한 정치 참여 방법으로 가장 적절하지 않은 것은?

　① 후보자의 환경 공약 살펴보기　　　② SNS로 환경 문제에 대한 의견 보내기

　③ 환경 관련 청원에 참여하기　　　　④ 투표는 어차피 영향 없으니 하지 않기

3. 다음 중 실제 정치 참여로 환경 정책이 변화한 사례가 아닌 것은?

　① 독일의 녹색당이 석탄 발전 중단을 이끌어냄

　② 네덜란드 시민들이 온실가스 감축 목표를 높임

　③ 미국에서 Z세대가 환경 공약 강화에 영향을 줌

　④ 패스트푸드 광고가 줄어든 것

4. '그레타 툰베리'가 시작한 환경 운동은 어떤 내용을 강조하나?

　① 동물권 보호를 위한 법 강화　　　② 청소년의 시험 부담 줄이기

　③ 기후위기에 대응하는 정치적 행동 요구　　　④ 재활용 쓰레기 분리 철저히 하기

　⑤ 자동차보다 자전거 타기 권장

5. 주요 뉴스 기사를 참고하여 현 정부가 환경 문제에 대해 어떤 입장과 해결 의지를 가지고 있는지 구체적인 사례를 통해 분석해 보자.

더 알고 싶어 119
📖 도서　▷ 영상　🔍 사이트

📖 『**청(소)년 정치 참여 길라잡이**』 (하승우, 한티재, 2023)
　청소년과 청년들이 민주주의 사회의 주체로서 정치에 쉽게 참여하고 자신의 목소리를 내는 방법을 안내하는 실용적인 지침서야. 단순히 투표를 넘어서 학교와 사회의 다양한 문제에 대해 정책 제안, 캠페인, 직접 행동 등 다양한 정치적 참여 방법을 알려 주면서 시민 의식을 키우도록 돕는 내용이 담겨 있어.

▷ **세상을 향해 당당하게 목소리를 내는 독일의 정치교육 (JTBC 차이나는 클라스)**
　독일이 어릴 때부터 투명하고 토론 중심의 정치교육을 통해 청소년들이 민주시민으로서 비판적 사고와 사회 참여 능력을 기르며, 실제 정치 참여 기회까지 확대하는 선진적 정치 교육 체계를 소개해.

나 하나의 실천, 얼마나 큰 힘이 될까?

지속가능한 사회를 꿈꾸는 사람들

지속가능한 사회를 꿈꾸는 사람들의 이야기는 우리에게 큰 영감을 줘.
이들은 환경 보호하면서 사회 정의를 지키고 경제도 발전시키려고 노력하고 있어.
이런 사람들 덕분에 우리는 더 나은 미래에 가까워질 수 있는 거야.
오늘은 이런 멋진 사람들의 이야기를 살펴보고 우리도 그 변화의 시작이 되어보자.

학습 키워드 #지속가능성 #환경보호 #사회정의 #기후변화 #그레타_툰베리 #제인구달

교과 연계
중 > 환경 > 지속가능성과 시민 참여   중 > 도덕2 > 4. 자연과의 관계
중 > 사회1 > 정치과정과 시민 참여

앞에서도 살펴본 그레타 툰베리는 2018년 15살이었던 때 스웨덴 국회 앞에서 '기후를 위한 학교 파업'이라는 팻말을 들고 1인 시위를 시작했어. 이 행동이 'Fridays For Future' 운동으로 발전해 전 세계 수백만 명의 청소년들에게 영향을 미쳤고, 세계 정상들에게 직접 기후변화의 심각성을 알리고 행동하라고 촉구했지. 2019년 유엔 기후행동 정상회의에서 "당신들은 내 꿈과 어린 시절을 빼앗았다"며 세계 지도자들을 강하게 비판했지. 그레타의 활동은 정책 변화로도 이어졌어. 유럽 연합은 2050년까지 탄소 중립을 달성하겠다는 '그린딜' 정책을 발표했고 많은 국가들이 기후 비상사태를 선포했어. 이건 한 청소년의 작은 행동이 얼마나 큰 변화를 만들어 낼 수 있는지를 보여주는 멋진 사례야.

제인 구달은 침팬지 연구를 통해 자연 보호의 중요성을 알린 사람이

↑ 새끼 침팬지와 제인 구달 (BBC코리아)

↑ 유기농으로 거둔 씨앗을 보여주며 웃고 있는 반다나 시바

야. 1960년대 그녀는 탄자니아 곰비 국립공원에서 침팬지들을 관찰하기 시작했어. 당시 26살이었던 제인은 과학적 훈련도 받은 적이 없지만 그녀의 연구는 동물학계에 혁명을 일으켰어.

제인은 침팬지들이 도구를 사용한다는 것을 발견했어. 이전까지 도구 사용은 인간만의 특징이라고 여겨졌는데 이 발견은 인간과 동물의 경계를 흐리게 했지. 또 침팬지들이 복잡한 사회적 관계를 맺고 감정을 표현하며 심지어 전쟁도 한다는 사실도 밝혀냈어. 이런 연구는 동물 보호에 대한 인식을 크게 바꿨어. 동물들도 감정이 있다는 걸 사람들이 알게 되면서 보호해야 한다는 생각이 점점 많아졌어. 제인은 그 뒤로 침팬지와 숲을 지키는 데 평생을 바쳤어. 제인이 만든 'Roots&Shoots' 프로그램은 전 세계 60개 나라에서 운영되고 있어. 청소년들에게 환경 보호의 중요성을 가르치고 실천할 기회를 제공해.

반다나 시바는 인도의 물리학자이자 환경운동가로 '지구의 여성 전사'라고 불리기도 해. 1952년 인도 데라둔에서 태어난 그녀는 퀀텀 물리학으로 박사 학위를 받았지만 자신의 고향 히말라야 산맥의 삼림 파괴에 맞서 싸우기 위해 과학자 경력을 뒤로하고 환경운동가가 되었어. 1982년 그녀는 '칩코 운동'에 참여했는데, 이는 산림 벌채에 반대하기 위해 나무를 껴안는 비폭력 시위였어. 이 운동은 인도 전역에 퍼져 많은 산림을 보호하는 데 성공했지. 반다나는 1991년에 '나브다냐Navdanya'라는 환경 단체를 설립했어. 이 단체는 토종 씨앗을 보존하고, 유기농 농업을 장려하며, 농부들의 권리를 지키는 활동을 하고 있어.

반다나는 "모든 생명체는 연결되어 있다"는 생태적 세계관을 강조하며, 생물다양성을 보존하는 것이 인류의 생존에도 필수적이라고 주장해. 그녀는 여성들이 환경 보호의 최전선에 있다고 믿으며, '에코페미니즘ecofeminism'의 주요 사상가로도 알려져 있지. 반다나의 활동은 인도를 넘어 전 세계에 영향을 미치고 있어. 그녀는 전 세계 각국을 돌아다니며 생물다양성과 지속가능한 농업의 중요성을 알리고 있어.

한국에도 지속가능한 사회를 위해 노력하는 사람들이 많아. 최열 환경재단 이사장은 30년 넘게 환경 운동을 이끌어 왔고, 홍수열 자원순환사회경제연구소장은 쓰레기 문제 해결을 위한 다양한 정책과 시스템을 제안하고 있어. 이들의 노력 덕분에 한국의 환경 정책과 시민들의 인식도 점점 변화하고 있지. 유명인 중에서도 환경 보호에 앞장서는 사람들이 있어. 배우 레오나르도 디카프리오는 환경 다큐멘터리를 제작하고 기후변화 대응을 위한 기금을 조성했어.

서울의 한 고등학생은 학교 급식의 플라스틱 사용을 줄이려고 캠페인을 시작해서 학교 전체의 일회용품 사용량을 크게 줄였어. 부산의 한 주부는 제로웨이스트 생활을 실천하며 SNS를 통해 많은 사람들에게 영향을 주고 있어. 이런 사례들은 꼭 유명하지 않아도 우리도 자신의 자리에서 변화를 만들어 낼 수 있다는 것을 보여줘. 환경 문제는 너무 커서 한 사람의 힘으로는 어렵다고 생각할 수 있지만, 한 사람의 작은 행동도 세상을 바꾼다는 걸 기억하자.

1. 다음 빈칸에 알맞은 말을 써 보자.

> 반다나 시바는 "모든 생명체는 연결되어 있다"는 ___________ 세계관을 강조하며 생물다양성과 지속가능한 농업의 중요성을 알리고 있다.

2. 다음 중 제인 구달의 업적과 가장 거리가 먼 것은?

① 침팬지의 도구 사용 발견   ② 침팬지의 감정 표현 연구
③ 동물 보호 인식 향상   ④ 청소년 기후 운동 시작
⑤ Roots & Shoots 프로그램 운영

3. 다음 중 반다나 시바의 활동으로 올바르게 연결된 것은?

① 탄소중립 실현을 위한 태양광 설치   ② 탄자니아에서 침팬지를 연구함
③ 칩코 운동 참여, 나브다냐 설립   ④ Fridays For Future 창립
⑤ 환경 다큐멘터리 감독

4. 다음 중 '지속가능한 사회'를 만들기 위한 시민의 노력으로 적절한 것을 모두 골라보자.

① 환경 다큐멘터리 시청 후 행동 실천   ② 학교 급식의 플라스틱 줄이기 캠페인
③ 쓰레기를 아무 데나 버리는 행동   ④ 제로웨이스트 생활 실천
⑤ 생물다양성에 대한 무관심

5. 지속가능한 사회를 위해 노력하는 인물 한 명을 선정하고, 그 사람이 겪은 어려움, 극복 과정, 그리고 만들어낸 긍정적인 변화를 조사해 보자.

더 알고 싶어 119

📖 도서　▷ 영상　🔍 사이트

📖 **『제인구달』** (제인 구달, 사이언스북스, 2023)
　세계적인 영장류 학자이자 환경 운동가인 제인 구달의 책으로 그녀의 침팬지 연구 여정과 더불어 멸종위기에 처한 생물과 환경 보호를 위한 헌신적인 활동과 희망의 메시지를 담고 있는 책이야.

▷ **왜 세계는 굶주리는 걸까? 반다나 시바 - 식량 주권 선언 (EBS)**
　반다나 시바가 세계화된 식량 체계가 초래한 '풍요 속의 결핍' 식량 위기와 식량 주권의 중요성을 인도 농부들의 사례와 함께 생생하게 설명하며, 진정한 식량 주권 회복을 촉구하는 강연이야.

자연과 사람이 함께 사는 공간을 디자인하는 친환경 건축가

친환경 건축가는 콘크리트 정글 속에 자연을 불어넣고 건물이 지구에 미치는 영향을 줄이면서 더 살기 좋은 도시를 만드는 사람들이야.

친환경 건축가는 건물이나 도시를 설계할 때 환경에 주는 영향을 최대한 줄이고, 자연과 잘 어울리게 만드는 일을 해. 건물의 겉모습이 예쁘고 편리한 건 물론이고, 에너지를 아끼고 자원을 덜 쓰게 만들고, 사람들 건강도 생각하는 게 다른 건축가와는 달라. 친환경 건축가의 꿈은 자연과 잘 어울리는 건물, 아니면 오히려 자연을 더 건강하게 해 주는 건물을 만드는 거야.

건물이 환경에 얼마나 영향을 많이 주는지 알고 있어? 전 세계에서 쓰는 에너지의 40% 정도가 건물 때문에 쓰이고, 온실가스도 3분의 1 정도가 건물에서 나온대. 또 건축에 들어가는 자재도 정말 많아서 자원도 많이 필요하지. 그러니까 건물을 어떻게 짓느냐에 따라 지구가 아프기도 하고 건강해지기도 하는 거야.

친환경 건축가는 어떤 하루를 보낼까?

아침엔 건물이 들어설 땅을 직접 가서, 햇빛이 어디서 비추는지, 바람은 어떻게 부는지, 지형은 어떤지 꼼꼼히 살펴봐. 오후엔 사무실에서 건물 도면을 그리고 에너지를 얼마나 아낄 수 있을지 컴퓨터로 시뮬레이션도 해. 또 건물 지으려는 사람들과 회의도 하고, 친환경 자재를 만드는 회사랑도 의견을 나눠.

서울에 있는 아모레퍼시픽 본사는 가운데에 커다란 중정이 있어서 햇빛과 바람이 자연스럽게 들어와. 옥상엔 태양광 패널도 달려 있어서 전기도 절약할 수 있어. 이탈리아 밀라노에 있는 '보스코 베르티칼레'라는 아파트는 벽마다 나무와 식물이 엄청 많이 심겨 있어서 도시의 공기를 깨끗하게 만들어 줘.

친환경 건축가에게 필요한 소양

건축학 지식은 기본. 여기에 환경공학, 에너지 시스템, 생태학 지식까지 필요해. 3D 모델링, 에너지 성능 시뮬레이션 소프트웨어도 다룰 줄 알아야 해. 하지만 가장 중요한 건 창의력과 통합적 사고 능력이야. 친환경 건축은 다양한 요소들을 종합적으로 고려해야 하거든. 미적인 아름다움, 기능적 편리함, 환경적 지속가능성, 경제적 효율성 등 여러 가치를 균형 있게 조화시킬 수 있어야 해. 그리고 무엇보다 환경과 미래 세대에 대한 책임감이 있어야 하지.

친환경 건축가가 쓰는 기술

먼저 '패시브 디자인Passive Design'이라는 게 있어. 이건 기계를 쓰지 않고도 시원하고 따뜻한 환경을 만드는 방법이야. 예를 들어 창문의 위치를 잘 정해서 햇빛이 잘 들어오게 하거나, 바람이 잘 통하게 건물 방향을 정하는 거지. 이런 건 아주 옛날 건축에도 있었던 지혜지만 현대 기술과 결합해 더욱 효과적으로 적용되고 있어.

'액티브 시스템Active System'도 중요해. 태양광 패널, 지열 에너지, 빗물 재활용 같은 기술적인 장치들을 쓰는 방식이야. 서울 강동구의 '상일동 에너지 제로 주택'은 태양광 발전으로 필요한 에너지를 모두 자체 생산하는 주택이야. 에너지를 소비하는 것이 아니라 생산하는 건물인 거지!

친환경 건축가는 도시 전체를 설계하기도 해. '지속가능한 도시 계획'은 건물, 교통, 녹지, 에너지, 물 관리 등을 함께 생각하면서 환경 영향을 최소화하고 삶의 질을 높이는 방식

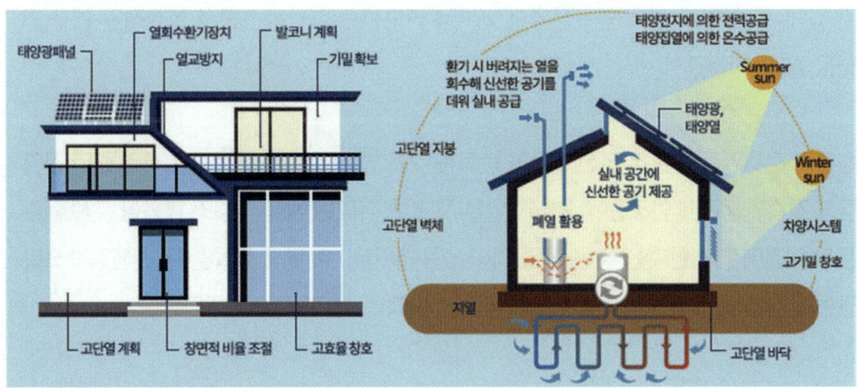

⬆ (좌) 패시브하우스 (우) 액티브하우스 (한국에너지공단)

이야. 세종시의 행정중심복합도시는 계획 단계부터 환경 영향을 고려해서 만들었대. 대중교통 중심의 교통 체계, 풍부한 녹지 공간, 물 순환 시스템 등을 갖추고 있어.

최근 트렌드 중 하나는 '웰빙 건축Well Building'이야. 이건 건물 안에서 사는 사람들의 건강까지 생각해서 설계하는 방식이야. 햇빛이 잘 들고, 환기도 잘되고, 실내 식물도 있고, 소리도 편안하게 들리게 해주는 거지. 이렇게 하면 마음도 몸도 더 건강해질 수 있어.

친환경 건축가가 되려면?

앞으로 친환경 건축가는 더더욱 중요해질 거야. 기후위기가 심해지고 있어서 지구를 지키는 건물이 꼭 필요하거든. 정부랑 기업도 친환경 건축을 응원하고 있어. '그린 리모델링' 사업 같은 걸 통해 낡은 건물도 환경에 좋은 건물로 바꾸고 있대.

친환경 건축가가 되기 위한 준비는 어떻게 할 수 있을까? 중고등학생이라면 우선 과학, 예술, 디자인 과목에 관심을 가지는 게 좋아. 수학과 물리는 건물 구조를 이해하는 데 도움이 되고 미술과 디자인은 공간 감각을 키우는 데 중요해. 또 환경 문제에 관심을 가지고 관련 동아리 활동을 해 보는 것도 좋은 경험이 될 거야.

대학 진학 시에는 건축학과를 선택하는 것이 일반적이야. 건축학과는 보통 5년제 과정으로 건축 설계, 구조, 환경, 역사 등을 종합적으로 배워. 요즘에는 많은 대학에서 친환경 건축에 특화된 커리큘럼을 제공하고 있어. 또 환경공학, 에너지시스템공학 등을 복수전공하면 더 전문성을 키울 수 있어.

한양대학교 건축학부는 '지속가능한 건조환경'이라는 프로그램을 운영하고 있어. 여기서는 친환경 건축 설계, 에너지 효율 분석, 환경 시뮬레이션 같은 걸 집중적으로 배울 수 있대. 또 친환경 건축 연구실에서 학부생 연구원으로 활동하면서 실질적인 연구 경험을 쌓을 수도 있어.

친환경 건축가는 단순히 멋진 건물을 만드는 것을 넘어 우리가 살아가는 환경을 더 건강하고 지속가능하게 만드는 중요한 역할을 해. 건축이라는 예술적 창조 활동을 통해 환경 문제 해결에 기여한다는 것은 정말 의미 있는 일이야. 미래의 도시를 더 친환경적으로 만들고 싶은 친구들에게 친환경 건축가는 매력적인 진로가 될 수 있어.

01일자

1. ③

2. **답안 예시** 일상 생활에서 가장 큰 환경적 영향을 미치는 행동은 일회용 플라스틱 및 포장재를 습관적으로 사용하는 행위이다. 이러한 일회용품은 생산 및 폐기 과정에서 다량의 탄소를 배출하며 환경에 심각한 부담을 초래한다. 이 문제를 개선하기 위한 가장 구체적이고 환경친화적인 방법은 다회용품 사용을 생활화하는 것이다. 특히 음료를 구매할 때 개인 텀블러를 상시 사용하거나, 포장이나 배달 시 다회용기를 활용하여 근본적으로 쓰레기 발생 자체를 최소화하는 것이 가장 확실한 실천 방안이다.

02일자

1. 인간중심주의   2. ③   3. ④   4. ③

03일자

1. ④   2. ③   3. ③

4. **답안 예시** 환경과 사람이 충돌하는 문제 중 하나는 설악산 케이블카 건설 논란이다. 지역 경제 활성화를 위해 추진된 케이블카 건설은 멸종위기종인 산양의 서식지를 파괴하고 국립공원 생태계에 심각한 영향을 줄 수 있다. 이 문제를 해결하기 위해 환경 단체는 정부와 법원에 소송을 제기하며 환경 보전을 주장하고, 지자체는 환경 훼손을 줄이는 친환경 공법을 제시하며 건설 허가를 얻으려는 노력을 지속하고 있다.

04일자

1. 농업생태학   2. 바이오미미크리
3. ③   4. 도시농업

5. **답안 예시** 우리 지역의 경의선 숲길은 폐철도 부지를 공원으로 조성한 그린 인프라 사례이다. 이 숲길은 대기 오염물질을 흡수하고 열섬 현상을 완화하여 환경에 긍정적인 영향을 준다. 또한, 시민들에게 쾌적한 휴식 공간과 보행로를 제공함으로써 스트레스를 해소하고 지역 공동체 활동을 활성화하는 데 크게 기여한다.

05일자

1. 용기내 챌린지   2. ③   3. ④   4. ⑤

5. **답안 예시** 나는 환경 보호를 위해 꾸준히 개인 텀블러와 장바구니를 사용하고 있다. 또한, 사용하지 않는 전자제품의 플러그를 뽑아 대기 전력을 차단하며 에너지를 절약하고 있다. 더 이상 입지 않는 옷은 중고 거래나 기부를 통해 순환시켜 의류 폐기물을 줄이려고 노력하고 있다.

06일자

1. 생태감수성   2. 창의력   3. ②   4. ④

5. **답안 예시** 오감(五感) 만족 학교 숲 조성을 제안한다. 학교의 남는 공간이나 운동장 가장자리에 계절별 야생화 관찰원과 작은 텃밭을 조성하여 학생들이 직접 흙을 만지고 식물을 기르며 자연의 순환을 체험하게 한다. 또한, 옥상이나 벽면에 수직 정원(에코 월)을 설치하여 새소리와 꽃 향기를 느끼는 휴식 공간을 제공함으로써 자연과의 정서적 연결을 강화해야 한다.

07일자

1. 학교생태계   2. 옥상정원

08일자

1. 1) 가로수, 2) 느티, 3) 보호수   2. ③

09일자

1. 4월 22일   2. ④

3. **답안 예시** 행사 목표: 학생들이 지속가능한 실천 습관을 만들고 친환경 문화를 확산하는 것이다.
주요 프로그램(예시): 잔반 없는 도시락 챌린지 - 집에서 남은 재료를 활용한 '제로 웨이스트 도시락' 콘테스트를 열어 음식물 쓰레기를 줄인다.
헌 옷 새 활용 워크숍 - 입지 않는 헌 옷으로 텀블러 주머니 등을 만드는 업사이클링 실습을 진행한다.
준비물: 시상품(친환경 제품), 캠페인 포스터, 헌 옷/자투리 천, 가위, 바늘/실 등이 필요하다.

4. **답안 예시** 가장 관심 있는 환경 기념일은 매년 4월 22일인 지구의 날이다. 이 날은 환경 오염의 심각성을 알리고 인류와 자연의 공존을 다짐하기 위해 지정되었다. 특히, 1970년 미국에서 대규모 기름 유출 사고를 계기로 시민들의 자발적인 운동으로 시작하여 전 세계로 확산되었다는 역사적 의미가 크다. 지구의 날을 통해 소등 행사, 쓰레기 줍기 등 일상 속 실천을 독려한다.

10일자

1. ⑤   2. 월-E

3. **답안 예시** 나는 애니메이션 영화 〈월-E〉를 보고 큰 감명을 받았다. 이 영화는 인간의 무분별한 소비와 쓰레기 배출이 결국 지구를 사람이 살 수 없는 공간으로 만든다는 강력한 메시지를 담고 있다. 영화를 본 후, 나는 일상에서 불필요한 포장재를 거부하고 물건을 재활용하는 습관이 지구를 지키는 가장 중요한 실천임을 깨닫고 환경 문제에 대한 책임감을 깊이 느끼게 되었다.

4. **답안 예시** 크리스 조던의 '앨버트로스' 작품은 인간의 무분별한 플라스틱 소비와 폐기가 바닷새 같은 야생 생물에게 어떤 비극적인 결과를 가져오는지를 충격적으로 보여준다. 죽은 앨버트로스의 뱃속에 가득 찬 플라스틱 쓰레기를 통해, 우리가 무심코 버린 쓰레기가 지구 반대편 생명을 해치고 있다는 환경 오염의 심각성과 소비 습관 변화의 책임을 촉구하는 것이 핵심 메시지다.

11일자

1. ②　　2. 가이아 이론　　3. 침묵의 봄　　4. ⑤

12일자

1. ④　　2. 토양

3. **답안 예시** 우리 지역에서 관찰한 환경 요소는 대기이며, 특히 계절에 따라 미세 먼지 농도가 매우 나쁨 수준으로 불안정한 상태이다. 이는 시민들의 야외 활동을 제한하고 호흡기 건강을 위협하며, 지역 생태계에는 산성비 등으로 인한 수목과 토양의 건강성 약화 영향을 주고 있다.

4. **답안 예시** 이 네 가지 요소는 서로 연결되어 있어 하나가 나빠지면 연쇄적인 악영향이 발생한다. 예를 들어 물의 오염이 심해지면, 오염된 물이 증발하여 대기 오염을 유발하거나, 오염물질이 토양에 침투하여 토양을 산성화시킨다. 이로 인해 식물과 동물의 서식 환경이 파괴되어 결국 생물다양성이 급격히 감소하며, 이는 다시 물과 대기의 자정 능력을 약화시키는 악순환을 초래하게 된다.

13일자

1. ③　　2. 산호초

3. **답안 예시** 자주 먹는 음식인 쌀 1kg에는 약 2,500 리터의 가상수가, 쇠고기 1kg에는 약 15,400 리터의 가상수가 사용된다. 이 조사를 보면 쇠고기 생산에 쌀의 6배 이상의 물이 필요하다는 것을 알 수 있어. 즉, 육류 소비가 곡물 소비보다 물 자원에 훨씬 큰 부담을 준다는 것을 알 수 있다. 따라서 물을 아끼려면 육류 소비를 줄이고 채소나 곡물 위주로 식단을 바꾸는 것이 중요하다.

4. **답안 예시** 빗물은 공기 중 미세 먼지나 매연에 오염되고, 땅으로 내려오면서 생활 하수, 기름, 농약 등과 섞여 수질 오염이 심해진다. 우리가 할 수 있는 일은 설거지 전 음식물 찌꺼기나 기름기를 휴지로 닦아내고, 친환경 세제나 세제 양을 줄여 쓰고 약이나 페인트 같은 화학 물질은 하수구에 버리지 않는다.

14일자

1. ⑤　　2. 광합성

3. **답안 예시** 지난주 미세 먼지 농도는 주 초반 '보통'에서 주 후반 '매우 나쁨'으로 상승했다. 원인을 추론해 보면, 농도가 높아진 수요일과 목요일은 바람이 없어 우리 동네에서 나온 오염물질이 쌓인 대기 정체가 주 원인인 것으로 보인다. 금요일부터 농도가 급격히 높아진 것은 서풍이 불었을 때와 일치하여 국외에서 유입된 오염물질의 영향이 크다고 추론할 수 있다.

4. **답안 예시** 학교 숲 조성 및 녹색 커튼 설치를 한다. 건물 벽이나 복도 창가에 넝쿨 식물로 녹색 커튼을 만들고, 운동장 주변에 미세 먼지 흡수 능력이 좋은 나무를 심어 작은 숲을 만드는 것이다. 식물들이 미세 먼지를 흡수하고 잡아줘서 공기 질이 좋아지고, 여름에는 건물 온도를 낮춰 에너지를 절약하는 효과도 있다.

15일자

1. 사막화

2. ④　　3. ③　　4. ⑤

5. **답안 예시** 내가 선정한 사헬 지대는 장기적인 가뭄과 과도한 방목 및 벌목이 복합적으로 작용하여 사막화가 급격히 진행되는 지역이다. 사막화를 막기 위해 국제 사회는 '아프리카 녹색 장벽 프로젝트'를 통해 광범위한 나무 띠를 조성하고, 현지 주민에게 지속가능한 농업 기술을 교육하는 노력을 진행하고 있다.

16일자

1. ④　　2. ⑤

3. **답안 예시** 우리 주변에서 쉽게 볼 수 있는 식물은 소나무, 은행나무, 민들레이고 동물은 지렁이, 모기, 박새이다.

4. **답안 예시** 인간이여, 나는 곧 사라질 북극곰의 이름으로 당신들에게 호소한다. 나의 삶은 당신들이 만들어낸 따뜻한 세상 때문에 파괴되고 있다. 우리가 사는 얼음집이 녹아내려 사냥할 곳도, 쉴 곳도 없다. 내가 사라지는 것은 당신들의 무분별한 소비와 탄소 배출이 낳은 결과이며, 이는 곧 당신들의 미래 환경이 붕괴되고 있다는 경고이다. 부디 온실가스 배출을 멈춰나의 터전을 지켜주길 바란다. 우리의 생존은 결국 당신들의 책임임을 잊지 말아라.

1. 공유지   2. 공유지의 비극   3. 한정성   4. ⑤
5. **답안 예시** 우리 주변에서 '공유지의 비극'처럼 사람들이 함께 쓰는 공간의 예는 학교 식수대나 공용 분리수거함이다. 학교 식수대는 일부 학생들이 물을 마신 후 장난을 치거나 물을 흘려보내서물 낭비를 유발하고 주변을 더럽혀 다른 학생들이 불편하게 사용하게 만든다. 또한, 공용 분리수거함은 몇몇 사람이 귀찮다는 이유로 내용물을 대충 섞어 버려모두가 깨끗한 재활용을 할 수 있는 기회를 망치는 방식으로 함부로 쓰이고 있다.

18일자

1. 1) 화석, 2) 온실가스   2. ③
3. **답안 예시** 겨울철 평균 기온이 상승하여 서리가 내리는 날이 줄고, 봄꽃인 개나리나 벚꽃의 개화 시기가 빨라지는 변화가 뚜렷하게 나타나고 있다. 여름철에는 국지성 집중호우가 빈번해지고 강우량이 급증하여 하천 범람과 같은 도시형 재해 위험이 증가하였다.
4. **답안 예시** 최근 뉴스 기사에 따르면 전 세계적으로 발생하는 폭염과 기록적인 홍수같은 극단적 기후 현상은 지구온난화 때문에 발생하는 것으로 명확히 연결된다. 지구 평균 기온이 상승하면 대기가 더 많은 수증기를 품게 되어 폭우의 강도가 극대화되고, 이는 대홍수를 유발한다. 또한, 기온 상승은 대기 순환의 변동을 일으켜 가뭄과 폭염의 빈도와 강도를 함께 증가시키는 주요 원인으로 작용한다.

19일자

1. 인류세   2. ②
3. **답안 예시** 플라스틱 오염이 우리 삶에 미치는 영향은 미세 플라스틱이 먹이사슬을 통해 인체에 유입되어 건강을 위협하는 것과 쓰레기로 인한 경관 훼손 및 토양 오염을 들 수 있다. 이 문제를 해결하기 위해 학생으로서 당장 실천할 수 있는 노력은 일회용 컵 대신 개인 텀블러를 사용하는 것과, 불필요한 포장재가 많은 물건을 사지 않는 '제로 웨이스트' 실천이다.
4. **답안 예시** 화석연료의 과도한 사용이 지구에 미치는 가장 큰 부정적인 영향은 온실가스 배출로 인한 지구 평균 기온의 상승, 즉 지구온난화이다. 이로 인해 발생하는 극단적인 기후 현상 두 가지는 기록적인 고온을 보이는 장기간의 폭염과, 대기 중 수증기 증가로 인해 발생하는 초대형 태풍 및 홍수이다.

20일자

1. ④   2. ①
3. **답안 예시** 보르네오 오랑우탄은 씨앗 분산을 돕는 열대우림의 핵심 역할을 하지만, 팜유 생산을 위한 무분별한 벌목으로 서식지를 잃고 멸종위기에 놓였다. 이들을 보호하기 위해서는 지속가능한 팜유 제품을 소비하고, 서식지를 보호 구역으로 지정하여 불법 밀렵을 강력히 단속해야 한다.
4. **답안 예시** 일상에서 팜유가 포함된 제품은 라면, 과자, 세제 등 가공식품과 생활용품이 대부분이다. 이를 대신하기 위해 해바라기씨유나 카놀라유를 사용한 제품을 선택할 수 있으며, 특히 환경 보호를 위해 지속가능한 팜유(CSPO) 인증 제품을 구매하거나 팜유가 없는 친환경 비누를 사용하는 것이 좋다.

21일자

1. 광합성   2. ④
3. **답안 예시** 물고기는 아가미가 막혀 질식하고 독성 물질 중독으로 폐사하며, 바다새는 깃털이 기름에 엉겨 체온 조절 능력을 잃어 저체온증으로 죽는다. 이러한 피해는 바다의 먹이사슬 최하층인 플랑크톤의 감소로 이어져, 물고기와 바다새의 식량 고갈을 초래하며 해양 생태계 전체의 균형을 파괴하게 된다.
4. **답안 예시** 플랑크톤은 바다 먹이사슬의 가장 밑바탕에 있어 이들이 피해를 입으면 모든 상위 생물의 식량원이 고갈되어 해양 생태계 전체가 붕괴한다. 이는 결국 어획량 감소로 이어져 해산물을 통해 식량을 얻는 우리 인간의 경제적, 식량 안보적인 부분에까지 직접적인 위협을 준다.

22일자

1. 우라늄   2. ③
3. **답안 예시**

	장점	단점
친환경성	발전 시 탄소 배출이 거의 없어지구온난화 방지에 유리하다.	
효율성	적은 양의 연료로 대규모 전력 생산이 가능하여 에너지 효율이 매우 높다.	
안전성		사고 발생 시 방사능 유출위험이 커 대규모 재앙을 초래할 수 있다.
폐기물		사용 후 발생하는 고준위 방사성 폐기물의 처리가 매우 어렵고 영구적이다.

핵 발전은 탄소 중립시대에 대규모 전력을 안정적으로 공급할 수 있는 중요한 수단이지만, 방사성 폐기

물 문제와 대형 사고 위험이라는 해결되지 않은 단점을 가지고 있다. 따라서 미래에는 원전 기술의 안전성을 극대화하고 폐기물 처리 기술을 혁신적으로 발전시키는 노력이 필수적이다.

4. **답안 예시** 우리나라의 현재 에너지 생산 방식 비율은 화력(석탄, LNG 등)이 약 60%로 가장 높고, 원자력이 약 30%를 차지한다.신재생에너지(태양광, 풍력 등)는 최근 증가세에 있으나 아직 10%대 수준으로 대부분의 전력을 화석연료에 의존하고 있다. 미래에는 신재생에너지의 비중을 대폭 확대하고 화력 발전은 과감히 축소해야 한다. 이는 기후위기 대응을 위해 탄소 배출이 많은 화석연료 사용을 중단하고 탄소 중립 목표를 달성해야 하기 때문이다.

23일자

1. **답안 예시** 찬성 측은 기술적으로 안전하고, 사고 확률이 매우 낮다고 하고, 반대측은 사고 발생 시 재앙적 결과를 초래한다고 한다. 나는 핵발전소 사고 위험이 인류가 감당하기 힘든 수준의 대형 재앙을 초래할 수 있다는 반대 측 주장에 더 공감한다. 후쿠시마와 체르노빌 사례처럼 사고 피해는 단순히 비용 문제가 아닌, 수많은 생명과 토지를 영구적으로 오염시키는 결과를 낳기 때문이다. 따라서 핵발전은 안전성 확보가 100% 가능해질 때까지는 점진적으로 축소하고, 태양광 및 풍력 발전과 같이 안전하고 지속 가능한 재생에너지의 비중을 빠르게 늘려야 한다고 생각한다.

2. **답안 예시** 찬성 측은 저렴하고 안정적인 전력 생산이 가능하다고 하고, 반대측은 초기 투자 비용과 폐기물 처리 비용이 엄청나다고 한다. 나는 핵발전이 탄소 중립과 에너지 안보를 위해 당분간 필요하다고 본다. 하지만 핵발전의 경제성은 '값싼 발전 단가'만 볼 것이 아니라, '고준위 폐기물 처리 비용'과 '만약의 사고 비용'까지 모두 포함하여 계산해야 한다.

24일자

1. ④   2. 1) 송전탑, 2) 전자파, 3) 남방큰돌고래

3. **답안 예시** 우리 동네에 발전소가 들어선다면, 주민들의 우려를 해소하고 문제를 해결하기 위해 주민 참여형 상생 위원회를 구성해야 한다. 위원회를 통해 발전소 건설의 안전성 및 환경 영향 정보를 투명하게 공개하고, 주민들의 의견을 설계와 운영에 반영하는 민주적 절차를 마련해야 한다. 또한, 발전소 운영 수익의 일부를 활용하여 지역 주민을 위한 복지 시설 건립이나 전기료 할인 등의 실질적인 경제적 혜택을 제공하여 지역 사회와 발전소가 상호 협력하는 상생 구조를 만들어야 한다.

25일자

1. 자원순환   2. ①   3. 파타고니아

4. **답안 예시** 일상생활에서 실천할 수 있는 자원순환 방법은 페트병 라벨을 제거하고 내용물을 깨끗이 헹구는 완벽한 분리수거를 생활화하는 것이다. 더불어 안 입는 옷이나 쓰지 않는 물건은 중고 플랫폼이나 기부를 통해 다른 사람에게 넘겨 물건의 수명을 최대한 연장하는 재사용을 실천해야 한다.

26일자

1. ③   2. 미세 플라스틱

3. **답안 예시** 일상생활에서 쉽게 줄일 수 있는 플라스틱은 일회용 컵 대신 개인 텀블러를 사용하는 것이다. 또, 물건을 구매할 때는 비닐봉투 대신 장바구니를 휴대해야 하며, 청소할 때 사용하는 일회용 물티슈 대신 천 행주나 빨아 쓰는 걸레를 사용하여 플라스틱 섬유와 포장재 쓰레기를 줄이는 실천이 중요하다.

4. **답안 예시** 플라스틱 오염 문제에 대한 사람들의 관심을 끌기 위해 쓰레기의 여행(The Trash Journey)이라는 주제로 AR(증강현실) 체험 캠페인을 활용하고 싶다. 시민들이 스마트폰으로 분리수거함이나 길가의 플라스틱 쓰레기를 비추면, 해당 쓰레기가 바다를 떠돌아 다니거나 해양 생물의 몸속으로 들어가는 모습을 실시간으로 보여주는 것이다. 이를 통해 사람들은 자신이 버린 쓰레기가 사라지지 않고 환경에 미치는 영향을 시각적이고 충격적으로 경험하게 되어, 플라스틱 사용을 줄이거나 올바르게 분리수거해야 한다는 필요성을 강하게 느낄 수 있을 것이다.

27일자

1. ②   2. 해수면

3. **답안 예시** 투발루가 해수면 상승으로 겪는 가장 심각한 위기는 국토의 침수로 인한 국가 소멸과 염분 유입으로 농사를 지을 수 없게 되어 식량 안보가 파괴되는 것이다. 이 위기는 우리나라와 같은 다른 나라들에게 기후변화가 더 이상 먼 나라의 문제가 아니며, 지금 당장 온실가스 배출을 줄이지 않으면 해안가 도시와 낮은 지대도 투발루처럼 물에 잠길 수 있다는 강력한 경고 메시지를 준다.

4. **답안 예시** 투발루 사람들의 질문은 기후정의(Climate Justice) 관점에서 볼 때, 탄소를 적게 배출한 취약국가가 산업화 선진국들이 초래한 피해를 겪는 것은 부당하다는 핵심을 담고 있다. 나의 생각은, 역사적 책임이 있는 선진국들이 투발루에 재정적 지원과 이주 대책을 제공하는 도덕적 책임이 있으며, 이는 기후위기에 대한 인류 공동의 책임을 실현하는 길이라고 본다.

1. ⑤　　**2.** 수분

3. 답안 예시 내가 알고 있는 멸종위기 동물은 자이언트 판다이다. 판다가 멸종위기에 처하게 된 가장 큰 이유는 서식지 파괴와 단편화이다. 판다는 주식인 대나무가 풍부하고 서늘한 중국의 특정 산악 지역에서만 살 수 있는데, 인간의 무분별한 벌목과 개발로 인해 서식지가 좁아지고 여러 조각으로 나뉘면서 개체군 간의 교류가 끊어졌다. 또한, 판다의 낮은 번식률 역시 개체 수가 회복되지 못하는 중요한 원인 중 하나이다.

4. 답안 예시 기후변화는 해빙(바다 얼음) 면적을 줄여 북극곰의 주요 사냥터를 파괴하고, 결국 굶주림과 익사 위험에 처하게 한다. 한편, 해수 온도 상승과 해양 산성화는 산호초의 백화 현상을 일으켜 산호를 죽게 만들고, 이는 수많은 해양 생물의 서식지 붕괴로 이어진다.

29일자

1. ④　　**2.** 동물권

3. 답안 예시 내가 동물의 권리와 복지를 위해 가장 의미 있다고 생각하는 실천 방법은 유기 동물 입양 및 후원이다. 이 실천이 가장 의미 있는 이유는 단순히 동물을 돕는 것을 넘어 생명을 살리는 직접적인 행동이기 때문이다. 유기 동물을 입양하는 것은 안락사 위기에 놓인 생명에게 두 번째 기회를 주는 것이고, 동시에 열악한 보호소의 부담을 덜어주는 효과를 낳는다. 또한, 사료나 의료비 등을 후원하는 것은 구조된 동물의 생존 환경을 개선하고 지속적인 보호를 가능하게 한다.

4. 답안 예시 내가 방문한 동물 권리 단체 사이트(예: 동물자유연대 또는 카라)에서 가장 크게 느낀 점은 우리 주변 동물들이 공장식 축산이나 유기 등으로 얼마나 심각하게 고통받는지 깨달아 충격을 받았다. 내가 일상에서 소비하는 제품이 동물의 희생 위에 있다는 것을 알고, 앞으로는 복지 달걀이나 동물실험을 하지 않는 제품을 선택하는 등 소비를 통해 동물의 복지에 기여해야겠다고 다짐했다.

30일자

1. ③　　**2.** 크루얼티 프리

3. 답안 예시

구분	장점 (찬성 주장)	단점 (반대 주장)
의학 발전	1. 인간 질병 치료제, 백신 등 의약품 개발에 필수적인 생체 내 반응 정보를 얻는다.	1. 동물과 인간의 생물학적 차이때문에 동물실험 결과가 인간에게 정확히 적용되지 않을 수 있다.
안전성	2. 의약품과 화장품의 안전성을 최종적으로 확인하여 인간에 대한 위험을 미리 검증한다.	2. 실험 과정에서 동물이 고통을 겪게 되며, 이는 생명 존중과 동물의 권리를 침해하는 비윤리적 행위이다.
대안 문제	3. 복잡한 생체 시스템을 연구할 완벽한 대체 기술이 아직 부족한 분야가 많다.	3. 인공 장기(Organ-on-a-chip)나 컴퓨터 모델링등 대체 기술이 이미 많이 발전하고 있다.

4. 답안 예시 나는 동물실험이 의학 발전의 역사에 기여한 바는 인정하지만, 동물의 고통과 생명 윤리 문제가 더 중요하다고 생각한다. 동물실험 결과가 인간에게 완벽하게 적용되지 않는다는 과학적 한계 또한 명확하다. 따라서 우리는 동물실험을 완전히 폐지하는 것을 목표로 해야 하며, 단기적으로는 실험 동물의 수를 줄이고 고통을 최소화해야 한다. 동시에 인공 장기 칩, 컴퓨터 시뮬레이션 등 대체 실험 기술 개발에 국가적인 투자를 집중해야 한다.

31일자

1. 지구온난화: 지구의 평균 온도가 점점 올라가는 것
기후변화: 기온뿐만 아니라 강수량, 바람 방향, 해수면 높이 등 기후 요소들이 변하는 것
기후위기: 기후변화가 심해져서 바로 행동하지 않으면 큰일 나는 위기 상황

2. ②　　**3.** 기후위기

4. 답안 예시 제목: 우리의 미래를 볼모로 잡지 마십시오.
존경하는 세계 지도자 여러분, 저는 미래 세대를 대표하여 여러분의 구체적인 행동을 촉구합니다.
여러분의 단기적인 경제적 이익을 위해 우리 세대의 생존권을 위협하는 화석연료 투자를 즉각 중단하십시오. 이제는 '약속'이 아닌 '결과'를 보여줄 때입니다. 가장 큰 책임이 있는 국가들은 기후 취약국에 대한 지원을 확대하여 기후정의를 실현해야 합니다.
여러분이 지금 내리는 결정이 우리 미래의 생존을 결정합니다. 미래를 볼모로 잡지 말고, 지금 당장 행동하십시오!

32일자

1. ③　　**2.** 탄소발자국

3. 답안 예시 내가 가장 심각하다고 생각하는 기후변화 영향은 식량 안보의 위협이다. 그 이유는 폭염과 가뭄 같은 극단적 기후 현상이 농작물의 수확량을 급감시키고 경작지를 황폐화시켜 모든 인류의 생존과 직결되기 때문이다. 식량 부족은 단순히 기아 문제를 넘어 식량 가격 폭등과 국가 간 갈등까지 유발할 수 있는 가장 근본적이고 광범위한 위협이다.

4. 답안 예시 방글라데시 사람들은 해수면 상승으로 바

댓물이 농경지에 스며들어 땅이 황폐화되고 식량 생산이 어려워지는 어려움을 겪는다. 또한, 해안 저지대 마을이 침수되면서 집을 잃고 안전한 곳으로 이동해야 하는 기후 난민이 되어 일상적인 삶의 터전을 잃고 있다.

33일자

1. ⑤　　2. 탄소배출권 거래제
3. **답안 예시** 일상에서 실천할 수 있는 탄소발자국 줄이기 방법은 자가용 대신 대중교통을 이용하는 것으로, 이를 통해 자동차의 이산화탄소 배출량을 직접적으로 줄여 지구온난화를 막는 데 도움을 줄 수 있다. 또한, 소고기 등 육류 소비를 줄이고 채식 위주 식단을 실천하면 축산업에서 발생하는 메탄가스 배출을 감소시켜 기후변화를 완화하는 데 크게 기여한다.
4. **답안 예시** 나는 사람들이 재미있게 참여하도록 '숨겨진 탄소값 계산기'라는 게임화(Gamification) 앱을 활용하고 싶다. 이 앱은 채식, 대중교통 이용 등 친환경 행동에 가상의 탄소 통화를 지급하고, 이를 모아 실제 친환경 제품을 구매하거나 앱 내 가상 숲을 키우도록 연결한다. 이 방법을 통해 사람들은 보상과 재미를 느끼며 자발적이고 지속적으로 탄소발자국을 줄이는 습관을 만들 수 있을 것이다.

34일자

1. 디지털 탄소발자국　　2. ⑤
3. **답안 예시** 디지털 미니멀리즘 실천하기, 스트리밍 품질 조절하기, 다크 모드 사용하기, 불필요한 동영상 자동 재생 끄기, 환경 친화적인 검색 엔진 사용해 보기 등
4. **답안 예시** 디지털 기기 사용을 줄이면서 즐겁게 보내는 방법으로 '아날로그 타임캡슐 퀘스트'를 제안한다. 휴대폰을 끄고 미리 준비된 '미션 카드'를 수행하는 방식이다. 예를 들어, 휴대폰 없이 손으로 그린 동네 지도만 들고 숨겨진 장소를 탐험하거나, 필름 사진을 인화하여 퍼즐처럼 맞추는 아날로그 미션을 통해 현실 세계의 즐거움을 재발견할 수 있을 것이다.

35일자

1. ②　　2. ⑤
3. **답안 예시** 탄소중립은 이산화탄소 배출량만 계산해 순 배출량을 0으로 만드는 것이고, 넷제로는 이산화탄소를 포함한 모든 온실가스를 계산하는 더 넓고 엄격한 개념이다. 나는 넷제로가 더 중요하다고 생각한다. 이산화탄소보다 영향이 훨씬 큰 메탄 등 모든 온실가스를 포함해야만 궁극적인 기후위기 해결이라는 실질적인 목표를 달성할 수 있기 때문이다.

36일자

1. ⑤　　2. 프라이데이 포 퓨처
3. **답안 예시** 주제: '제로 웨이스트 도시락 챌린지' (일회용품 줄이기) #제로도시락 #용기내서지구지켜
　　참가자가 다회용 용기(도시락통)에 담긴 음식을 인증하는 '나만의 용기내 샷'을 SNS에 공유하고 다음 참가자를 지목한다.
　　이 캠페인은 플라스틱 및 일회용품 쓰레기를 직접적으로 줄이고, 제로 웨이스트 문화를 재미있게 확산시켜 환경 오염 문제 해결에 기여할 수 있다.

37일자

1. ②　　2. ③
3. **답안 예시** 나는 국제환경협약이 실질적인 효과가 있다고 본다. 몬트리올 의정서가 오존층을 회복시킨 것처럼, 협약은 명확한 목표와 구속력을 가질 때 가시적인 성과를 낼 수 있다. 또한 파리협정 등은 법적 강제력이 약하더라도 각국이 국내 환경 정책을 강화하고 재생에너지 투자를 유도하는 긍정적인 변화의 틀을 제공하고 있다는 점에서 단순한 형식적 약속은 아니라고 생각한다.
4. **답안 예시** 국제 협약 이행을 위해 우리나라의 모든 대기업에 '친환경 에너지 사용 의무'를 법제화하는 정책을 추진할 것이다. 이 의무를 지키지 않는 기업에게는 징벌적인 환경 벌금을 강력하게 부과할 것이다. 징수된 벌금 전액은 기후정의 기금으로 조성하여, 기후변화로 인해 심각한 피해를 입은 개발도상국과 취약국을 지원하는 데 사용할 것이다. 이는 우리나라가 국제 사회에서 기후위기 해결에 대한 책임감과 리더십을 보여주는 중요한 발판이 될 것이다.

38일자

1. 기후정의　　2. ①
3. **답안 예시** 무더위가 닥쳤을 때, 경제적으로 여유로운 사람은 냉방 성능이 우수한 에어컨이 갖춰진 주택에서 종일 쾌적하게 생활하며 폭염을 회피하는 방식으로 대응한다. 하지만 경제적으로 취약한 사람들은 단열이 불량한 주거 환경에 거주하며 높은 냉방비 때문에 에어컨 사용을 자제하게 되고, 외부에서 육체노동을 해야 하는 경우가 많아 온열 질환에 노출될 위험이 현저히 높다.
4. **답안 예시** 선진국이 GCF를 지원하는 이유는 과거 산업화 과정에서 온실가스를 대량 배출한 '역사적 책임' 때문이다. 이는 기후정의 측면에서 매우 중요한데, 기후변화에 기여도가 낮은 개발도상국이 겪는 피해에 대해 선진국이 경제적 의무를 이행하여 불평등을 해소하는 것을 의미한다.

39일자

1. 생물다양성 유전자 은행 관리자

2. 탄소 포집 엔지니어

3. 답안 예시 내가 흥미롭게 생각하는 직업은 멸종위기 DNA 지키미로, 기후변화 등으로 위기에 처한 동물의 유전적 다양성을 보존하기 위해 생겨났다. 이들은 동물의 DNA를 분석해 유전적 건강을 진단하고 보존 및 번식 계획을 세우는 일을 한다. 이 직업을 가지려면 생물학이나 유전학 분야의 전문 지식과 데이터 분석 능력이 필수적이다.

4. 답안 예시 내가 좋아하는 취미인 사진 찍기는 미래에 야생동식물 생태변화 기록가로 발전할 수 있다. 이 직업은 기후변화에 따라 달라지는 특정 지역의 생태계 모습을 주기적으로 촬영하여 시각적 데이터로 기록하고, 과학자들이 기후변화의 영향을 분석하고 대응책을 마련하는 데 필요한 결정적 증거 자료를 제공하는 일을 한다.

40일자

1. 1) 백화, 2) 생태통로

2. 답안 예시 우리 지역에서 나타난 변화는 봄꽃의 개화 시기가 평년보다 1~2주 빨라지는 것이다. 이 변화는 꽃을 먹고 사는 꿀벌 같은 수분 매개 곤충들의 활동 시기와 계절적 타이밍 불일치를 일으킨다. 이 불일치 때문에 곤충이 충분한 먹이를 얻지 못해 생존율이 낮아지고, 결국 식물의 번식에도 악영향을 주어 지역 생태계의 균형이 무너질 위험이 있다.

3. 답안 예시 나는 북극곰 '하얀이'이다. 기후변화로 바다 얼음이 매년 너무 빨리 녹아내려 사냥터가 사라지고 있다. 얼음이 없어 물범 사냥을 할 수 없어 굶주리고, 먹이를 찾아 사람 마을까지 내려와야 하는 위험한 생활 방식으로 바뀌었다. 나의 유일한 집인 얼음이 녹아내리는 것이 가장 큰 어려움이다.

41일자

1. 지속가능한 발전

2. ④

3. 답안 예시 학교 식당의 잔반 및 일회용품 쓰레기 문제를 개선 문제로 선택하였다. 이를 해결하기 위해 '탄소 코인 리워드 시스템' 도입을 제안한다. 학생들이 잔반을 남기지 않거나 텀블러를 사용하면 '탄소 코인'을 지급하고, 이를 모아 학교 매점 상품이나 친환경 물품으로 교환하도록 한다. 이 시스템은 잔반 처리 비용과 일회용품 구매 비용을 절감(경제)하는 동시에 쓰레기 발생을 줄여(환경) 온실가스 배출을 막고, 학생들에게 환경 보호 습관(사회)을 자발적으로 형성하도록 돕는다.

4. 답안 예시 플라스틱 도로를 우리나라에 도입하면, 재활용되지 못하는 폐플라스틱을 건설 자원으로 활용해 심각한 플라스틱 쓰레기 문제 해결에 크게 기여할 수 있다.

42일자

1. ⑤   **2.** 라곰

3. 답안 예시 한 달 동안 매일 환경 습관을 기록하는 지속가능한 삶 캘린더는 네 가지 주제로 나누어 진행할 수 있다. 1주차는 일회용품 거절 및 다회용기 사용에 중점을 두고, 2주차는 탄소발자국을 줄이는 채식 위주 식단 실천에 집중한다. 다음으로 3주차는 불필요한 전력 소모를 막는 에너지 절약 습관을 실천하며, 마지막 4주차는 대중교통 및 도보 이용 습관을 목표로 한다.

4. 답안 예시 우리 집에서 가장 많이 나오는 쓰레기는 음식 배달 및 포장 용기와 관련된 플라스틱 및 비닐 포장재로 파악되었다. 이를 줄이기 위해 배달 주문 시 일회용품 거절 옵션을 필수로 선택한다. 배달 대신 친환경 포장재를 쓰는 밀키트를 이용해 집에서 요리하는 횟수를 늘리는 방식으로 쓰레기 배출량을 효과적으로 줄일 수 있다.

43일자

1. ③   **2.** ②

3. 답안 예시 2050년의 '개인용 친환경 꼬마 이동체'는 1~2인용 크기에 유리 돔 형태이며, 태양광이나 초소형 배터리로 움직이는 전기 동력이고 자율주행 기능을 갖춰 가장 빠른 길로 움직일 것이다. 이 이동체의 도입은 화석연료 사용을 없애 매연을 완벽히 제거할 것이다. 또한, 엔진 소리가 없는 전기 동력 덕분에 소음 공해를 크게 줄여 도시 전체를 쾌적하게 만들 것이다.

44일자

1. 생태도시   **2.** 태양광 패널   **3.** ④   **4.** ④

45일자

1. 로컬 푸드   **2.** ④   **3.** ①, ②, ④   **4.** ③

5. 답안 예시 버려지는 재료: 시금치, 깻잎 등 시들해진 잎채소와 딱딱한 빵 테두리
레시피: 시든 잎채소를 살짝 데친 후 견과류, 마늘, 올리브유와 함께 갈아 향긋한 만능 페스토를 만들고, 빵 테두리를 작게 잘라 허브 가루와 올리브유로 버무려 에어프라이어에 구워 바삭한 크루통으로 만든다. 이 방법은 폐기될 뻔한 재료들을 새로운 고급 소스와 토핑으로 변신시켜 음식물 쓰레기를 완벽하게 줄여준다.

46일자

1. 재생에너지   **2.** ③   **3.** ④

4. 답안 예시 RE100에 참여하는 글로벌 대기업들이 재생에너지를 100% 사용하면, 전력 생산 과정에서 나오는 막대한 온실가스 배출량이 극적으로 감소한다. 이러한 대기업들의 전환은 재생에너지 시장과 기술 개발을 촉진하여 전 세계적인 탈탄소화를 가속하는 데 결정적인 역할을 하므로 기후변화를 막는 데 매우 중요하다.

5. 답안 예시 우리나라가 RE100 약속을 지키려고 할 때 가장 어려운 점은 재생에너지 발전 부지가 부족하다는 것이다. 좁은 국토 면적 때문에 태양광이나 풍력 발전소를 대규모로 설치하기 어렵고, 계절과 시간에 따라 전력 생산량이 크게 달라져 안정적인 공급을 유지하기 어렵다. 또한, 재생에너지로의 전환 비용이 높아 기업들의 경제적 부담이 커진다.

47일자

1. 1) 7,500, 2) 슬로우 패션　　**2.** ④

3. 답안 예시 첫째, 옷을 사기 전에 '30번 입을 수 있을지' 신중하게 생각하는 습관을 들여 불필요한 구매를 멈춘다. 둘째, 기존 옷들을 오래 입기 위해 손상된 옷은 버리지 않고 수선(Repair)하거나 리폼하여 디자인을 바꿔 입는다. 셋째, 더 이상 입지 않는 옷은 버리는 대신 기부, 교환, 또는 중고 거래를 통해 다른 사람에게 넘겨 옷의 수명을 연장시켜 의류 폐기물을 줄일 것이다.

4. 답안 예시 우리 동네 중고 의류 매장으로는 아름다운 가게가 있으며, 기부 물품을 저렴하게 판매하고 수익은 공익 활동에 쓰인다. 윤리적인 패션 브랜드로는 파타고니아가 있는데, 이곳은 유기농이나 재활용 소재를 쓰고 수선 서비스를 제공해 옷을 오래 입도록 돕는다. 또 다른 예시인 마르헨제이는 동물 가죽을 사용하지 않는 비건 패션을 추구한다.

48일자

1. 1) 그린워싱, 2) 공정 무역　　**2.** ③　　**3.** ④

4. 답안 예시 흔한 그린워싱 사례는 '천연 추출물을 강조한 대용량 세제'이다. 이 제품은 초록색 포장과 '자연 유래 99%' 문구로 친환경적으로 보이지만, 실제로는 극소량의 천연 성분 외에는 화학 성분이 주를 이루고, 재활용이 어려운 플라스틱 대용량 용기를 사용하기 때문에 진정한 환경 보호 활동이 아닌 그린워싱에 해당된다.

49일자

1. 투표　　**2.** ④　　**3.** ④　　**4.** ③

5. 답안 예시 현 정부의 주요 환경 정책은 원자력 발전소(원전)의 활용을 크게 늘리는 것이다. 대통령은 원전은 탄소 배출을 줄이는 데 가장 현실적이고 확실한 방법이라고 밝히고 있다. 이는 원자력 발전을 청정 에너지원으로 적극 활용하여, 에너지 걱정 없이 환경 문제도 해결하겠다는 정부의 입장을 가장 잘 보여주는 사례이다.

50일자

1. 생태적　　**2.** ④　　**3.** ③　　**4.** ①, ②, ④

5. 답안 예시 지속가능한 사회를 위해 노력하는 인물은 그레타 툰베리이다. 그녀는 기후를 위한 등교 거부 시위를 시작했지만, 어린 나이와 아스퍼거 증후군 때문에 공개적인 비난과 조롱을 겪었다. 하지만 그녀는 비난에 굴하지 않고 과학적 사실과 소셜 미디어를 활용한 전 세계 청소년들의 연대를 이끌어 내 어려움을 극복했다. 그 결과, 전 세계 수많은 청소년들이 기후 행동에 참여하게 되었고, 많은 국가가 탄소 중립 목표를 설정하는 데 영향을 미쳤다.